国際航空自由化の
制度的展開

塩見英治・小熊 仁
著

文眞堂

はしがき

　JAL の企業再生，SKY の経営破たん，LCC（Low Cost Carrier: 低費用航空会社），成田国際空港第 3 ターミナルビルの完成など，わが国の航空業界をめぐる情勢は日々刻一刻と変化している。その一方で，訪日外国人観光客の数は，2015 年上半期の時点で過去最高を記録した前年の 1,341 万人を上回り，外国人観光客の情勢や外国人観光客に対する「おもてなし」の啓発をめぐる報道がほぼ毎日のようにテレビ・新聞を通して配信されている。

　言うまでもなく，航空輸送は海上輸送と並び国際間のヒト，モノの往来を支える要であり，この質および量の充実こそが人的交流や物的交流のさらなる増大をもたらし，今後のわが国全体の経済発展に結びつくと言っても過言ではない。実際に，わが国では小泉純一郎政権下の 2003 年に発表された「観光立国宣言」以後，東京国際空港〜金浦空港間チャーター便の運航開始を発端に，国際航空輸送をめぐる制度面での障壁を撤廃する動きが伸展しており，その流れは後の民主党政権から今日の第 2 次安倍政権に至るまで変化がなく，一貫して継続している。国際航空輸送を下で支える空港に関しても「新設の抑制」と「整備の選択と集中」に方針が転換され，需要が集中する首都圏空港を中心に質・量の向上を目指す取り組みが推進されている。首都圏空港の発着枠は 2015 年 3 月の成田国際空港の北側延伸事業の完了をもって年間 74.7 万回（うち国際線 36 万回）に到達し，これによって，航空自由化を進展させる上で足かせとなっていた首都圏空港の容量制約の問題にひとまず解決の見込みが立っている。

　2015 年 3 月現在，わが国と航空自由化協定を結ぶ国は 27 カ国に到達し，ASEAN や欧州をはじめとする地域共同体との合意もすすんでいる。しかし，わが国の航空自由化は既に 1980 年代から航空自由化を展開する欧米と比べて約 30 年以上もの遅れがあり，締結国の数や合意事項に関しても，将来の首都圏空港の容量超過や運航規制をはじめ様々な課題が内在している関係から幾分

かの制約がみられる。

　一方，中国および ASEAN をはじめとする近隣諸国は 1990 年代から続く GDP の上昇や所得の増大を受け，国家プロジェクトに基づく拠点空港の整備や航空自由化協定の締結に取り組んでおり，世界の航空輸送をめぐる環境を一変させている。こうしたグローバルな航空自由化と周辺を取り巻く様々な環境変動に対応し，今後さらなる自由化政策をすすめるにあたっては，国際航空輸送をめぐる制度の変容や各国の状況を把握することはもちろん，競争システムの整備から自由化の対極をなす国内・離島ローカル線のサービス保障に至るまで幅広い制度設計を視野に入れた対策を講じることが求められる。

　以上をふまえ，本書では以下のような問題意識のもと，国際航空輸送をめぐる制度の内容と変遷について整理し，各国・地域における航空自由化の成果と市場構造の変化，およびそれに対する制度的対応について考察することが目的である。具体的には，国際航空輸送をめぐる制度の特質と変容の経過をまとめ，米国，欧州，アジアにおける航空自由化の成果とそれに伴う競争システムの整備，および国内・離島ローカル線のサービス保障等航空自由化に伴う様々な政策面の対応について述べ，わが国への政策的示唆を導出することである。

問題意識 1　*航空自由化によって，従来の二国間主義による枠組みはどのように変化しつつあるのか。*

　第 1 の問題意識は，航空自由化の進展による「国際民間航空条約（シカゴ条約）」と米英二国間協定「バミューダ I」をモデルとする「シカゴ・バミューダ体制」の変容である。シカゴ・バミューダ体制下における国際航空輸送は，シカゴ条約において規定された領空主権をはじめ国際航空輸送に関わる一般原則や安全面に関する取り決め等を背景とし，二国間で運輸権（当事国間輸送，以遠権，三国間輸送など），運航権（コードシェアなど），路線（乗り入れ地点），輸送力（使用機材，便数），運賃，運航担当航空会社などの権益事項を「互恵的」に交換するとの原則から成り立っている。

　航空自由化とは，このような二国間での権益交換において生じていた制約要件を部分的に，あるいは全面的に緩和することを意味している（三輪・花岡 (2004)）。米国が国内航空輸送の規制緩和に踏み切った 1980 年代以降シカゴ・バ

ミューダ体制は大きく揺らいでおり，二国間主義に割り込む相互平等の枠を超えた権益の取引，多国間主義に基づく協定の締結，カボタージュ，外資規制，国籍条項を覆す市場統合の動きが活発に展開されている。IATA による運賃統制も米国における独占禁止法の適用除外をはじめとする様々な特例措置の存在から，もはや形骸化しつつあると言われている。「シカゴ・バミューダ体制」の枠組みは，国際航空輸送をめぐる制度が変革するなかでどのように変化しているのであろうか。

問題意識 2　*航空自由化によって地域別の市場にはどのような変化や違いが生み出されたのか。*

　第 2 の問題意識は，二国間，あるいは多国間の枠組みでの航空自由化がその対象となる国や地域の市場にもたらした変化である。山内（1991）によれば，二国間主義に基づく航空自由化は，2 つの国の間で公平に権益が交換されるため，当事国相互の航空輸送の発展が期待できる。一方，多国間主義に基づく航空自由化は二国間では解決できないアンバランスの問題を集約し，パッケージにまとめることで権益の交換が可能になる。前者は主に米国，後者は欧州・ASEAN などによって試行されているアプローチである。いずれの地域においても LCC をはじめとする新規参入や価格競争の展開に伴うサービス選択肢の多様化と価格の低廉化，および企業の戦略的志向の高まりによるグローバル規模での統合・合併の展開といった成果があらわれている。

　ただ，二国間主義に基づく航空自由化はあくまで二国間の限られた範囲の自由化であって，自由化から生み出される効果は多国間の場合と比べて限界がある。他方，多国間主義による航空自由化は，二国間主義に基づく航空自由化と比較し，透過性の高い国家間の国益を超えた取引が行われるため，市場に与えるインパクトも大きく，全体としてドラスティックな変革をもたらす。しかし，当事国間の立場の違いや様々な格差の存在によって，かえって制限的な協定に帰着するという問題もある。

　同じ航空自由化でもその帰結は地域別・アプローチ別にどう異なるのか，これを明らかにすることが 2 つ目の課題である。

問題意識 3　*航空自由化に伴う競争の進展に対し競争システムはどのように*

機能し，市場構造に変化をもたらしたか。

　第3の問題意識は，航空自由化と競争システムの関係である。航空自由化に伴い航空会社間の競争が進展し，これによって利用者は様々な形で便益を享受している。その一方で，それは飛行技術や快適性の向上，ならびに新型機材の開発などをはじめ航空産業全般に対しイノベーションを促しており，このような効果は今後，顕著な広がりをみせるであろう。

　もっとも，航空自由化の効果を着実に生起させるにあたっては，競争を不当に制限するような行為が蔓延していてはならない。従って，航空会社の自由な経営判断を尊重しつつ，その活力を最大限に利用しながら産業のパフォーマンスを高める政策誘導が求められる。とくに，航空は他の産業とは違い「ネットワーク型」の産業構造を有しているため，競争をめぐる政策判断にあたっては，ネットワークの外部性に代表される需要面での効果と範囲の経済および培養効果をはじめとする供給面での効果を加味した「ネットワーク効果」の存在を踏まえた政策対応が必要である。米国における航空会社間の戦略的提携に対する反トラスト法の適用除外や欧州におけるEC条約第82条の改正などはまさにこれを反映した競争システムの設計であり，一見反競争的な行為であってもそれによる損失がネットワーク効果による便益を上回らない場合は，そうした行為を容認する動きが広まっている。ただ，その一方で，欧州を中心とした空港や旅行代理店をはじめとする下部チャネルと航空会社（とくにLCC）の垂直的統合は航空自由化後の競争システム構築上の新たな課題として浮上してきており，さらなる政策的対応が必要になっている。このような航空自由化の過程のなかで講じられている競争システムの設計と政策的展開を考察することが3つ目の課題である。

　| 問題意識4 |　*航空自由化に伴う国内ローカル線・離島路線に対するサービスの保障についてはどのような対策が講じられているのか。*

　第4の問題意識は，国内・離島ローカル線を対象としたサービス保障に関わる対応である。周知のように，航空自由化は高収益路線へのサービス集約化や経営資源の集中を生み出すため，それ以外の国内・離島ローカル線ではサービス品質の低下や撤退などの影響が生じると言われている。そうした路線のなか

には地域の社会経済上，必要不可欠な路線も含まれており，この影響を回避するためのセーフティネットが重要である。既に米国や欧州では航空自由化の開始と併せ国内・離島ローカル線の維持に向けた制度が確立しており，導入が試みられている。このことから，本書では先述した競争システムの構築に加え，航空自由化後におけるもう1つの重要な政策的対応として国内・離島ローカル線に対するセーフティネットの整備状況や制度的特質に関する検討を取り上げる。制度面での比較検討を交えて，わが国への示唆を導き出すことが4つ目の課題である。

本章の構成は次の通りである。

第1章は，最初に総論として国際航空輸送をめぐる制度の内容とシステムの変化について述べる。ここでは「シカゴ・バミューダ体制」の成立から米国型の二国間主義と欧州型の多国間主義という2つの形態に基づく航空自由化に至るまでの経過を整理し，その過程で講じられた反トラスト法の適用除外や共通ルールの整備などの政策的対応について制度的特性や今後の方向性等も交えながら考察する。

次いで，第2章から第4章は，米国，欧州，ASEANという3つの航空市場を対象に，航空自由化が市場にもたらした成果について，競争システムの展開や市場構造の変化に関する検討をふまえつつ，その内容や特質を検討する。

第2章は，航空自由化と国内航空輸送の規制緩和が米国航空市場に与えた影響について，LCCの躍進とそれによる市場構造の変容に焦点をあてながら検証し，連邦破産法の申請や合併をはじめとした大手航空会社の対応とこれに対する競争政策上の取り組みについて考察する。

第3章は，欧州における航空自由化の帰結を詳述し，そのなかで生じた航空輸送とそれを下で支えるチャネル間の垂直的統合に対する競争政策上の対応について分析し，将来に向けた方向性と課題について述べる。

第4章は，ASEANにおける航空市場の統合とそれが市場に及ぼす影響について，LCCをはじめとする航空会社の海外事業展開や統合プロセス下における市場構造の特徴などを分析し，その上で，単一航空市場の完成に向けて今後辿るべき政策的課題について整理する。

続いて，第5章と第6章は，航空自由化の過程のなかで講じられた国内・離

島ローカル線のサービス維持に向けた対策について考察する。

第5章は，米国の国内ローカル線における「不可欠航空サービス（Essential Air Service）」の内容と運用の経過について述べ，当該制度に対する評価，および問題点対策の代替案について検証する。

第6章は，欧州の離島・遠隔地域の航空輸送を対象に導入された「公共サービス輸送義務制度（Public Service Obligation）」の制度的特質や内容，および運用のプロセスを検討し，航空便の就航が離島・遠隔地域や空港の運営に与える効果および，運用面における今後の課題について詳述する。

第7章は，わが国の航空自由化においてボトルネックとなってきた首都圏空港における容量制約の問題と容量制約の完全な解消に向けて必要な課題について，各国・地域の動向をふまえ，運用方式の改善や首都圏第三空港の整備等各種政策選択肢の可能性を織り交ぜて考察する。

第8章は，2000年の航空法改正後，航空規制緩和に対するセーフティネットとして離島路線を対象に導入されてきた離島路線維持対策事業について，その内容と航空ネットワークの動向に関して検討し，当該路線を担当する航空会社の効率性評価に関わる分析も交え，将来における路線維持に向けた制度改革の方向性と課題について検証する。

第9章は各章のまとめを行い，今後のわが国における航空自由化の進展に向けた示唆の導出と本書で残された分析課題について考察する。

なお，本書は筆者らがこれまで報告・公刊してきた論稿に必要な加筆修正を加えた上で編纂している。各章における初出論文は下記のようである。

○ 第1章

- 塩見英治（2009）招待論文「米国による航空規制緩和・オープンスカイの展開と競争政策〜国内市場と国際市場への影響と帰結〜」『季刊経済理論』，経済理論学会，第46巻第2号，6-16ページ。
- 塩見英治（2012）「国際航空市場における競争と協調〜競争政策と独占禁止法適用除外（ATI）をめぐって〜」『海運経済研究』，海運経済学会，第46号，23-34ページ。
- 小熊仁（2015）「欧州における航空自由化と航空政策の共通化に向けた課題」『運輸と経済』，（一財）運輸調査局，第75巻第5号，54-62ページ。

はしがき　vii

○　第2章
- 塩見英治（2012）「米国における航空市場環境の変化と競争政策：2000年以降のChapter11の適用と合併の展開を中心に」『経済研究所年報』, 中央大学経済研究所, 第43号, 675-695ページ。
- 塩見英治・小熊　仁（2015）「LCCのハイブリッド化とパラダイム変化」佐久間英俊・木立真直編『流通・都市の理論と動態』, 中央大学出版部, 141-183ページ。

○　第3章
- 小熊　仁（2010）「EUにおける航空自由化とLCCの展開」『運輸と経済』, 財団法人運輸調査局, 第70巻第6号, 財団法人運輸調査局, 59-72ページ。
- 小熊　仁（2011）「EUにおける航空会社-空港の垂直的統合と競争政策上の課題」『交通学研究』, 日本交通学会, 2010年度研究年報, 175-184ページ。
- 小熊　仁（2014）「欧州におけるツアー・オペレーター・航空会社間の関係変化と競争システムの検討」『交通学研究』, 日本交通学会, 2013年度研究年報, 129-136ページ。

○　第4章
- 小熊　仁（2009）「ASEANにおける航空輸送と空港整備の展開」『運輸と経済』, 財団法人運輸調査局, 第69巻第7号, 61-77ページ。
- 小熊　仁・塩見英治（2015）「ASEANにおける航空自由化とLCCの展開による市場構造の変化」『東アジア経済経営学会誌』, 東アジア経済経営学会, 第8号, 1-10ページ。

○　第5章
- 塩見英治（2005）「小地域における航空サービスとEAS（前編）」『運輸と経済』, 財団法人運輸調査局, 第65巻第8号, 54-60ページ。
- 塩見英治（2005）「小地域における航空サービスとEAS（後編）」『運輸と経済』, 財団法人運輸調査局, 第65巻第9号, 37-43ページ。

○　第6章
- 小熊　仁（2012）「EUの航空分野における公共サービス輸送義務（Public Service Obligation）の展開と課題」『国際公共経済研究』, 国際公共経済学会, No.24, 133-153ページ

○　第 7 章
- 小熊　仁・塩見英治（2013）「日本における空港制度改革と空港運営の課題」『東アジア経済経営学会誌』，東アジア経済経営学会，第 6 号，1-15 ページ。
- 塩見英治・小熊　仁（2014）「首都圏空港の容量制約と横田基地の軍民共用化に関する検討『都市問題』，(公財) 後藤・安田記念東京都市研究所，第 105 巻第 5 号，20-35 ページ。
- 塩見英治・小熊　仁（2015）「首都圏空港の容量制約解消に向けた政策的課題〜発着枠の運用と「首都圏第三空港」整備の可能性をめぐって〜」『東京・多摩地域の総合的研究（中央大学学術シンポジウム叢書 10）』，中央大学出版部，446-475 ページ。

○　第 8 章
- 小熊　仁・塩見英治（2015）「日本における離島航空輸送の効率性評価と要因分析」, Proceeding of The 30th International Conference on Korea-Japanese Economy and Management, pp.318-325。
- 塩見英治・小熊　仁（2015）「わが国における離島航空輸送の制度改革に向けた論点整理と政策的課題」『経済研究所年報』，中央大学経済研究所，第 47 号，93-110 ページ。

　本書の刊行にあたって，改めてこれまでお世話になった日本交通学会をはじめ，所属学会の諸先生方に厚く御礼申し上げる。また，研究を支援していただいた職場の諸先輩方，同僚の方々にもお礼申し上げる。これらの方々の指導，激励，支援，助言がなかったら，本書の刊行は実現できなかった。最後に本著の刊行に関しては，文眞堂書店の前野社長にお世話になった。重ねて厚くお礼申し上げる。

2015 年 11 月 10 日
塩見英治・小熊　仁

〈参考文献〉
- 山内弘隆（1991）「国際航空輸送の自由化と多国間主義」『一橋論叢』, 一橋大学, 第106巻第5号, 496-510ページ。
- 三輪英生・花岡伸也（2004）「国際航空輸送の自由化の動向と我が国の自由化へ向けた考察」『運輸政策研究』, 財団法人運輸政策研究機構, Vol.7, No.1, 14-22ページ。

目　次

はしがき …………………………………………………………………… i

第1章　国際航空輸送をめぐる制度的変容と多国間主義 …………… 1

1. はじめに ……………………………………………………………… 1
2. 国際航空輸送に関する制度と内容 ………………………………… 2
   2-1　国際航空輸送をめぐる制度的枠組み ………………………… 2
   2-2　国際航空輸送に関するシステムの変容 ……………………… 4
3. 航空自由化の新たな段階と対応 …………………………………… 8
   3-1　戦略的提携の深化と競争政策上の対応 ……………………… 8
   3-2　多国間航空輸送における共通ルールの整備と政策統合の深化 …… 10
4. まとめ〜航空自由化の今後の方向性と多国間主義の課題〜 …… 15

第2章　米国の航空市場環境の変化と競争システム
　　　　〜LCCの展開とChapter11の適用を中心に〜 …………… 18

1. はじめに ……………………………………………………………… 18
2. 規制緩和下におけるLCCの展開と市場環境の変化 ……………… 19
   2-1　LCCの躍進と経過 ……………………………………………… 19
   2-2　航空規制緩和以後における市場構造の変化 ………………… 29
3. 競争環境下における戦略的対応と競争システム ………………… 34
   3-1　Chapter11の内容 ……………………………………………… 34
   3-2　航空会社へのChapter11の適用 ……………………………… 35
4. Chapter11と合併 …………………………………………………… 36
   4-1　合併の審査プロセス …………………………………………… 37

4-2　合併の経過と国際航空輸送との関係 …………………………………38
　5．まとめ ……………………………………………………………………40

第3章　欧州の航空自由化とLCCの展開による競争システムの課題 ……………………………………………………………………………43

　1．はじめに …………………………………………………………………43
　2．航空自由化以後における市場構造の変容とLCCの躍進 ……………44
　　2-1　航空自由化後における市場構造の変化 …………………………44
　　2-2　LCCの躍進 …………………………………………………………47
　3．LCCの行動と競争システム上の対応 …………………………………52
　　3-1　LCCの空港選択と政府補助（state aid）の関係 ………………52
　　3-2　ツアー・オペレーターとチャーター航空会社の垂直的統合と競争システム上の対応 …………………………………………………59
　4．LCCのコスト優位性の縮小と競争システムの構築に向けた課題 ……67
　　4-1　Ryanair効果の減少とコスト優位性の縮小 ………………………67
　　4-2　競争システムの構築に向けた今後の政策的課題 ………………68
　5．まとめ ……………………………………………………………………70

第4章　ASEANの航空自由化とLCCの躍進による市場構造の変化 ……………………………………………………………………………74

　1．はじめに …………………………………………………………………74
　2．ASEANにおける航空自由化とLCCの特徴 …………………………75
　　2-1　ASEANにおける航空自由化と市場統合の経過 ………………75
　　2-2　ASEANにおけるLCCの内容 ……………………………………79
　3．ASEANにおけるLCCの海外事業展開と航空市場の変化 …………82
　　3-1　ASEANにおけるLCCの海外事業展開とその要因 ……………82
　　3-2　大手航空会社の対応と航空市場の変化 …………………………85
　4．まとめ～ASEANの航空市場における今後の方向性と航空政策上の示唆～ ……………………………………………………………………88

第 5 章　米国の小地域における EAS の展開と課題 …………92

1. はじめに ………………………………………………………………92
2. EAS の経過と内容 ……………………………………………………93
    2-1　EAS の成立経過と目的 ……………………………………93
    2-2　EAS の特質と問題点 ………………………………………94
3. EAS プログラムの展開 ………………………………………………95
    3-1　EAS の延長 …………………………………………………95
    3-2　EAS とユニバーサルサービス ……………………………97
4. パイロットプログラムの設置と小地域における補助プログラムの評価 ………………………………………………………………………98
    4-1　パイロットプログラムの整備 ……………………………98
    4-2　小地域における補助プログラムの影響と評価 …………99
5. まとめ …………………………………………………………………101

第 6 章　欧州の航空輸送における公共サービス輸送義務 (Public Service Obligation) の展開と課題 …………103

1. はじめに ………………………………………………………………103
2. 航空自由化と PSO の内容 ……………………………………………104
    2-1　PSO の成立過程と経過 ……………………………………104
    2-2　PSO の展開と実績 …………………………………………107
    2-3　地域航空会社の構造変化と PSO 運用上の問題点 ………110
3. PSO が空港に与える効果と航空会社-空港の関係の変化 …………118
    3-1　PSO が空港と地域に与える効果 …………………………118
    3-2　航空会社と空港の関係の変化と離島・遠隔地域における空港の統治システムの変遷 ……………………………………121
4. PSO の今後の課題とわが国の離島航空路線に対する示唆 …………125
    4-1　PSO の今後の政策的課題 …………………………………125
    4-2　PSO がわが国の離島空港輸送に与える示唆 ……………128
5. まとめ …………………………………………………………………130

第7章　首都圏空港の容量制約解消に向けた政策的課題
～発着枠の運用と「首都圏第三空港」整備の可能性をめぐって～ …………134

1. はじめに …………………………………………………………………134
2. 首都圏空港整備の経過と発着枠配分の内容 ……………………………136
    2-1　首都圏空港整備の経過 ………………………………………………136
    2-2　首都圏空港における発着枠配分の内容 ……………………………142
3. 首都圏空港の拠点性と容量拡大の必要性 ………………………………147
    3-1　わが国の航空輸送における首都圏空港の拠点性 …………………147
    3-2　首都圏空港における容量拡大の必要性 ……………………………150
4. 首都圏空港の運用方式の改善と首都圏第三空港整備の可能性 ………156
    4-1　首都圏空港における運用方式の改善と首都圏第三空港の検討 …156
    4-2　横田基地の軍民共用化の意義と共用化に向けた問題点 …………159
5. まとめ ……………………………………………………………………162

第8章　わが国の離島航空輸送に対する政策的対応と制度改革の課題 …………164

1. はじめに …………………………………………………………………164
2. 離島航空輸送のネットワークと支援制度の内容 ………………………165
    2-1　離島航空輸送をめぐる制度的変遷と支援制度の内容 ……………165
    2-2　離島航空輸送ネットワークの展開 …………………………………171
3. 離島航空輸送の効率性評価と分析 ………………………………………179
    3-1　DEA による効率性評価の内容と方法 ……………………………179
    3-2　分析結果 ………………………………………………………………184
4. わが国における離島航空輸送の維持に向けた制度改革の方向性と政策的課題 …………………………………………………………………187
    4-1　離島航空輸送におけるリージョナル・ミニマムの保障と制度改革の論点 …………………………………………………………………187
    4-2　今後の制度改革の方向性と課題 ……………………………………188

5．まとめ …………………………………………………………190

第 9 章　本書のまとめと分析課題 ………………………………193
　1．本書のまとめ …………………………………………………193
　2．わが国における航空自由化の進展に向けた検討と示唆 …………200

あとがき …………………………………………………………………203

索引 ………………………………………………………………………205

第1章
国際航空輸送をめぐる制度的変容と多国間主義

1. はじめに

　1980年代以降，規制緩和が世界的潮流となっている。とくに，公益企業は伝統的に参入や価格面で政府の直接的介入の対象となってきただけに，恰好の規制改革の対象となった。そのなかでも，航空輸送は早くから規制改革が検討・実施されてきた分野の1つである。もっとも，今日の航空輸送をめぐる規制緩和の一連の取り組みは，経済の成熟化，技術革新や情報化の進展，消費の高度化・多様化などの社会経済的要素が基本的な背景をなしているが，その国際的な広がりは，主に1978年の米国における「航空規制緩和法」の成立を発端としている。

　米国における航空規制緩和は，国内航空輸送における参入と運賃の自由化，および規制機関の廃止に関わる内容が含まれていた。この結果，1980年代前半頃までに数多くの新規航空会社があらわれた。そして，1980年代半ばを過ぎると，企業間の合併・買収が進展し，他方で，大手航空会社による商品流通システムの改善や戦略的提携が推進された。国際航空輸送との関係では，国内の航空規制緩和法に歩調を合わせる形で「国際航空交渉実施のための政策」が発表され，翌々年に「国際航空運送競争法」が成立した。ここでは，航空自由化による利用者便益の向上が重点目標に掲げられており，それを達成するための手段として二国間協定での自由化交渉の開始が盛り込まれていた。

　その一方で，1970年代後半から1980年代にかけて多国間の経済共同体の枠組みの成立を目指す動きが進展し，そのなかでも欧州は1988年の「パッケージI」の発効を発端とし，域内航空輸送に対する段階的な航空自由化をすすめ，1993年の「パッケージIII」の発効をもって欧州単一航空市場を完成させ

るに至った。パッケージⅢは，域内の航空会社については全て欧州国籍とし，これまで二国間協定による規制下におかれてきた輸送権，輸送力，運賃などの制約を全て取り払い，併せてカボタージュの解放と資本移動の自由化を認めるもので，これによってLCCをはじめ新規航空会社の参入や国境を超えた事業展開が幅広く展開された。

　本章は，まず始めに総論として国際航空輸送をめぐる制度の内容とシステムの変化について米国型の二国間主義と欧州型の多国間主義という2つの形態に焦点をおき，競争政策上の対応や共通ルールの整備をはじめとする制度の深化も交え，今後の制度面の方向性や課題について検討することを目的としている。

2. 国際航空輸送に関する制度と内容

2-1　国際航空輸送をめぐる制度的枠組み

　国際航空輸送では，原則製造業のような多国籍企業による垂直的分業体制や海運業のようなオープン・レジスターは自由にとれない。また，複数カ国にわたるハブ・スポークシステムの構築やグローバル・ネットワークの展開は実質上不可能である。これらは，全て戦後まもなく形成された二国間主義による制度の壁によって妨げられており，現在でも欧州やASEANなどの例外を除き基本的に変わることなく機能している。

　国際航空輸送をめぐる基本的な制度的枠組みは，伝統的に1944年のシカゴ会議において採択された「国際民間航空条約（Convention on International Civil Aviation：通称シカゴ条約）」と二国間協定に基づく国際航空輸送の取り決めからなっている。具体的には，①領空主権などの国際航空輸送に関する一般原則の確立，国際民間航空機関（ICAO）の設立，および空の安全について規定するシカゴ条約，②運賃調整・決定を行うIATA（International Air Transport Association：IATA），③経済的権益をアレンジする二国間協定の3つから構成されている。

　このなかで，二国間協定に関しては，シカゴ条約において「第1の自由（領

空通過の自由)」と「第2の自由(テクニカル・ランディングの自由)」に限り多国間主義をもとに協定を取り交わす「国際業務通過規定」が成立した。しかし，第3の自由，第4の自由(運輸権)等の規則については，権益の最大の交換を主張する米国と保護主義の立場を主張する英国が対立したため，1946年の米国と英国との二国間協定(「バミューダⅠ」)の合意まで待たなければならなかった。バミューダⅠでは，当事国間で「互恵的」に権益を交換するといった原則のもとで，運輸権(当事国間輸送，以遠権，三国間輸送など)，運航権(コードシェアなど)，路線(乗り入れ地点)，輸送力(使用機材，便数)，運賃，運航航空会社等の各項目について協定が結ばれた。以後，国際航空輸送は数十年もの間，以上の「シカゴ・バミューダ体制」を基軸に展開していった。

一方，運賃については，シカゴ会議の翌年に創設されたIATAにおいて，二国間双方の認可によって発効する方式が採用された。この方式を提案したのは英国で，米国側からは国際的なカルテルを助長するとして非難が寄せられた。しかし，運賃決定に対する加盟国の事後承認および全員一致のルールを取り入れたことで，この論争はひとまず解決するに至った。その背景には，第1に，当時冷戦化しつつあったソビエト・ブロックへの配慮，第2に，参入や供給力の制限に対する統制力の不在，第3に全員一致のルールによる実質上の価格調整機能の喪失がある[1]。

このようにして二国間主義をもとに国際航空輸送を統制する枠組みが1950年代までに完成し，今日に至るまで基本的に国際航空の商業的輸送業務を支えている。では，国際航空輸送があえて二国間主義の縛りに拘束されてきた理由は，どのような点に見出されるのであろうか。1つに，政治上，または安全保障上からの理由である。国際航空輸送はその性格上国土の主権や国防の問題に関わるため，当事国間が介入する状況は避けられない。2つ目に，航空産業の発展度合いの相違からの理由である。航空大国である米国や一部の欧州諸国とこれ以外の国では航空分野の発展度合いに少なからず格差が存在し，国策とし

---

[1] そのため，米国ではIATAの運賃決定について早くから反トラスト法(Anti-Trust Law)Ⅰの適用除外が認められていたし，IATAの存在意義に対しても各国から賛否両論が寄せられていた。その一方で，IATAの役割は国際航空輸送をめぐる価格調整機能を取り持つことにあるので，違反行為への罰則や市場での監視は継続的に続けられた。

て産業育成のためのバックアップが敷かれてきた。このことから，輸送面でも国の介入は必要不可欠で，国家戦略的な動機とも並行しながら輸送を確保する必要があったのである。

2-2　国際航空輸送に関するシステムの変容

　二国間主義の枠組みは基本的に変わらないものの，1970年代後半以降そのシステムはいくらかの変容を遂げている。具体的には，二国間主義の枠組みのなかでの自由化の推進と一部地域における多国間システムの採用に分けられる。1978年の航空規制緩和法以後，自由化志向を持つ国家間で，従来の二国間協定とは異なる経済面での自由化政策を織り込んだ航空サービス協定の再交渉が行われた。ここで主導的な役割を果たしたのが，米国と欧州である。

(1)　二国間主義に基づく航空自由化の展開

　米国で航空自由化に大きな影響を与えたのは，航空規制緩和法，国際航空交渉実施のための政策，国際航空運送競争法の3つである。航空規制緩和法の施行によって，航空会社は国内線ネットワークを自由に展開し，それによって競争力を高めるための足掛かりを築くことができた。国際航空交渉実施のための政策では航空自由化の進展による利用者便益の確保を目標とし，その目標達成のための交渉項目として①革新的かつ競争的な運賃の採用，②チャーター輸送の自由化，③複数企業指定をはじめ7つの項目が掲げられた。国際航空運送競争法は，国際航空交渉実施のための政策を法的に位置づけるもので，航空会社の競争力強化と収益性の改善，および消費者の要求に応える運賃水準とサービス品質の確保を目的としたサービスレベルの設定ならびに各種規制の撤廃から構成されている。これによって米国は航空自由化を法制度化し，市場規模が小さい国から大きな国に徐々に航空自由化を推し進め，航空自由化に積極的でない国に対しても周辺諸国から航空自由化を推進し市場の開放を促す「囲い込み戦略（enrichment strategy）」と呼ばれる手法を用いながら交渉を重ねていった（Doganis（2000））。

　こうした一連の政策をもとに，米国は，1978年のオランダ，イスラエル，韓国，西ドイツとの交渉において参入の自由（＝複数社指定の承認），輸送力無制限，運賃に関する発地国主義（＝発地国の裁量によって運賃を発効）の採

用，チャーター輸送に対する発地国主義（＝発地国ルールの遵守）の適用を盛り込んだ協定を新たに締結した（山内（1991））。また，1980年の英国との交渉では，就航地点の増加と複数社指定の承認を組み込んだ新たな協定を結び，バミューダⅡに一部修正が加えられた。1980年代前半までにはオランダ，ベルギーの欧州加盟国を含む合計23カ国と航空自由化を織り込んだ交渉をすすめ[2]，2015年現在では，欧州加盟国を含む合計118カ国との間で航空自由化協定を締結している。なお，米国の二国間交渉では，当事国間の市場規模の違いや国内航空会社の権益保護の意味合いから，原則的に「第5の自由（以遠権の行使）」までを承認事項とし（貨物便に関しては一部「第7の自由（ゲージ権の承認）」を認める場合もある），「第8の自由（タンジェント・カボタージュ）」や「第9の自由（カボタージュの完全開放）」は開放されない。

他方，運賃については国際航空交渉実施のための政策が発表された1978年に民間航空委員会（Civil Aviation Board：CAB）がIATAに対して「理由開陳命令」を出し，全員一致のルールの廃止と情報公開の強化を盛り込んだ対策が講じられ，運賃手続の簡素化が推進された。このことによって，IATAは実質的にはもちろん名目上も価格調整機能としての役割を失い，その統制力は大きく低下した。1990年後半頃からIATA運賃については，独占禁止法の適用除外の対象とする対応が米国，欧州，オーストラリアなどで講じられたものの，後述する戦略的提携との兼ね合いから，それが適用除外の対象となるか否かはケースバイケースで判断されている。運賃の決定方式も従来の企業間の画一的な取り決めではなく，フレックス運賃など弾力的な決定方式に移行している。

(2) 多国間主義による航空自由化の進展

欧州では，EU（European Union）の発足に伴う航空自由化が国際航空輸送の全体的なグローバル化を促し，その動きは創設から20年以上経過した現在でも市場に強烈なインパクトを与えている。欧州における航空自由化の背景

---

[2] その後，米国は1992年までに現在の二国間交渉レジームの基礎をなす「オープンスカイ・イニシャティブ」の概念を取りまとめ，1995年に「新国際航空運送政策」を発表した。ここでは参入，路線設定，運賃の自由化，輸送力無制限，以遠権の承認が提唱されている（三輪・花岡（2004），15ページ参照）。

には，第1に先述した米国における航空規制緩和と航空自由化の推進がある。とくに，サッチャー政権下の英国においては，1984年に民間航空法が改正され，国内航空輸送のダブルトラック化・トリプルトラック化や運賃の認可制から届出制への変更が実現した。また，国際航空輸送では，British Caledonianの国際線優先事項撤廃や欧米間大陸横断路線におけるBA-British Caledonian間の路線交換が実施され，1983年のアイルランドとの航空自由化協定の締結を発端にオランダ，ベルギー，ドイツなどの欧州加盟国と相次いで自由化協定を締結した。

もう1つは，欧州の市場統合である。欧州において運輸政策は，1957年のローマ条約（Treaty of Rome）第3条で市場統合を達成するために重視される政策カテゴリーの1つとして掲げられていた（山内（1994））。1986年の単一欧州議定書（Single European Act）の調印以降，市場統合に向けた動きが加速し，航空についても共通ルールの整備と政策指針の策定がすすめられていった。1986年の欧州司法裁判所の判決「ヌーベル・フロンティエールケース（Nouvelles Frontières Case）」によって国際航空輸送に対するローマ条約第3条の適用が確認され[3]，1987年のEC閣僚理事会で共通ルールの最終案が理事会規則・指令として承認された。そして，翌年にパッケージⅠが発効された。パッケージは，欧州という複数の加盟国からなるブロックで権益や業務一般に関わる制約を包括的に取り払うアプローチをとっており，加盟国市場において混乱が生じると予想されたため，3つの段階を踏んで発効された。

表1-1はパッケージの詳細を整理したものである。まずパッケージⅠでは，運賃にかかる二重承認制の一部撤廃，輸送力の弾力的設定（55：45（1989年10月以降は60：40）の範囲内で輸送力を自由に増強可），ダブルトラック・トリプルトラックの許可，以遠権の一部承認を含む運航路線の自由化が実現した。次いで，1990年発効のパッケージⅡでは，輸送力制限の緩和，運航路線のさらなる自由化および以遠権の行使範囲拡大が発表された。最後に，1993

---

[3] これはフランスの旅行代理店のヌーベル・フロンティエール社が航空会社との調整を行わず格安航空券を販売した件について，Air Franceをはじめとする航空会社がフランス民間航空法に抵触するとし，同社を提訴した事案である。欧州裁判所は加盟国の国内航空輸送と加盟国間の国際航空輸送に対するローマ条約の適用を表明し，Air Franceらの訴えを棄却した（山内（1994），212ページ参照）。

表1-1　欧州における航空自由化の経過

項目	パッケージⅠ	パッケージⅡ	パッケージⅢ
	1987年12月採択	1990年6月採択	1992年6月採択
	1988年1月発効	1990年11月発効	1993年1月発効
輸送権	主要空港（カテゴリーⅠ）と地方空港間の路線のみ自動的に認可。ただし、一定の空港にかかわる路線、70席を超えない航空機による路線は適用除外	1990年11月発効EC加盟国の国際線に開放されている空港間の国際線はすべて自動的に認可。ただし、PSOが課されている路線、または80席以下の新規路線で新規参入となる場合には、それらの参入を一定期間猶予	欧州共通免許を持つ航空会社の参入は原則自由
以遠権	主要空港と主要空港以外の空港について輸送量の30％以内まで	域内全ての空港について輸送量の50％以内まで	域内全ての空港について無制限で可能
カボタージュ	認められない	認められない	1997年4月1日から可
輸送力	55:45まで自由（1987年1月以降、60:40まで自由）	対前年のシェアから7.5％増加可（＝実質上、75％のシェアが可能（7.5％枠に関わらず、60％シェアまで増加可））	無制限で可能
運賃	発地国双方の認可が必要（ただし、基準運賃の45～95％は自動的に認可）	発地国双方の認可が必要（ただし、基準運賃の30～105％は自動的に認可）	完全自由化（ただし、コストと比較して過度に高い運賃、または、略奪的価格設定につながると思われる運賃に対しては介入する場合あり＝Safeguard条項）

（出所）　山内（1994），194-196ページを一部加筆修正。

年に発効されたパッケージⅢからは，参入，運賃，路線設定の完全自由化，輸送力無制限，無制限の以遠権・ゲージ権・カボタージュの行使が可能になった。

なお，パッケージⅢの発効に伴い，加盟国の航空会社には欧州共通免許が導入された。これによって，もともと二国間交渉で規定されてきた「国籍ルール（＝国際線航空会社における自国民による実質的所有ならびに実効的支配に関するルール）」は加盟国から欧州に移行し，航空会社の国籍も加盟国各々の国籍から欧州国籍に変わった。さらにEC条約（The Treaty Establishing the

European Community）第 56 条第 1 項の改正によって，加盟国間の資本移動に関わる規制が撤廃され，欧州域内における外資の参入が自由になった[4]。

とりわけ，今日の国際航空輸送の行方を大きく左右しているのはカボタージュであり，これによって世界の航空勢力地図は大きく塗りかえられた。もともとカボタージュの行使は，自国の航空会社の立場を脅かすばかりではなく，経済・政治面における様々な権益に影響を与えるから，いずれの国も外国の航空会社単独による有償運送行為を認めていない。しかし，欧州は 20 余に上る加盟国をひとまとめとしてとらえ，それらの行為を容認した。併せて，域内企業間の資本移動に関する制限を完全に廃止し，資本往来の自由を承認した。このことによって，加盟国間で例えば，自国外に子会社を設立し，その国で国内航空輸送に従事することも可能になった。

欧州の航空自由化は，米国のように急激な政策転換を伴わず，地域的な多国間協定システムの構築を目指しつつ，着実な段階を踏みながら展開されたもので，後に APEC，NAFTA，ASEAN のようにこの方式をモデルケースとした航空自由化が相次いでみられるようになった。とは言え，それらは欧州とは違い国家間で必ずしも統一的な見解が定まっているわけではなく，加盟国間の経済格差や航空産業の発展度合いの相違も存在するので，欧州と同じような枠組みや体制を構築するレベルにまでは至っていない。

3．航空自由化の新たな段階と対応

3-1　戦略的提携の深化と競争政策上の対応

米国型の二国間主義による国際航空システムのもとでは，国籍ルールの加盟国全体に対する適用を行った欧州とは違い，当事国間に実質的所有・実効的支配の原則が残り，これらの原則との関連で各国の国内法のなかに，例えば米国

---

[4]　ただし，欧州域外国からの外資の参入は 50％未満に制限されている。なお，欧州は 1992 年以降，欧州自由貿易連合（European Free Trade Association;: EFTA）加盟国との間で航空自由化交渉を推進し，欧州経済地域（European Economic Area: EEA）が発効した 1994 年からは当該加盟国においてもパッケージⅢが適用されている。

の外資上限25％ルールに象徴されるような国家主権の壁が残されている。他方，欧州をはじめ航空自由化のグローバルな伸展を背景に，国境を超えた戦略的提携やそれに基づく国際コードシェアリングが展開している事実をふまえ，米国は相手国との交渉の席で航空自由化と引き換えに，統合モデル型のジョイント・アイデンティティとしての戦略的提携について，反トラスト法の適用除外を承認する方針をとっている。今日，ワンワールド，スターアライアンス，スカイチームの「三大アライアンス」には62の航空会社が加盟し，世界規模での提携や多国間航空ネットワークの構築がすすんでいる。これによって，消費者は利用選択肢幅の拡大やサービスの高度化をはじめとする様々な便益を享受し，航空会社もFFPの提供や特典措置の付与などを通し，商品の販売促進や消費者の囲い込みを推進している。

　米国の反トラスト法の適用除外はU.S. Code Section 41308・42111（以下41308条・42111条と呼ぶ）で規定されている。前者は，それが公衆の利益に適合している場合，正当な範囲内において適用除外を認め，取引を継続させるものである。後者は，それが実質的な競争排除に結びつくとしても，他に合理的な手段がなく，多国間の戦略的提携をはじめ対外的な政策に配慮する必要があるときに適用対象から除外を受ける（U.S. Department of Transport (2007)）。適用除外の申請受理・承認を取り扱う機関は，連邦取引委員会（Federal Trade Commission）や司法省（Department of Justice）ではなく，運輸省（Department of Transport）が担当し，運輸省は航空会社から適用除外の申請があった際，司法省と国務省（Department of State）に通知する。適用除外を認めるか否かの判断にあたっては，航空会社の意見陳述や司法省および国務省からのコメントをもとに決定が下される。

　戦略的提携は競争事業者間で共同輸送を行うケースに該当し，一般的に司法省と連邦取引委員会による「水平的協定に関するガイドライン」に従い審査される。ガイドラインの内容は経年ごとに見直され，とくに1992年，1997年，2000年のガイドラインでは輸送の効率化のほか統合化についても踏み込み，消費者便益・公正競争にかなう競争促進と競争制約の比較考慮や複数の手法を用いた反競争効果の証拠（Evidence of Adverse Competitive Effect）などが組み込まれている。

現在，戦略的提携に対する反トラスト法の適用除外には，様々な要素がガイドラインに取り入れられ，それぞれの市場で反競争的効果を打ち消しうるかどうかについて重きが置かれるようになっている。また，裁定は一括審議ではなく，個別審議に基づいている。公衆の利益と対外政策への配慮が条文に明記されていることで，航空会社は取引上のリスクを緩和し，それが戦略として様々な効果を生み出しているのである。

3-2　多国間航空輸送における共通ルールの整備と政策統合の深化

一方，欧州では1997年のカボタージュ解放に伴い単一航空市場が完成したことから，加盟国間で個々に取り扱われてきた航空政策に対し，共通ルールを導入すべく様々な取り組みを展開している。その対象範囲は域内航空輸送を対象とするルールと域外航空輸送を対象とするルールの2つに区別され，競争制度や補助制度，および対外航空交渉に至るまで幅広い分野から構成されている。

(1)　域内航空輸送を対象とする共通ルール

まず，域内航空輸送を対象とするルールの1つは，競争ルールである。EC条約第81条は欧州域内の競争条件や消費者便益に損害を及ぼす企業間の取引を禁止・制限するほか，同82条では「単独または複数の事業者による支配的地位の濫用」を禁止している。これによって，特定の企業，または企業間による水平的な取引と，上流・下流の企業間の垂直的な取引を通した市場支配力の形成・濫用を規制している。Németh & Niemeier（2012）によれば，合併後国際取引による売上高年間50億ユーロおよび域内取引による売上高年間2億5,000万ユーロを上回る企業が存在する場合，いかなる企業であっても欧州委員会への届出が義務付けられている（それ以外の合併は加盟国の国内法に基づいて審査）。その際，航空分野においては合併によって影響を受ける空港ペアについて代替輸送機関の有無，代替輸送機関との競争性，参入ハードルの程度，潜在的競争者の対応等に関する審査が実施され，合併による市場占有率が45％を超えたとき（＝「支配力基準」と呼ぶ），合併の取消・修正命令が下されることになっている。

パッケージⅢの発効から2003年までの10年の間にSwissair-Sabena

(1995年),KLM-AirUK(1997年),SAS-Spanair(2002年)をはじめ6件の合併が審査の対象となり,それらは全て承認を受けている。

ただ,2004年のAir France-KLMの合併については,支配力基準を超過したため,Air FranceとKLMに発着枠の一部返上や運航頻度の削減を求める是正命令が出された[5]。他方,この是正命令の直後にEC条約第82条が改正され,航空分野でも合併の審査基準が変更された。ここでは,空港ペアにおける代替輸送機関の存在の有無等よりもむしろ,合併によるネットワーク効果やシナジー効果が重視され,支配力基準に抵触しても市場全体の競争を阻害せず,規模の経済や範囲の経済の発揮によって消費者余剰の創出につながるのであれば,合併を承認するとの方針がとられた。翌年以降合併の届出件数は増加し,BA-Iberia,Lufthansa-Ausrianの大型合併も全て審査を通過している。

2つ目のルールは国家助成ルールである。EC条約第87条は,事業の適正な実施や財の生産にあたって,競争を妨げる,あるいはその恐れがある国家補助金は欧州市場のルールの中ではいかなる場合であっても正当化されないとの規定が設けられている。この解釈に基づき,加盟国が特定の航空会社に何らかの補助を行い,差別的措置を講じることは禁じられている。しかし,例外として離島・遠隔地の生活路線に対する補助は3〜5年の期限付きではあるものの,運航費用の50%を上限に認められている。これはパッケージⅢにも特例として盛り込まれている。

他方,補助交付の主導権はあくまで加盟国側にあり,大手航空会社を含め加盟国の航空会社の多くは国からの出資に頼っている。加盟国間で航空輸送の役割や重要度は異なり,生活路線についても維持すべきサービスの水準は地域別・路線別に大きな違いがある。従って,こうした統一的な助成ルールはかえって加盟国間の格差を生み,かえって市場に歪みをもたらすとの見解もある。このほか,ブリュッセル・シャルルロワ空港のように路線の減便・撤退が

---

5 具体的には,①アムステルダム,パリ(シャルルドゴール・オルリー),リヨン,ミラノ(マルペンサ・リナーテ)の6空港における航行時間2時間以内の域外国際便,航行時間90分以内の域内便に関する発着枠の一部返上,②パリ〜アムステルダム線の2社合計1日往復12便への削減,③パリ〜アムステルダム線,アムステルダム〜リヨン線の増便禁止,④パリ〜アムステルダム線のアムステルダム〜リヨン線以上の運賃引き上げ禁止の4点である(European Commision (2004), pp.10-28参照)。

あった二次的空港で，航空便の誘致のために自治体と LCC の間で取引された支援金が国家助成ルールに抵触するとし，欧州裁判所にまで持ち込まれたケースもあり，本来直接ルールには関係しない助成についても問題が生じている（遠藤（2007））。

3つ目のルールは EU-ETS である。EU-ETS は 1997 年の京都議定書で規定された8％の温室効果ガス排出削減を目標に，2005 年から始まった排出権取引制度である。ここでは企業の二酸化炭素排出総量に上限を設定し，加盟各国がそれぞれの国別割当計画に基づき排出枠を割り当てる。もし，企業の二酸化炭素排出量が排出枠の範囲内に収まれば，残りの排出量枠を他社に売却できるが，上回った場合には排出枠を市場から購入するか，料金を支払わなければならない。

航空分野への適用は 2011 年から始まっており，2012 年からは域外国際線を含め欧州域内を発着する全ての路線に採用されている。当面は航空会社に排出可能単位の 85％を無償で割り当て，2012 年には 2004～2006 年の平均排出量の 97％，2013 年以降は 95％に抑えることが目的で，二酸化炭素排出量が年間1万トン以下の航空会社については本制度の対象外とする特例が設けられている（湧口（2008））。併せて，LCC をはじめ新規航空会社に対しては配分された排出可能単位の特別留保が認められ，100 万単位を限度に留保分から追加的な配当を受けることができる。しかし，EU-ETS の航空分野への組み入れに関しては，航空会社間の競争格差の是正や ICAO の技術規制等との調整をめぐり，政策の妥当性や実効性の観点から懐疑的な見方がいくつも寄せられており，欧州もそうした見識に明確な回答を打ち出すことができていないのが現状である。

(2) **域外航空輸送を対象とする共通ルール**

次に，域外航空輸送を対象とするルールは，国際航空輸送に対する欧州の対外交渉権の確立である。これは，もともと加盟国に個別に与えられてきた諸外国との二国間交渉を欧州が一括で担当するものである。1990 年代以降，欧州は国際航空輸送をめぐる加盟国と域外の諸外国との二国間交渉が域内の制度改革とミスマッチを起こす引き金になるとの意味合いから，加盟国の対外交渉権の委譲を欧州理事会において提案してきた。しかし，各加盟国からは ① 数百

にも及ぶ二国間協定の枠組みを請け負える事務能力が欧州に備わっているのか，②欧州と諸外国間で結ばれた協定がある加盟国にとって不利になる場合，これによって生じる不利益や利害をどのように調整するのか，③「地域共同体」としての欧州が二国間交渉のテーブルにつくのはそもそもシカゴ条約の規定に違反する等の反発が寄せられ，調整に難航をきたしていた。

しかし，1990年代中頃から本格化した欧州と米国との二国間交渉では，二国間のアクセスは自由になった一方で，域内では米国の航空会社が以遠権を用い，加盟国間の域内輸送に参入し，場合によってはゲージ権を容認させることで，域内の空港でハブ&スポークを展開する航空会社も現れるという問題が生じた（中村（2012））。これを受けて，欧州は共同体全体の問題として米国との二国間交渉への対応策を早急に整備する必要性に迫られた。1995年に欧州は改めて対外交渉権の委譲を求める提案を理事会に提出し，翌年の理事会で競争ルール，国籍ルール，CRS，コードシェアリング，紛争の解決，リース，環境および移行措置に関する権限委譲が正式に決定された。

ただ，加盟国のうちいくつかの国では既に米国との間で従来の二国間型の自由化協定を締結，あるいは，二国間による交渉が大詰めの段階に入っていた関係から，欧州への権限委譲に反発を唱える国がみられた。また，欧州に委譲された権限についても運輸権，輸送力，運航担当航空会社の指定のような経済的規制に関わる権限は除かれており，直後から開始された欧州と米国との二国間交渉では，終始欧州側は不利な立場に立たされた。そこで，欧州は1998年に1995〜96年の2年間の間に米国と自由化協定を結んだ7つの加盟国を欧州司法裁判所に提訴した（表1-2参照）。5年間に及ぶ審議の結果，欧州裁判所は加盟国と米国との自由化協定は，欧州の排他的権限事項に及ぶとし，運賃および国籍ルールについて欧州の排他的権限を認める判決を下した[6]。

この判決後，欧州は米国との二国間交渉を再開し，2008年には欧州－米国間の自由化協定が発効された[7]。交渉は2つの段階に分けて実施され，

---

[6] ただし，欧州域内への輸送権の付与と混雑空港における発着枠の配分権に関しては欧州理事会規則第95号，第2407号，第2408号（Council Regulation（EEC）No.95/93, No 2407/92, No.2408/92）に明確な規定が示されていなかったことから，欧州の排他的権限が認められなかった（中村（2012），117ページ参照）。

[7] 以下の記述は，遠藤（2007），36-38ページ，およびChang, et.al.（2009），pp.116-119などに従い整理した。

表 1-2　欧州加盟国と米国における航空自由化協定の経過

欧州加盟国	発効／暫定発効	締結国	第 7 の自由（貨物便）
オランダ	発効	1992/10/14	△（アンティル諸島便のみ）
ベルギー	暫定発効	1995/3/1	
フィンランド	発効	1995/3/24	
デンマーク	発効	1995/4/26	
ノルウェー	発効	1995/4/26	
スウェーデン	発効	1995/4/26	
ルクセンブルグ	発効	1995/6/6	○
オーストリア	発効	1995/6/14	
アイスランド	発効	1995/6/14	○
スイス	発効	1995/6/14	○
チェコ	発効	1995/8/12	○
ドイツ	発効	1996/2/29	○
ルーマニア	発効	1998/7/15	
イタリア	暫定発効	1998/11/11	
ポルトガル	発効	1999/12/22	
スロバキア	発効	2000/1/7	○
ポーランド	発効	2001/5/31	○
フランス	発効	2001/10/19	○
ボスニア・ヘルツェゴビナ	発効	2005/11/22	○
キプロス	暫定発効	2007/4/30	
エストニア	暫定発効	2007/4/30	
ギリシャ	暫定発効	2007/4/30	
ハンガリー	暫定発効	2007/4/30	
アイルランド	暫定発効	2007/4/30	
ラトビア	暫定発効	2007/4/30	
リトアニア	暫定発効	2007/4/30	
スロベニア	暫定発効	2007/4/30	
スペイン	暫定発効	2007/4/30	
英国	暫定発効	2007/4/30	

（出所）　U.S. Department of States（http://www.state.gov/e/eb/rls/othr/ata/114805.htm）より作成。

2003〜2005年の第1段階では，加盟国航空会社に対する欧州国籍の承認，加盟国航空会社の米国市場へのアクセス，運賃の自由，輸送力無制限，加盟国航空会社と米国航空会社による以遠権の承認，欧州航空会社の貨物便に関するゲージ権の承認，欧州・米国・第三国間のコードシェアリングの自由化，欧州航空会社による米国〜第三国間のウェットリース承認，保安・競争・国家補助・環境面でのルール整備について合意した。

続く，2006〜2008年の第2段階では，第1段階で残されていた外資規制の緩和，欧州側混雑空港の開放，米国独占禁止法の適用除外等に関し協議が交わされた。まず，外資規制の緩和については加盟国航空会社の米国における資本所有比率を25%から50%に引き上げること，第2に欧州側混雑空港の開放については，2008年のヒースロー空港第5ターミナル第一期工事の完成をふまえ，従来，American Airlines, United Airlines, BA, Vergin Atlanticの4社に限定されていた発着規制を全面的に撤廃し，米国のあらゆる航空会社に開放すること，第3に，米国独占禁止法の適用除外については，加盟国のなかで英国が本協定に同意していない関係から，ワンワールド加盟のナショナルフラッグキャリア2社（BAとAmerican）に対しては適用除外の対象としない（後に英国との自由化合意に基づき適用除外可）ことの3つが合意された。

なお，欧州は2003年以降，域外の諸外国との間でも国籍ルールの修正につとめ，2010年までに62カ国・745件の協定の改正に合意した。このうち，44カ国とは「水平的合意（Horizontal Agreement）」と呼ばれる合意を締結し，当事国と加盟国双方のアクセスが自由化されている。

4. まとめ
〜航空自由化の今後の方向性と多国間主義の課題〜

本章は，総論として国際航空輸送をめぐる制度の変容について二国間主義と多国間主義という2つのタイプに着目しながら，その変化の過程と各種ルールの整備の動向について整理した。

今日，国際航空輸送の自由化は，米国型の二国間主義による自由化と欧州のような地域的な多国間主義に基づく自由化が並存しており，前者は，従来の二

国間主義の枠組みのなかで可及的に航空自由化を追求し，反トラスト法の適用除外をはじめ様々な誘導的戦略を兼ね合わせることで目的を達成している。その一方で，後者は地域的な多国間協定システムの枠組みのなかで，段階的に航空自由化を展開し，これによって1つの国だけでは解決できない様々な不均衡や制約の問題を解決し，市場に大きな変革をもたらしている。両者の手法には各々，長所と短所があり，いずれのシステムが望ましいのかはその地域を取り巻く社会経済の環境や航空産業の成熟度などを念頭に判断されるべきである。

　ただ，システム上の問題として，二国間交渉による航空自由化では，国内市場を温存しながら航空カルテルを容認し，多国間の戦略的提携による消費者便益の向上と国内航空会社の利益増進を目指すことができるが，カボタージュは未開放のままとなるので，例えば欧州のような共同体との交渉においては権益の不平等を生みやすく，交渉に多大な時間と労力の投入が求められる。たとえ，第5の自由の容認などの代替案が採択されたとしても，政府が国内航空会社の権益保護を優先しているケースや米国のように混雑空港に発着枠の不足がみられるケースでは，自由化の本来の効力は発揮されない。

　その一方で，多国間の航空自由化にも問題は残されている。多国間主義による航空自由化は従来型の個々の国々による政策と比べて，透明性や実効性の面で多くのメリットを持つが，それは同時にカボタージュの開放にも直接結びつくから，国家間の政治関係や国際航空輸送の発展度合いによっては調整が難航するし，国家間で航空輸送の役割や重要度が異なっていれば，そうした政策の共通化がかえって国家間の離散をまねくおそれがある。さらに，既に各国で整備されている国内ルールと多国間の共同体での共通ルールの整合性をどのようにとっていくのかについても課題が残されている。

　今後の航空自由化の方向性はICAOなどでも討議されているが，明確な指針は示されていない。しばらくは現在のような二国間主義での航空自由化と地域的な多国間主義に基づく航空自由化が共存するであろう。ただASEAN，APEC，NAFTAなどの動向をみる限り，いずれは二国間主義よりも多国間主義によるアプローチが主流を占め，ASEAN＋欧州，欧州＋APECのような複数の多国間グローバルな航空自由化が実現する可能性がある。もちろん，そこには参加国間の経済産業の競争力や航空産業の成熟度，政治体制の違い等，政

4. まとめ〜航空自由化の今後の方向性と多国間主義の課題〜

治経済文化のあらゆる面で格差や認識の違いが存在するので，具体的に動き出すにはかなりの時間を要する。しかし，航空輸送という枠組みをはずし，自動車，半導体，石油など貿易財も含めたパッケージとしての取引を念頭に，ある部門における損失をその他の部門の潜在的利益によって補完するような仕組みが構築できればそうした格差や認識の違いをいくらかは解消できるであろう。今後の展開に注目したい。

〈参考文献〉

- Chang, Y.C., Williams, G. & C.J., Hsu (2009), "An Ongoing Process-A Review of the Ipen Skies Agreements between the European Union and the United States", *Transport reviews*, Vol.29, No.1, pp.115-127.
- Doganis, R. (2000), The Airline Business in the Twenty-First Century, Rutledge（塩見英治ほか訳（2003），『21世紀の航空ビジネス』，中央経済社）.
- European Commission (2004), *Case No COMP/M. 3280-Air France/KLM*, Brussels 11/02/2004.
- Németh, A. & H.M., Niemeier (2012), "Airline mergers in Europe-An overview on the market definition of the EU commission" *Journal of Air Transport Management*, 22, pp.45-52.
- 遠藤伸明（2007）「ベストプラクティスとしてのEU国際航空政策〜オープンスカイと排出量取引をめぐる新展開〜」『運輸と経済』，財団法人運輸調査局，第67巻第5号，33-40ページ。
- 三輪英生・花岡伸也（2004）「国際航空輸送の自由化の動向と我が国の自由化へ向けた考察」『運輸政策研究』，財団法人運輸政策研究機構，Vol.7, No.1, 14-22ページ。
- 中村徹（2012）『制度としてのEU共通航空政策の展開』晃洋書房。
- 山内弘隆（1991）「国際航空輸送の自由化と多国間主義」『一橋論叢』，一橋大学，第106巻第5号，496-510ページ。
- 山内弘隆（1994）「航空政策」橋本昌史編著『ECの運輸政策』，日通総合研究所，第8章，181-212ページ。
- 山内弘隆（2004）「航空輸送における競争基盤，補助金，企業戦略―ライアンエアとシャルルロワ空港のケース」『ていくおふ』，ANA総合研究所，No.106, 26-33ページ。
- 湧口清隆（2008）「EUにおける航空分野への排出権取引制度適用の動向」『運輸政策研究』，財団法人運輸政策研究機構，Vol.11, No.2, 66-67ページ。

第 2 章
米国の航空市場環境の変化と競争システム
～LCC の展開と Chapter11 の適用を中心に～

1. はじめに

　世界に先駆けて航空自由化と国内航空輸送の規制緩和を実現した米国では，大手航空会社と新規航空会社の熾烈な競争が展開されている。とくに，1971年に米国テキサス州で創設された Southwest をはじめとする LCC は卓越したマーケティング力や従業員管理システムを駆使し，大手航空会社を凌ぐ規模にまで勢力を拡大している[8]。Southwest のビジネスモデルは，今日の LCC の原点となるビジネスモデルで，多くの LCC がこれに追随している。LCC は 2000 年代に入ってからも増勢を強めて，他の地域よりも相対的に高かった市場シェアを一層拡大している。

　これに対して，大手航空会社は，大手 LCC の創設をはじめ戦略モデルを一部修正するとともにコスト削減などの合理化を強めるほか，連邦破産法の適用，合併による組織改革などをすすめている。とくに連邦破産法は，今世紀に入ってから American Airlines, United Airlines, Northwest をはじめとする大手航空会社で申請が相次いでおり，企業再生のための1つの戦略手段として機能している。連邦破産法は Chapter11 による企業再編と Chapter7 による企業清算の2つに区別されるが，この手続，機能，問題点はほとんど知られていない。また，Chapter11 は合併と相互に関連しており，これらについても相互に分析を行わねばならない。

　本章は，航空自由化と国内航空輸送の規制緩和が米国航空市場に与えた影響

---

[8] 例えば，2012 年における Southwest の国内線旅客数は 1 億 1,223 万人で，この数字は Delta の 9,471 万人，China Southern の 7,953 万人，United の 6,778 万人を凌ぐ世界第 1 位の規模である。

について，まず始めに LCC の躍進を含めた市場構造の変化について検討を行い，次いで，2000 年以降の最近の市場動向を辿りながら，連邦破産法の適用と合併，およびそれに対する競争システム上の対応について分析する。

2. 規制緩和下における LCC の展開と市場環境の変化

2-1 LCC の躍進と経過

(1) Southwest の躍進とビジネスモデルの確立

米国の航空市場は 1978 年以後，本格的に自由化がすすめられた。国内および国際双方における航空市場の自由化に伴い，多数の新規航空会社が市場に参入した。このような規制緩和や航空自由化の過程で，今日の LCC のように，労働生産性の向上や資源調達コストの軽減を武器に低費用・低運賃を実現し，大手航空会社と価格競争を展開する企業があらわれた。例えば，1980 年代初期に米国第 5 位の航空会社に成長した People Express は，次のような戦略をもとに事業を行っていた。

- Point-to-Point の短距離多頻度運航を通し，旅客のフライト選択の幅を拡大する
- 人的資源の「交差活用 (Cross-Utilization)」を通し労働生産性を最大限に発揮し，組織全体のコストを低く維持する
- ノン・フリルサービス，機内持ち込み手荷物の有償化（1 個当たり 3 ドル），オールエコノミー自由席，機内での航空券発券などのサービスの簡略化を徹底する
- 旅客の金銭的負担と手続き上のコストを軽減するため，低運賃で有効期限なしの航空券を発行する
- サービスの対象を自由化の便益がまだあらわれていない米国東部市場に絞る
- ニューヨーク大都市圏からアクセスが容易で，発着枠に余裕があるニューアーク空港を事業拠点とする

サービスの省略，Point-to-Point 多頻度運航による機材稼働率の向上，マ

ルチタスク制の採用による労働生産性の強化をもとに低費用・低運賃を目指す試みは，LCC の原点と言われている Southwest のビジネスモデルと相違ない。

しかし，1980〜1990 年代の 10 年間の間に People Express を含めた LCC の多くは倒産，もしくは，大手航空会社への吸収・合併を経験した。その数は，100 社を超えると言われている。このように，LCC が淘汰を繰り返さざるを得なかった理由として，中条（2005）は次の 3 点を指摘している。

第 1 に，大手航空会社の効率性改善である。"低費用・低運賃"は 1 つの武器ではあるものの，もともとネットワークや資金力の面で競争優位を持つ大手航空会社が，LCC との価格競争の経過のなかでコストを切り詰め，その一方で，ビジネス対応力を持った人材を集め，マーケティングに力を入れてしまえば，LCC には余程の統治システムや斬新なマーケティングがない限り生き残ることは難しい。

第 2 に，大手航空会社の略奪的価格設定である。略奪的価格設定とは，新規参入企業の弱体化を目的に，支配的企業が大幅に（＝限界費用以下に）価格を引き下げ，新規参入企業の撤退後，再度限界費用の水準に価格を戻すことを意味する。LCC は運行特性上，ある程度の需要が見込める路線で，機材あたりの乗客密度を引き上げ，機材稼働率を向上させることがコスト削減の要となるから，その参入路線は常に大手航空会社との競合がつきまとう。大手航空会社が略奪的価格の設定に踏み切った場合，LCC はこれに耐えきれず，最終的には，事業規模の縮小や市場からの退出を余儀なくされる[9]。

第 3 に，事業規模の拡大に伴う労働生産性の低下である。LCC も運航開始当初は，大手航空会社の割高な運賃に不満を持っていた利用者からの支持を獲得し，順調に業績を伸ばしていた。他方，業績の伸展による急速な事業規模の拡大は従業員 1 人あたりの労務負担の増加につながり，組織内部の労働生産性がかえって低下した。LCC はこの労務負担を軽減するため，従業員の大量採

---

[9] 例えば，1970 年代後半に，BA と PanNum は Laker Airways と競合する路線の運賃を同社と同じ水準にまで引き下げた。その結果，Laker Airways の利用者数は激減し，市場からの撤退につながった。Laker Airways の退出後，競合路線の運賃は参入前と同様に戻り，市場は大手航空会社の寡占状態が続いていった。

用に踏み切ったものの，スキル面の問題や配置転換による問題が生じた関係で，従業員の労働インセンティブが大きく損なわれた。サービスの品質は大きく落ち込み，利用者は大手航空会社への回帰を始めた[10]。

以上のようななか，Southwest は市場環境の変化をいち早く把握し，卓越したマーケティングを駆使して企業のアイデンティティを確立させてきた。具体的には，混雑の少ない大都市圏周辺の二次的空港を拠点とし，高密度多頻度運航を基本とした「密度の経済性」を発揮させ，一方で二次的空港への就航による空港使用料の軽減，単一機材への統一化，ノンフリルサービス，オンライン販売による流通費の節減などによって全体の平均費用を削減した。また，独自の企業風土の構築やプレミアムの付与を通して，従業員の満足度を向上させ，この労働力を柔軟に活用することで従業員1人あたりの労働生産性を引き上げてきた。さらに，競合他社に先駆けてビジネスモデルを明確にし，ビジネスのミッションと目標を明らかにすることによって差別化優位を実現した。そして，急激に事業規模を拡大せず，ターゲットとなり得る市場を的確に見極め，そこに低廉で利便性の高いサービスを集中的に供給することにより，市場を開拓してきた。

Alamdari＆Fagan（2005）は Porter（1985）が提唱した競争優位の獲得に必要な「3つの基本戦略（コストリーダーシップ戦略，差別化戦略，フォーカス戦略）」と Southwest のビジネスモデルの関係を分析し，同社が躍進に至った要因や経過を分析している。はじめにコストリーダーシップ戦略では，経済性の発揮や資源の優先的な確保によって，競合他社と比べて低いコストを達成する戦略が求められる。Southwest は，混雑の少ない大都市圏周辺の二次的空港を拠点とし，高密度多頻度運航を基本とした「密度の経済性」を発揮させ，一方で二次的空港への就航による空港使用料の軽減，単一機材への統一化，ノンフリルサービス，オンライン販売による流通費の節減などによって全体の平均費用を削減してきた。また，独自の企業風土の構築やプレミアムの付与を通して，従業員の満足度を向上させ，この労働力を柔軟に活用することで従業員1人あたりの労働生産性を引き上げてきた。

10　US DOT の Air Travel Consumer Report は，People Express の旅客10万人あたりの苦情件数が1984年の2.9件から経営破綻前の1986年には7.9件に急増した点を指摘している。

続いて,差別化戦略では競合他社に先駆けてビジネスモデルを明確にし,ビジネスのミッションと目標を明らかにすることによって差別化優位を実現した。そして,急激に事業規模を拡大せず,ターゲットとなり得る市場を的確に見極め,そこに低廉で利便性の高いサービスを集中的に供給することにより,市場を開拓してきた。これはフォーカス戦略に関係する[11]。

ところで,Southwest モデルの優位性については,Porter (1985) の3つの基本戦略との関係以外に Christensen (1997) の"イノベーションのジレンマ (The Innovator's Dilemma)"との関連からとらえた見解もある。イノベーションのジレンマとは,伝統的な企業が新規企業に敗北し,市場における競争優位性を失う経過を説明づける論理で,Christensen (1997) はこれを「持続的イノベーション」と「破壊的イノベーション」という2つの概念を用いて考察している。前者は,企業が利用者のニーズを汲み取り,これに付加価値などを加えた高品質のサービスを提供することで利益率の上昇を目指すものである。具体的には,大手航空会社が該当し,ハブ＆スポークのネットワーク,機内サービスの充実化,グラウンドサービスの改善などを通じ,利用者の満足度やロイヤリティを向上させている。また,利用者の支払い意思に沿った様々な運賃を用意し,サービス選択の機会を与えるほか,イールドマネジメントや GDS,FFP などのマーケティング戦略も戦略的に組み合わせながら優位性を獲得している。

後者は,持続的イノベーションのもとで開発されたサービスと比較して品質は劣るものの,低費用・低価格で利用者に使いやすいサービスを提供することで,ローエンドと呼ばれる利用者や別の市場セグメントの利用者を確保し,市場における競争優位性を高めるものである。破壊的イノベーションは,「ローエンド型破壊」と「新市場型破壊」の2つに区別され（杉山 (2012)),前者は高水準のサービスに対する選好が皆無で,低価格で最小限のサービスを求めるローエンド層に戦略の焦点をあてることによって生じる。後者は,所得やスキル等の問題からサービスを全く利用できなかった利用者や利用そのものに制約

---

11 さらに,マルチタスク制を敷くなかで,従業員間の役割分担や情報の共有化を徹底させたことが,結果的に定時運航率の上昇や手荷物紛失件数の減少につながり,これが顧客満足度の増加や利用者からの支持の獲得に結びついた（Gillen&Lall (2004), pp.47-48 参照）。

を抱えていた利用者向けに新たなサービスを投入することによって生起される。ここでは，利用者志向のサービスを基本とし，附帯サービスや間接経費を削減する一方で，資源全体の稼働率を増加させ，サービス1単位あたりの利益を最大化する試みが実施される。

　Southwestのビジネスモデルはまさにこの破壊的イノベーションの枠組みに沿って確立されたものであり，これによって同社は大手航空会社を凌駕し，成長を積み重ねてきた。もっとも，破壊的イノベーションは既存サービスを基礎としつつも，その模倣や継承のみでは創出されない。あらゆる知識やスキルを駆使し，サービスの結合や合成などの工夫を繰り返す必要がある。Southwestは従業員間のコミュニケーションやチームコーディネートをベースとし，サービスに対する従業員のアイデアやそれに基づく成果を重視して，独自の企業価値を生み出してきた。そして，大手航空会社の持続的イノベーションによって生まれたギャップ（過剰な機内サービス，GDSやFFPのわかりにくさ，複雑な運賃体系，ハブ空港利用による混雑や遅延）を正確に把握し，二次的空港への就航やノンフリルサービスなどの新規資源へのアクセスを用意し，多様な価値やニーズを作り上げてきた。

(2) **Southwestモデルの深化**

　米国の航空市場では，1980～1990年代のLCC創成期で航空会社の躍進と淘汰が繰り返された後，2000年代からはIT技術革新の進展による航空券販売経路の多様化や9.11同時多発テロに伴う大手航空会社の経営不振が相次いだ関係から，そのなかで活路を見出したLCCが再び市場でのシェアを伸ばした。その結果，米国国内線におけるLCCの市場シェアは急速に拡大し，全体の32％を占めるに至っている（図2-1参照）。とくに，Southwestの躍進は目ざましく，2012年の米国国内線旅客数は国内第1位の1億1,223万人を記録している。Jet BlueやAir Tranは大手航空会社の後塵を拝しているものの，Americanの6,505万人に次ぐ規模で推移している（図2-2参照）。

　Ito&Lee（2003）によれば，米国におけるLCCの参入については参入前利用者数，参入前平均運賃，運航距離480Km以上，LCCの拠点空港の4つの従属変数と正の相関を持つ一方で，遅延発生率，OD人口，平均所得，ハブ空港などの変数に対しては負の相関がみられると指摘している（いずれも5％有

意)。言い換えれば，LCC は ① 後背地の人口や所得こそハブ空港と比べて多くないが，② 潜在的需要がある程度見込める空港，③ 参入前の平均運賃が高く止まっている空港，④ 既に LCC が就航し，大手航空会社がハブ空港として活用していない空港で，運航距離 480Km 以上の高密度・多頻度運航を展開し

図2-1　米国国内線におけるシェアの推移

年	大手航空会社	LCC	その他
2000	74	17	9
2001	71	19	10
2002	69	20	11
2003	64	21	15
2004	62	22	16
2005	60	23	17
2006	57	25	18
2007	55	27	18
2008	53	28	18
2009	51	29	20
2010	49	30	21
2011	50	32	18

(出所)　運輸政策研究所国際問題研究所資料。

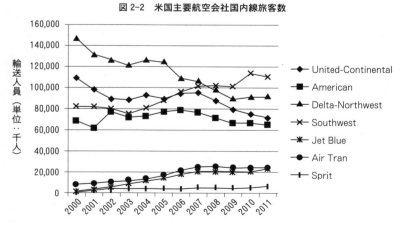

図2-2　米国主要航空会社国内線旅客数

(出所)　U.S.DOT, Air Carriers: T-100 より作成。

ている．このように，混雑の少ない二次的空港を拠点とし，低運賃で短距離路線を中心とした高密度多頻度運航を実施する試みは，Southwest モデルと軌を一にしており，この点では現代の多くの LCC が Southwest に追随としているものと言える．

ただ，LCC 各々のビジネスモデルは Southwest モデルを基本としつつも，路線需要や各社の経営環境の違いに従って様々な改定が加えられており，全てが画一的なモデルで統一されているわけではない．

第1に，機内サービスの改善と FFP の導入である．例えば，Jet Blue はプレミアムエコノミー・エコノミーの2クラス座席指定制をとり，個人モニター，機内 Wi-Fi，機内食をはじめとしたフリル付きサービスを提供している．また，JFK 空港 LCC ターミナルの完成を翌年に控えた 2007 年からは国内外の大手航空会社との戦略的提携を開始し，長距離市場へのネットワーク拡大に取り組んでいる．これまで Aer Lingus, American Airlines, Emilates, Lufthansa, Hawaiian Airways, JAL をはじめ国内外 27 社との提携を結び，FFP（True Blue）とのマイレージ取引やコードシェアなどを通し，利用者の利便性を確保している[12]．

第2に，二次的空港からの撤退とハブ空港への回帰である．既に JFK 空港やボストン空港のハブ空港を拠点としている Jet Blue 以外に，従来二次的空港を拠点としていた LCC も二次的空港からの撤退を始め，ハブ空港からのネットワークを広げつつある．Vergin America はサンフランシスコ空港とロサンゼルス空港を拠点にシカゴ・オヘア空港，JFK 空港，ダラス・フォートワース空港などのハブ空港を中心に路線を敷いている．Sprit もデトロイト空港を第2の拠点とし，アトランタ空港，ダラス・フォートワース空港，シカゴ・オヘア空港のハブ空港に乗り入れを行っている．さらに，Southwest についてもダラス・ラブフィールド空港やシカゴ・ミッドウェイ空港からの路線を削減し，JFK 空港，ボストン空港，ワシントン・レーガン空港などハブ空港発着の路線を強化している．

---

12 とくに，Hawaiian Airways との戦略的提携はハワイ州から米国本土間の州際リゾート路線，およびハワイ州内のインターアイランドリゾート路線の需要を取り込むことが目的で，これによって，同社は直接資源を投入しなくとも国内リゾート路線のネットワークを広げることができる．

第3に，Southwest モデルの徹底と深化である。具体的には航空サービスのアンバンドルと附帯収入（Ancillary Revenue）の最大化である[13]。Jet Blue や Vergin America のようにサービス全体の品質向上を目指す LCC が存在する一方で，Sprit などは Southwest モデルを追求し，「ウルトラ低費用航空会社（Ultra Low Cost Carrier: ULCC）」としての地位を確立している。もともと ULCC のビジネスモデルは欧州の Ryanair から提示されたモデルで，それは座席リクライニング機能の除去によるシートピッチの短縮や1日平均12時間以上の機材稼働のほか，輸送以外のあらゆるサービスのアンバンドルと有料販売を通じた附帯収入の獲得を特徴としている。Spirit の機材稼働時間は1日平均12.7時間に上り（＝2011年度米国 LCC 平均11時間），主要機材（A320）の提供座席数も競合他社平均より40席多い178席に到達している。附帯収入は全収入の30％を占有しており，Southwest の6.2％，Frontier の7％を大きく上回っている（長井（2012））。

　では，なぜ米国の LCC は大手航空会社の戦略に接近する LCC と Southwest モデルを追求する LCC の2つが交互にみられるのであろうか。この理由は，1つに米国におけるハブ空港整備の進展や大手航空会社の倒産・合併に伴い，ハブ空港の発着枠に余裕が出てきたためである（花岡（2012））。2つ目に，LCC の顧客ターゲットとされてきたローエンド層や非利用者層に関する潜在的需要の開拓が飽和状態をきたしているためである。3つ目に，9.11同時多発テロ後の景気の衰退とイラク戦争を契機とした原油価格の高騰により，航空市場全般のイールドが低迷しているためである。

(3) 大手航空会社の対応と大手 LCC

　以上のような LCC の対応に対し，大手航空会社は中小航空会社の合併・買収をすすめ，市場支配力を伸ばし，市場の寡占化を進展させた。また，FFPの活用や航空券販売における旅行代理店との垂直統合を通し，利用者の囲い込みを展開した。他方で，LCC との競合をめぐっては，傘下に LCC を立ち上

13　なお，附帯収入は①旅客輸送直結タイプ（機内食，物品，ハンドリング，座席予約など），②コミッションタイプ（ホテル，レンタカーなど），③FFP・マイレージ販売タイプ（特典航空券，ホテル，レンタカーなど）に分けられる。LCC が関係するタイプは主に旅客輸送直結タイプである（橋本（2012），46-47ページ参照）。

げ，大手 LCC として別組織・別ブランドでローコスト・ノンフリルサービスの供給に従事させた。表2は，米国における大手 LCC のビジネスモデルをあらわしたものである。大手 LCC のビジネスモデルは高密度多頻度運航をベースとした密度の経済性の発揮を原則とし，平均費用の縮減を目標としている意味において Southwest モデルとの違いは存在しない。その一方で，運航管理やネットワーク構造などに目を向けたとき，大手 LCC は以下の諸点で Southwest モデルとは異なる特徴がある。

まず，ハブ&スポークのネットワークである。ハブ&スポークは最小路線数で接続空港を最大とする効率的なネットワークを形成することが可能であり，航空会社は使用機材数を抑えながら，ロードファクターを最大限に確保することができる（塩見（2002））。大手 LCC は，スポーク上の多数の起点からハブ空港までの短距離フィーダー路線のなかで LCC と競合する路線に集中的に展開している。

続いて，中型機材，または複数機材による2クラス制での運航である。一般的に，大手 LCC の機材は親会社からの中古機材のリースや譲渡に頼っており，Song のように B757 クラスの中型機材を所有する LCC や CA Lite，あるいは Shuttle のように複数機材を所有する LCC がみうけられる。キャビンの配列も親会社時代の配列を踏襲している場合が多い。

次に，従業員のウェットリースである。ウェットリースとは，他の航空会社から人材や設備を借用し，これをもとに自社便を運航するシステムである。大手 LCC は，親会社との間でパイロット，CA，グラウンドスタッフに加え，整備，保険を包括したウェットリース契約を締結しており，LCC から親会社にフライト時間／ブロック時間単価でリース料が支払われる。この場合の運航責任は LCC に帰属するため，労務規定や賃金は LCC の基準に沿っている。これによって親会社は，自社の人件費を切り詰め，他方で，LCC からのリース料の受け取りを通し，この収益の一部を還元することができる。

最後に，GDS を介した航空券の販売である。大手航空会社は親会社も傘下の LCC も流通費の削減を目的にオンラインチケットの販売を開始し，その代わりにチケット販売において大きな役割を担ってきた旅行代理店に対し，チケットごとの均一コミッションの支払いを取りやめている。ただ，GDS への

表 2-1 米国における大手 LCC の概要

ブランド名	Song	Ted	CA Lite	Shuttle	Delta Express	Metrojet
親会社	Delta	United	Continental	United	Delta	U.S.Airways
運航開始年	2003 年	2004 年	1993 年	1994 年	1996 年	1998 年
運航停止年	2006 年	2009 年	1995 年	2002 年	2003 年	2002 年
所有機材	B757-200	A320	DC9/B737-300	B737-500/300	B737-200	B737-200
機材所有数	36 機	—	—	45 機	25 機	54 機
シートピッチ	33 インチ	31 インチ/36 インチ	32 インチ/36 インチ	32 インチ/36 インチ	32 インチ	32 インチ
クラス数	シングル	2 クラス	2 クラス	2 クラス	シングル	シングル
機材稼働時間（1 日あたり）	12.1 時間	—	—	12.0 時間	12.2 時間	12.0 時間
親会社のフィーダー路線としての運航割合（1 時間あたり）	11.1％	7.8％	38.0％	10.2％	5.8％	19.0％

（出所） Morrell（2005），p.306 を一部加筆修正。

依存は根強く，両者はチケット販売実績の高い企業を選別し，販売実績に応じたインセンティブの支払いを継続している（塩見（2006））。

しかしながら，大手 LCC は，既存 LCC との競合によって次々とシェアを奪われ，2000 年代後半までには運航停止や親会社への再吸収を経験している。このように大手 LCC の戦略がふるわなかった理由として Morrell（2005）は下記の3点を指摘している。第1に，親会社の労働慣行や企業文化が残存したためである。米国の大手 LCC は親会社と別組織・別ブランドで運航されるとはいえ，実際の組織形態は，親会社の支配や関与を排除した完全分離子会社ではなく，「社内カンパニー制」に近い形態のため，組織の意思決定において親会社と LCC との間で二重責任の問題が生じたほか，親会社の労働慣行や企業文化が組織内に蔓延した。とくに，労務規定の改編においては，しばしば労働組合の抵抗に直面し，場合によっては親会社と同一の規定を策定せざるを得ない企業もあった。その結果，ウェットリースには多額の費用が嵩み，人件費はかえって高騰した。

第2に，市場のセグメント化が十分ではなかったためである。大手航空会社

は，LCCを活用してローエンド層や新規顧客層に対し，低運賃・低費用サービスを提供することにより利益の増大を企図する一方で，親会社では高運賃でも満足度やロイヤリティを重視するエクゼクティブ・ビジネス層に品質の高いサービスを提供する「市場のセグメント化」を実現することではじめて企業全体としての生産者余剰が拡大する。しかし，大手航空会社は大手LCCの設立と歩調を合わせてビジネスクラスの削減や機内サービスの簡略化に踏み切ったので，両者の差別化が曖昧なまま，LCCの導入によって生じた消費者余剰を生産者余剰に転換することができなかった。

第3に，ハブ空港における混雑や基幹路線からの乗り継ぎ待機によって遅延が発生し，機材稼働率が低下したためである。大手LCCはハブ&スポークのネットワークによっている以上，運航にあたっては基幹路線との接続性やハブ空港における発着枠の混雑を考慮しなければならない。もし，混雑や遅延によって機材稼働率が低下すれば，LCCの費用優位性は損失し，生産性も大きく失われる。

2009年のTedの運航停止後，大手LCCは全て市場から撤退し，これに代わって大手航空会社はリストラクチャリングの推進や路線の選択と集中による費用削減等の対策に舵を切り始めている。具体的には，Chapter11の適用によるパイロット・CAの人件費引き下げ等を含む組織全体の経費削減，基幹路線への集約化と大型機材投入によるユニットコストの削減，ロードファクターの向上によるイールドの増収である。

2-2 航空規制緩和以後における市場構造の変化

(1) 市場環境の変化に関する時期区分

ところで，塩見（2006）は以上のようなLCCを含めた航空規制緩和・自由化以後における航空市場環境の変化過程を，景気循環を中心とする外部環境の変化，経営実績と収益性の変化，企業間での競争の程度と質の変化などをもとに以下の4つの時期に分類している。

まず第1期（1978～1982年）は，規制緩和・自由化移行期にあたり，新規企業の市場参入が促進された一方で，景気は後退の時期に差し掛かっていた関係から，航空需要は減少もしくは横ばいの傾向を辿り続けた。

続いて，第2期（1983～1980年代末）は景気好転の時期にあたり，航空業界全体ベースで黒字に転換し，航空会社間で収益格差が生じた。大手航空会社が固有の競争優位の戦略を発揮しつつ，企業間の合併を促進し，航空市場の寡占化が著しく進展した。

次に第3期（1980年代末～2000年）は前半の1992年までの景気後退期と，それに続くIT革命を背景とした景気拡大の時期である。この期間は一貫して航空需要の伸びが堅調で，前期から後期にわたって一貫してSouthwestをはじめとするLCCの躍進と成長が続き，LCCが市場に大きな影響をもたらした。

最後に第4期（2000年以降～現在まで）は燃料費の高騰が続き，景気の低迷によって，全体的に需要が停滞した。他方で，いくつかのLCCが競争優位の獲得により，なおも成長し，大手航空会社は，これに対抗するため，コスト削減と合理化，ビジネスモデルの一部修正，合併などによる生産性の向上を試みた。

(2) 2000年以後の動向

2000年に入ってからの動向を航空需要，航空会社の営業損益などについて考察すれば，まず始めに航空需要は2002年以降回復基調を辿っていたが，リーマンショックをはじめとする景気悪化の影響を受け，平均的には停滞気味となっている（図2-3参照）。それは，大手航空会社の市場動向にもあらわれている。ただし，最近はRPMと旅客数が並行して伸びてきている。これは，国内線の停滞と国際線の成長を反映している（図2-4参照）。次いで，営業損益については，全体を通してみると，連続的な赤字が大半で，しかもかなり変動性があるのがわかる。しかし，図2-5に図示されるように，大手航空会社は，2010年に前年までの赤字基調から大幅回復し54億3,800万ドルの黒字を計上している。これは，リーマンショック前を超えるもので，2000年以降では最高額にあたる。市場別でみると国内市場が国際市場を上回っている。

このように大手航空会社の営業損益が大幅な回復をみた要因は1つに国際線を中心とした営業収入の増加があげられる。とくに運賃と付帯収入の増加は，イールドを2010年に13.2セントの水準にまで押し上げ，とりわけ収入に占める付帯収入の比率は3.5%に上った（2010年）。付帯収入には，機内販売や手荷物預かり料からの収入などが含まれており，これはLCCへの対応としての

2. 規制緩和下における LCC の展開と市場環境の変化　31

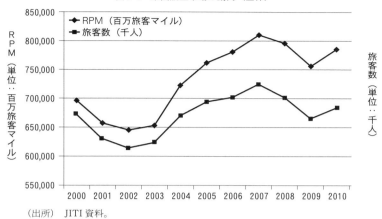

図 2-3　米国航空市場の動向（全体）

（出所）　JITI 資料。

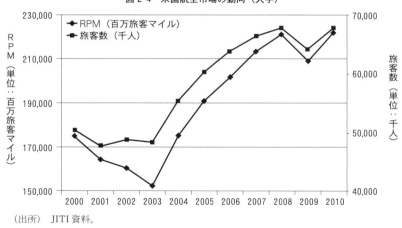

図 2-4　米国航空市場の動向（大手）

（出所）　JITI 資料。

サービス効率化と関係する。2つ目に営業費用の削減である。イラク戦争後，燃料費の高騰に見舞われたにも関わらず，事業の効率化や組織の再編を通して人件費を抑制し，人件費の増加率は 2009 年対 2010 年比で＋5.7％に止まっている。一方，LCC の営業損益は，同じ 2009 年対 2010 年で 81.2％も増加している。大手航空会社の費用削減や効率化に対する積極的な取り組みはユニット

図 2-5　大手航空会社の損益

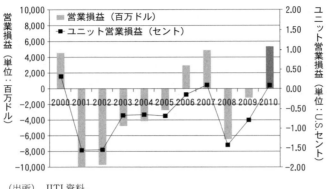

（出所）　JITI 資料。

図 2-6　LCC の損益

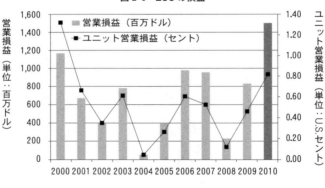

（出所）　JITI 資料。

コストの軽減にも結びついており，大手と LCC の格差は年々縮小される傾向にある。

　他方，シティペアでの有効企業数の経過については，上位 5,000 シティペアでみた場合，有効企業数が 1998 年の 2.9 社から 2006 年には 3.3 社にまで増加している。このなかで，1 社単独は 10％以下に減少し，3 社以上は 70％増加している（図 2-7 参照）。これを距離帯別で把握すれば，1,000 マイル以上の長距離で 3.9 社，250 マイル以下の短距離で 1.7 社という数字が示されており，

図 2-7 5,000 シティペアの有効企業数

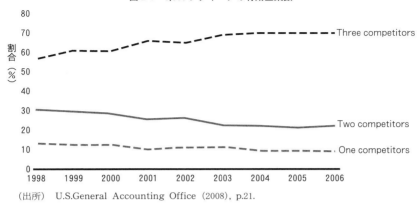

(出所) U.S.General Accounting Office (2008), p.21.

図 2-8 距離帯別運賃

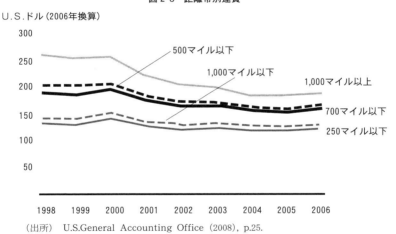

(出所) U.S.General Accounting Office (2008), p.25.

特定の長距離路線で複数社参入が進展し，短距離路線で新規参入が伸び悩むといった傾向が読み取れる。また，競争状況が反映される運賃の地帯別傾向に関しては，いずれの距離帯においても 2000 年以後はほぼ横ばいで推移している（図 2-8 参照）。運賃の変動には LCC が大きく関与しており，その市場シェアの拡大とともに距離間の運賃格差を解消している。

3. 競争環境下における戦略的対応と競争システム

　航空自由化と規制緩和は，航空会社間の競争と戦略性を高めることになった。大手航空会社は LCC に対応するため，コストの低下と機材利用率の向上などを目的としたハブ＆スポークネットワークを展開し，その一方で CRS の利用によるイールドマネジメント，インセンティブ手数料の支払いを媒体にした旅行代理店の囲い込みをすすめてきた。また，付帯サービスに対する料金の徴収，フィーダー路線のアウトソーシング，大手 LCC の創設をはじめビジネスモデルの改変にも着手し，企業の存続に向けて様々な対策が講じられてきた。

　ただ，そのような大手航空会社の戦略も，一方で競争を阻害する行為が発生しているのであれば，競争政策上問題になる。例えば，American Airlines は略奪的価格設定により新規企業の参入を阻止したとして，1998 年に地区裁判所に提訴された（塩見 (2006)）。このほか，CRS，FFP，ハブスポークネットワークなどの戦略的手段による一部の排他的な企業行動，大型合併とハブ空港支配による市場統制，CRS および GDS の独占的利用による流通支配なども問題となっており，その都度法廷で争議が交わされてきた。

　しかし，航空会社間の合併に関しては 2000 年代に入ってから Continental Airlines と United Airlines，あるいは Delta Airlines と Northwest Airlines のような大手航空会社間の大型合併であっても承認される傾向にあり，とくに Chapter11 の適用を通した合併は競争システム上の観点からも企業の戦略的再生策の観点からもその妥当性や実効性についていくつか議論が試みられている。そこで，以下では航空会社の Chapter11 の適用に着目し，その内容と経過，合併との関係性等について整理しておきたい。

3-1　Chapter11 の内容 [14]

　連邦破産法の企業清算や再建手続きは，Chapter7 および Chapter11 によっ

14　本節はフェリエル＆ジャンガー（2011），堀内・森・宮崎・柳田（2011）をもとに整理している。

ている。Chapter7 は企業清算に関する条項で，ここでは清算にあたっての債務者の資産配当について管財人（Trustee）の介入と換価を通し，法律上規定された優先順位に従い債権者に資産を分配する旨が明記されている。その一方で，Chapter11 は，管財人を置かず，Debtor in Possession（DIP）としての債務者が，Chapter7 で管財人が行う作業を担当する。Chapter7 と Chapter11 で管財人に関する取り扱いが異なる理由は，1 つに外部環境要因による倒産への配慮ため，2 つ目に倒産申請の先延ばしを回避するためである。そして，Chapter11 では非自発的申請であるか自発的申請であるか否かを問わず，裁判所による保全命令なしで，財産保全がきく「オートマティック・スティ」を行うことが可能である。これによって，リスクが顕在化する前にリスクを処理することができ，今日では企業戦略の一手段として，あるいは買収のための一手段としての活用されるようになっている。

ところで，Chapter11 における DIP ファイナンスについては，Chapter11 の申請によって信用力を失った企業に新たな資金枠を提供することで，関係業者のつなぎ止めやそれによる営業活動の継続をはじめとするメリットが指摘されている。ただ，ここで調達可能な資金は，Chapter11 の適用から脱するまでに必要な運転資金に限定されており，それ以外の資金を得ることはできない。もちろん，この資金は Chaper11 から脱却後，全額額返済しなければならないため，どのような再建計画を立てるかによって調達できる資金額や範囲が異なる。航空会社の場合，外部資金調達の比率が高く，資産の多くが担保済み機材によって占められていることから，他の分野に比べて資金調達は容易である。機材のオーナーやリースの貸し手が資金調達に手を貸すケースも多い。

3-2　航空会社への Chapter11 の適用

航空規制緩和法成立以前，米国の航空会社に対しては規制当局である CAB が Falling doctrine などを通し倒産寸前の航空会社と経営基盤が強い航空会社を強制的に合併させていた関係から，企業の清算や経営破綻はほとんど生じなかった。しかし，航空規制緩和法成立以後は 1982 年の Braniff International Airlines を発端に 2004 年までに 144 社が Chapter11 を申請し，130 社が競合他社に合併されている（Chapter7 による企業清算は 14 社）。

36　第2章　米国の航空市場環境の変化と競争システム

　このように規制緩和後にChapter11への申請が相次いだ理由は，Falling doctrineの廃止はもちろん，LCCとの企業間競争による人件費の圧縮とそれによる労使交渉のもつれがあり，企業再編や経営再建を円滑にすすめなければならなかったためである。労使間で交渉の対象になるのは，賃金，給与が中心であるが，このほか，退職金に対する年金や医療費支払いのための保険給付金も含まれる。労使間において厳しい交渉がなされ，決着がつかないままChapter11を申請する場合もある。

　Chapter11が航空輸送に与える経済的影響については，とくに運賃を対象に分析が行われている。このうち，Barla＆Koo（1999）は，Chapter11申請会社の運賃は，申請後から運賃が下がり，競合他社もその申請会社を市場から締め出すために，それ以上の運賃引き下げを試みると指摘している。Boreistein＆Rose（1995）およびMorrison＆Winston（1995）によれば，Chapter11申請会社の運賃はChapter11の申請後低下するが，競合他社の運賃にはさほど影響を与えないと述べている[15]。競合他社に対する影響は，申請時の市場環境や申請会社の市場における立場によって変化し，全てにおいて統一的な行動がとられるわけではない。他方，Chapter11申請会社は，申請後の報酬水準の高さや再建計画履行の遅れから，司法省が介入するケースも一部みられ，このことは企業ブランドや価値の低下を引き起こしている。

4．Chapter11と合併

　合併は経営窮状に陥った企業の再建もしくは，競争力の強化のために選択される。具体的には，① 事業の拡大と市場支配力の強化，② 成長戦略としての集中と多角化，③ 企業存続と業界再編，④ 企業価値や企業ブランドの向上を目的としている。Chapter11の申請会社も自主再建を断念した場合には合併か企業清算を余儀なくされる。

15　その一方で，Chapter11の申請は企業イメージの喪失，FFP利用者の脱会，取引企業との交渉力低下に結びついて利用者離れを促すので，企業は次第に運賃を引き上げざるを得なくなるとの指摘もある。

合併は，労働力の統合，機材編成の統合，情報技術の統合を伴うため，交渉コスト，従業員の再訓練・部品調整コスト，情報ネットワークの再編コストが高くつき，事前と事後の調整でかなりの時間を要する。さらに，そうしたプロセスを克服したとしても，審査から承認に至るまでいくつもの段階を踏まなければならない。以下では，合併申請から承認までの流れについて整理し，Chapter11の申請を行った航空会社がどのような経過を辿ったのかについて述べる。

4-1　合併の審査プロセス

米国で合併審査から承認までの任務を取り扱うのは司法省である。司法省は，シャーマン法とクレイトン法の執行権限を持ち，反トラスト法の執行行政にあたっている。司法省は合併ガイドラインを作成・公表し，それによって審査手続きがとられる。申請された合併は，Hart-Scott-Rodino AIA に基づいて審査される。具体的には，① ネットワーク経済性の発揮とシームレスなネットワーク整備による効率性向上の効果[16]，② 合併不在のケースにおける撤退・倒産の可能性のほか，③ 特定の二都市を対象とした市場支配力の変動，運賃高騰の見込み，競合他社および新規参入による市場支配力低下の可能性を評価する。

評価にあたっては，単一の手法によってではなく，分野ごと複数の手法を用いて立証すべきとし，最終的な判断の際には，「反競争効果の立証（Evidence of Adverse Competitive Effect）」も取り入れるべきであるとしている。反競争効果の立証とは，合併が及ぼす経験上の影響や合併が反トラスト法違反にあたる旨の証明などについて申請会社や利用者から得た情報をもとに判定するもので，評価プロセスの透明性や実効性を向上させる役割を担っている。審査には交通省も関与し，競争分野に関わる分析や審査プロセスでの助言を行う。ただ，最終的な承認の判断は司法省に委ねられており，交通省は承認された企業の運航責任，財務，安全面などでの審査に関わる。

16　ただし，これはコードシェアリングや戦略的提携のような代替策をもとに評価するのではなく，あくまで合併そのものによって生じる効果を審査するものである。

4-2　合併の経過と国際航空輸送との関係

図 2-9 は米国航空会社における合併の経過を図示したものである。合併は 1980〜1990 年代初頭までの期間に集中し，メジャー 8 社に収斂する結果を辿っている。1990 年以降も航空会社は幾度かの経営危機に見舞われたが，合併が承認された件数は少ない。

しかし，2000 年からは再び合併承認が相次いでいる。この時期以後の特徴は，Chapter11 の申請とメジャー航空会社同士の大型合併が組み合わされるケースが多く，Chapter11 の申請が本来の意味での企業再生ではなく，合併のための 1 つの戦略手段として機能しているといえる。代表的な合併の申請案件としては，2001 年の American Airlines と Trans World Airlines の合併，2005 年の America West Airlines と U.S. Airways の合併がある。とくに，American Airlines と Trans World Airlines の合併は米国の有償旅客マイル全体の 20％を超えるシェアをもたらし，これによって合併会社は業界 1 位の地位にまで上り詰めた。司法省は両社のシティペア市場ではもともとオーバーラップが存在していないとの理由から，競争維持のために準拠すべき条件を付けずに合併を承認した。America West Airlines と U.S. Airways の合併は，U.S. Airways 運航路線における利用者の混乱を回避するため，U.S. Airways ブランドを継承する条件で合併を承認した。

図 2-9　米国航空会社における合併の経過

Airline	1920s	1930s	1940s	1950s	1960s	1970s	1980s	1990s	2000s	2010s
American		1934				1970 Trans Caribbean Airway	1986 Air California	1990 Eastern Airlines Latin American routes	1999 Reno Air / 2001 TWA	2013 US Airways
Delta	1929			1953 Chicago Southern Air Lines		1972 Northeast Airlines	1987 Western Airlines	1991 Pan Am trans-atlantic routes and shuttle	2000 ASA / 2008 Comair	2008 Northwest
Southwest						1971		1994 Morris Air		2011 AirTran
United		1934			1962 Capital Airlines		1986 Pan Am Pacific routes	1990 Pan Am London routes / 1991 Pan Am Latin American routes	2010 Continental	

Ⓢ Acquisition or merger
● Company founded

（出所）　U.S.General Accounting Office（2013），p.4 より抜粋．

2008年には，DeltaとNorthwest，2010年にはContinental AirlinesとUnited Airlinesの合併が承認され，以降も同じような大型合併が断続的に計画されている。DeltaとNorthwestの合併はアジア太平洋路線と中南米路線を相互に補完し，国内・国際線双方のネットワーク拡大と利便性強化につながり，フライト選択肢の増加に適合する航空機の投入，一部重複した路線や人員の削減などによって輸送効率の改善が期待されるとの理由から承認された。Continental AirlinesとUnited Airlinesの合併は，両者が国内・国際線両方にハブ空港をいくつか所有している関係から，空港ペアの組み合わせでかなりのオーバーラップが生じるとの懸念が出されたが，① 多くの路線で少なくとも1社以上の競合他社が存在し，13,515の空港ペアにおいて競合他社が限られるのはわずか1,135空港ペアにすぎないこと，② 13,515空港のうち431空港ペアではLCCとの価格競争が生じていること，③ 国内4大都市を含む10都市にハブ空港を有し，国外100都市へのアクセスと航空路線が少ない中小都市への充実したフィーダー輸送が提供できるとの理由から承認された。なお，審査段階で懸案事項となっていたニューアーク・リバティ空港（Continental Airlinesのハブ空港の1つ）の発着枠については，36枠をSouthwestに譲渡することで決着がついた。

なお，これまでに合併に向けた交渉が展開されてきたものの，労働組合や金融機関などの反対から合併に至らなかったケースもある。例えば，2000年のNorthwestとContinental Airlinesの合併，2006年のUnited AirlinesとU.S. Airwaysの合併である。前者のケースでは，コードシェアや共同マーケティングによる提携がすすめられていたが，既に寡占状態にある7つの空港ペアで利用者の便益を著しく減少させるとの理由から司法省が申請を棄却した。後者では収入規模160億ドル以上の30空港ペアで独占または寡占が生じ，利用者の便益を損なうとの結論から合併が承認されなかった。

ところで，以上のような大手航空会社のChapter11の申請と合併は，国際航空輸送にどのような影響を与えるのであろうか。周知のように，三大アライアンスは今や世界全体の有償旅客マイルの6割強を占め，いずれのグループにおいても米国のメジャー航空会社がリード的役割を担っている。戦略的提携は"Metal neutrality"と称される共同運賃の設定や公平な収入の分配をはじめ

適正なネットワークの構築，および共同マーケティングの発揮による効率性向上と消費者便益の促進を生み出す効果があり，二国間交渉においてもこれによる反トラスト法の適用除外を前提とした協定がいくつも締結されている。

しかし，メジャー会社同士の大型合併はアライアンス内部における米国企業の支配力の拡大と国際航空市場における競争制約につながる。Morrison & Winston（1995）は，1990年代のデータを用いたという点で分析上の課題はあるものの，独占禁止法適用除外の対象となったアライアンスの運賃水準が，単にコードシェアリングを取り結ぶアライアンスの運賃水準より高くなっているとの結果を示している。併せて，グループ再編に伴うスイッチング・コストの発生によって，参加航空会社は多大なコストを負担する一方で，米国航空会社とその他の航空会社間の格差が広がりつつあり，戦略的提携からの脱退を企図する航空会社もあらわれているとの指摘を行っている。

このまま大型合併が繰り返され，競争に何らかの影響を及ぼすのであれば，いずれ戦略的提携を反トラスト法の適用除外の条件とする要件は見直しを迫られ，以後の二国間交渉のあり方は変更を余儀なくされるであろう。また，大型合併を伴わなくとも，Chapter11の申請は申請航空会社ばかりではなく，アライアンスに加盟する航空会社の経営に少なからず打撃を与える。合併・再編の方法や今後の交渉の方針も含めて，適正な競争政策の設計に向けた包括的な調査や検討が求められる。

5. まとめ

本章は，米国の航空自由化・規制緩和が航空市場に与えた影響について，Southwestをはじめとする LCC の躍進とビジネスモデルの深化，および LCC に対する大手航空会社の対応について検討した。その後，航空市場環境の変化過程をいくつかの時期に区分して整理し，そうした過程のなかで講じられた競争政策上の対応をとくに連邦破産法の経過と合併の進展に焦点をあてながら考察した。

米国では国内航空輸送の規制緩和に代表される一連の航空自由化施策によっ

て，Southwestが自らのビジネスモデルを確立し，国内線の旅客数で第1位の航空会社にまで成長した。Southwestの躍進は市場に大きな影響を与え，これに追随するLCCもSouthwestモデルに改良を試み，様々な工夫を凝らしながら進展を遂げている。これに対して，大手航空会社はハブ空港への集約化を通し，効率的なネットワークの形成を試みるほか，人件費の削減や中小航空会社の買収，大手LCCの開設をはじめ様々な形で企業再編をすすめている。とりわけ，そのなかでもChapter11の申請は，労働契約の見直しによる人件費とベネフィットの低下を企図しており，2000年代前半までに144社がChapter11の申請を行っている。近年の動向としては，大手航空会社同士の合併を目的にChapter11を活用するケースが多く，それが本来の意味での企業再生ではなく，合併のための1つの戦略手段として機能しているようである。規制当局としても，合併によって効率性が向上するのであれば，メジャー航空会社間の大型合併であってもそれを承認する方向で動いている。

ただ，DeltaとNorthwestの合併やContinental AirlinesとUnited Airlinesの合併などメジャー航空会社同士の合併は，国際航空輸送のアライアンス内部における支配力の拡大と競争制約につながるため，反トラスト法の適用除外を含め二国間交渉のあり方に影響を与える。また，最終的に合併に結びつかなくてもChapter11の申請はアライアンスに加盟する航空会社の経営に少なからず打撃を与える。合併・再編の方法や二国間交渉の方針も含めて，適正な競争政策の設計に向けた包括的な調査や検討が今後必要となる。

〈参考文献〉
- ジェフ・フェリエル，エドワード・J・ジャンガー（米国倒産法研究会訳）（2011）『アメリカ倒産法（上巻・下巻）』レクシスネクシスジャパン。
- 塩見英治（2002）「国際航空産業におけるアライアンスと企業統合」『海運経済研究』，日本海運経済学会，第36号，13-22ページ。
- 塩見英治（2006）『米国航空政策の研究～規制政策と規制緩和の展開～』，文眞堂。
- 杉山純子（2012）「LCCの成長戦略～破壊的イノベーションを通じた新市場の創出～」『運輸と経済』，財団法人運輸調査局，第72巻第12号，51-58ページ。
- 堀内秀晃・森倫洋・宮崎信太郎・柳田一宏（2011）『アメリカ事業再生の実務』，金融財政事情研究会。
- 中条潮（2005）「新規参入航空会社をめぐる政策課題」『運輸と経済』，財団法人運輸調査局，第65巻第5号，12-19ページ。
- 長井総和（2012）「米国のLCC事情概観」『運輸と経済』，財団法人運輸調査局，第72巻第12号，29-38ページ。

- 橋本安男（2012）「欧州 LCC の現況について～LCC ビジネスモデルの深化，リージョナル航空との関わりを含めて～」『運輸と経済』，財団法人運輸調査局，第 72 巻第 12 号，39-50 ページ。
- 花岡伸也（2012）「到来した LCC の波とわが国の行方」『ていくおふ』，ANA 総合研究所，No. 131，2-9 ページ。
- Alamdari, F. & S., Fagan (2005), "Impact of the adherence to the original low-cost model on the profitability of low-cost airlines", *Transport Reviews*, Vol.25, Issue.3, pp.377-392.
- Barla, P. & B., Koo (1999), "Bankruptcy protection and pricing strategies in the US airline industry", *Tranpsortation Research Part E*, Vol.35, Issue2, pp.101-120.
- Borenstein, S. & N. L., Rose (1995), *Do airlines in Chapter11 harm their rivals?-Bankruptcy and Pricing behavior in U.S. Airline Markets*, Working Paper of National Bureau of Economic Research No.5047 (http://faculty.haas.berkeley.edu/borenste/download/NBERAirBank.pdf に所収)
- Christensen, M. C. (1997), "The Innovator's Dilemma", Harvard Business School Press（玉田俊平太（監修）伊豆原弓（訳）『イノベーションのジレンマ-技術革新が巨大企業を滅ぼすとき』翔泳社）．
- Gillen, D. & A., Lall (2004), "Competitive advantage of low cost Carriers: some implication for airport", *Journal of Air Transport Management*, 10, pp.41-50.
- Ito, H. & D., Lee (2003), *Low Cost Carrier Growth in the U.S. Airline Industry: Past, Present, and Future*, Brown University Department of Economics.
- Morrell, P. (2005), "Airlines within airlines: An analysis of US network airline responses to Low Cost Carriers", *Journal of Air Transport Management*, 11, pp.303-312.
- Morrison, S. & C., Winston (1995), *The Evolution of the Airline Industry*, The Brookings Institution.
- Porter M. E. (1985), *"Competitive Advantage: Creating and Sustaining Superior Performance"*, Free Press（土岐坤（訳）(1985)『競争優位の戦略～いかに高業績を持続させるか～』，ダイヤモンド社）．
- U.S. General Accounting Office (2013), Airline Mergers-Issued Raised by the Proposed Merger of American Airlines and U.S. Airways (http://www.gao.gov/assets/660/655314.pdf に所収)。

第 3 章

欧州の航空自由化と LCC の展開による競争システムの課題

1. はじめに

　欧州は 1988 年の「パッケージ I」の発効以後，加盟国間の航空自由化を本格的に開始した。運輸権，運航路線，輸送力，運賃，運航担当航空会社をはじめ，従来，当事国と相手国の二国間交渉をもとに交換されてきた制約の撤廃や加盟国間の資本移動に関わる規制の緩和を通し，1997 年までに単一航空市場を完成させた。その結果，欧州の航空市場は，① 国際資本移動の進展，② 新規航空会社（主に LCC やチャーター航空会社）の躍進，③ 航空会社の再編という 3 つの構造変化を経験し，それらは今でもなお進展を遂げている。

　とくに，LCC は幾度かの深化と淘汰を繰り返しながらも，様々なマーケティング面での工夫を重ね，市場環境の変化にフレキシブルに対応したビジネスモデルを確立している。ELFAA（European Low Fares Airline Association）の需要予測によれば，同機関加盟 LCC の輸送人員は，2010 年における輸送人員の伸び率を所与とした場合（Base Growth: 年間伸び率＋3.5％），2020 年までに座席供給数が 2010 年比＋72％，上位予測（High Growth: 年間伸び率＋6.8％）では＋108％にまで増大するとの結果が示されている。

　その一方で，欧州において LCC が躍進したのはここ 10 数年の間に過ぎないため，多国間共通ルールの整備と政策統合の経過のなかで，LCC の行動と制度のミスマッチがみうけられる。そのなかには，路線維持や需要喚起を目的とした LCC と二次的空港の垂直的統合，およびツアー・オペレーターの LCC 参入および相互の統合を通した包括的パッケージ（Inclusive package）型旅行市場の集約化をはじめ競争システムに関わる問題がいくつか含まれている。

本章の目的は，欧州における航空自由化以後における市場構造の変容とLCCの展開について考察し，LCCの行動と制度との間に生じているミスマッチと政策上の対応を検証し，今後競争システムを機能させる上で規制主体がとるべき政策的枠組みについて示唆を提示することにある。

2. 航空自由化以後における市場構造の変容とLCCの躍進

2-1 航空自由化後における市場構造の変化

国際航空輸送は伝統的に1944年のシカゴ会議において採択された「国際民間航空条約（シカゴ条約）」と1946年に米国と英国の間で交わされた二国間協定（「バミューダⅠ」）の2つの枠組みに基づいて運航されてきた。それは欧州においても例外はなく，運航担当航空会社の制限，運航路線の指定，輸送力の均等配分，運賃の二重承認制（＝当事国と相手国の双方による運賃の認可）をはじめ二国間協定による様々な制約が課されてきた（遠藤（2004））。

しかし，1993年のパッケージⅢ発効によって，欧州域内における参入，運賃の自由化が実現し，無制限の以遠権・ゲージ権の行使，およびカボタージュの開放も承認された。また，パッケージの発効に伴い欧州共通免許が導入され，二国間協定で規定されてきた国籍ルールは加盟国から欧州へ拡大し，航空会社の国籍も加盟国各々の国籍から欧州国籍に移行した。さらにEC条約第56条第1項の改正によって，加盟国間の資本移動に関わる規制が撤廃された。これによって，他の加盟国における事業拠点の設立や国境を超えた企業間の連携が容易になった。なお，カボタージュの開放については，国際航空輸送が基本の市場を国内線なみに開放することは困難であるとの考え方から（山内(2004)），5年間のタイムラグが用意され，1997年に開放された。

1997年の単一航空市場の完成から約20年の歳月が経過しているが，この間欧州の航空市場は大きな変容を遂げている。

第1に，国境を超えた資本提携や資本移動である。加盟国の航空会社は，パッケージⅢの発効を契機に国内航空会社の統合や資本提携の動きを加速させ，国内市場の集約化を推進した。国際間の資本提携や資本移動についても，

カボタージュ解放前こそは国籍ルールの暗黙的了解と「ナショナル・フラッグキャリア」の既得権益を守る意味合いから，あまり進捗をみなかった。カボタージュが開放された1997年からはAir France-KLM, Lufthansa-Swiss International Airlines, BA-Iberia, Lufthansa-BMI, Lufthansa-Austrian Airlinesの合併や国際デュアル・ハブ（Dual Hub）の構築，TEA BaselとeasyJetのフランチャイズ契約によるeasyJet Swissの創設など国境を超えた資本移動と資本提携が本格化し，航空業界の再編が欧州全域ですすんでいる。

第2に，大手航空会社の経営効率化と戦略的提携の進展である。後述するLCCとの競争に対応するため，大手航空会社は従業員のリストラクチャリング，二次的空港からの撤退，短距離路線における機内サービスの簡略化を通し経営効率化を推進した。一方，ネットワークとの関係では，これまで広域に分散していたネットワークを1つ，あるいは2つのハブ空港にまとめ，ハブを担う長距離国際線や域内幹線では戦略的提携を強化し，ネットワークの充実化をはかるほか，ハブのフィーダーを担う短距離国際線や国内線では，リージョナル航空会社とのコードシェアリング，Flexible or Multiple Linkage，ウェットリース等を活用し，ネットワークの向上につとめている。とくに，フィーダー路線はLCCとの競合に直面するため，包括的（Comprehensive）コードシェアリングによるリージョナル航空会社の囲い込みやリージョナル航空会社の完全子会社化をすすめるほか，場合によっては系列LCCを開設し，直接LCCとの競合路線にあてるケースもみられる（Wensveen and Leick (2009)）。

第3に，チャーター航空会社の定期航空輸送への進出である。もともと，チャーター輸送は，旅行商品全般のプロデューサーとしてのツアー・オペレーターがチャーター航空会社から座席を買い上げ，ホテル，陸上交通，保険などの附帯商品と一括で販売する包括的パッケージ型商品のなかに組み込まれてきた。チャーター輸送には航空券の分割販売規制や「Provision I 規制（＝定期輸送とチャーター輸送が競合する路線における包括的パッケージ型商品への価格規制）」が敷かれており，既存路線の定期化や新規定期路線の開設が制限されていた。しかし，パッケージIIIの発効後は定期輸送とチャーター輸送の区別が撤廃され，航空券の分割販売に関する規制も廃止された。これによって，

図 3-1　EFLAA 加盟 LCC のシェア予測

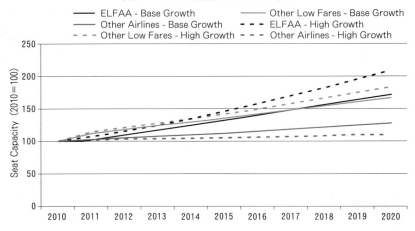

（出所）　ELFAA, *York Aviation: Market Share of Low Fares Airlines in Europe* February 2011.

　チャーター航空会社の LCC への参入が本格化し，平均運航距離 2,000Km，平均運航時間 3.5 時間以内の短距離・中距離リゾート路線を中心にネットワークを広げている（Williams（2012））。他方，このようなチャーター航空会社の定期化に併せ，ツアー・オペレーターは，チャーター航空会社の統合や競合他社の買収も促進し，事業基盤の維持につとめている。その結果，TUIAG と Thomas Cook の大手ツアー・オペレーター 2 社への集約化がすすみ，2009 年までに両社で欧州チャーター輸送の 35.4% を占有するまでに至っている。

　最後に，LCC の躍進である。ELFAA によれば，欧州域内の LCC の輸送人員は 2006 年までに 1 億 4,000 万人に到達し，その後，2012 年には EU 航空市場シェアの 41% を占有するまでに成長している。図 3-1 に図示されるように，ELFAA 加盟 LCC の 2010 年における輸送人員の伸び率を所与とした場合（Base Growth:年間伸び率＋3.5%）の需要予測では，2020 年までに座席供給数が 2010 年比＋72%，上位予測（High Growth:年間伸び率＋6.8%）では＋108% にまで増大するとの結果が示されている。

2-2　LCCの躍進

　米国の航空市場では1978年の航空規制緩和法以後，SouthwestをはじめとするLCCが卓越したマーケティング力や従業員管理システムを駆使し，幾度かの深化と淘汰を繰り返しながら大手航空会社を凌ぐ規模にまで勢力を拡大した。とくに，SouthwestはPoint-to-Pointに絞った短距離直行型ネットワーク，混雑の少ない二次的空港への就航とターンアラウンドタイムの短縮による機材稼働率の向上，単一機材利用による人件費・整備費の削減，ノンフリル（Non-frill）サービスなどLCCの原点となるビジネスモデルを確立し，2013年の国内線旅客数で世界第1位の地位にまで上り詰めた。

　このようなLCCの躍進はパッケージⅢ発効後の欧州にも影響をもたらし，従来，加盟国内のリージョナル航空会社の1つにすぎなかったRyanairやNorwegian Air Shuttleなどが次々とSouthwestのビジネスモデルに追随して，クロスボーダーでネットワークを広げている。

　表3-1は欧州におけるLCCの基礎データを示したものである。欧州におけるLCCのビジネスモデルについては，独立系LCC（Ryanair, easyJet, Norwegian Air Shuttle, Sterling, Germanwingsなど），大手LCC（Bmibaby, Transavia, Blue1など），チャーター系LCC（Air Berlin, Monach Airlinesなど）の3つに大別される。ビジネスモデル別の特徴としては，独立系LCCは二次的空港を基点に地方空港や大都市圏空港，および離島に至るまで包括的にネットワークを網羅している。大手LCCはハブ空港を基点とし，独立系LCCと競合関係にある路線を対象にネットワークを広げている。チャーター系LCCは観光需要が集中するリゾート路線を基盤にネットワークを構築している（図3-2参照）。その一方で，チャーター系LCCのうちAir BerlinやMonach Airlinesのようにもともと大手ツアー・オペレーターのチャーターを担当してきた航空会社は，B757やA330といった大型機材を駆使し，長距離国際線にまでその勢力を拡大している。

　Dobruszkes（2006, 2009）は，欧州におけるLCCの全体的な特性について次のように整理している。第1に，1フライトあたり平均634Km，平均フライト時間1～4時間の短距離・中距離路線がネットワークの中心をなしている

表 3-1 欧州における LCC の基礎データ

航空会社名	IATA コード	本籍国	設立年度	LCC のタイプ	就航都市数	供給座席数（週当たり）	運航回数（週当たり）
Aer Arran	RE	アイルランド	1970	※※※※	20	30,912	528
Air Baltic	BT	ラトビア	1995	※※	26	42,316	492
Air Berlin	AB	ドイツ	1978	※※※	56	42,316	492
Air Finland	OF	フィンランド	2002	※※※	8	6,570	30
Air Wales	6G	英国	1997	※※※※	8	7,056	147
Alpi Eagles	E8	イタリア	1979	※※※※	13	35,814	381
Blue 1	KF	フィンランド	1987	※※	14	48,922	706
Jet 2	LS	英国	2002	※※※※	20	69,132	486
Centralwings	C0	ポーランド	2004	※※	26	26,038	178
Condor	DE	ドイツ	1955	※※※	39	132,378	637
easyJet	U2	英国	1995	※	61	672,798	4,429
Excel Airways	JN	英国	1994	※※※	3	756	4
First Choice	DP	英国	1987	※※※	11	13,242	58
Fly Baboo	F7	スイス	2003	※	6	3,700	74
Flybe	BE	英国	1979	※※※※	37	158,628	1,762
Flyglobespan	B4	英国	2002	※	13	33,972	228
Germanwings	4U	ドイツ	2002	※	40	130,548	968
Golden Air	DC	スウェーデン	1976	※※※※	14	17,764	498
Hapag Lloyd Express	X3	ドイツ	2002	※※※	28	102,148	756
Helvetic Airways	2L	スイス	2003	※※※	20	184,000	184
InterSky	3L	オーストリア	2001	※	12	5,100	102
Monach Airlines	ZB	英国	1967	※※※	19	79,460	378
Norwegian Air Shuttle	DY	ノルウェー	1993	※	27	92,796	627
Ryanair	FR	アイルランド	1985	※	95	835,758	4,422
SkyEurope	NE	スロバキア	2001	※	21	31,388	326
Smartwings	QS	チェコ	2004	※※※	11	9,008	78
Spanair	JK	スペイン	1988	※※※※	28	25,198	1,786
Sterling	NB	デンマーク	1962	※	23	54,237	293
Transavia	HV	オランダ	1966	※※	52	84,098	532
Windjet	IV	イタリア	2003	※※※※	9	36,000	200
Wizz Air	W6	ハンガリー	2003	※	16	51,840	288

(注) ※は独立系 LCC，※※は大手 LCC，※※※はチャーター系 LCC，※※※※はその他 LCC を指す。

(出所) OAG Data (http://www.oagdata.com) より作成。

図 3-2　欧州における LCC のネットワーク

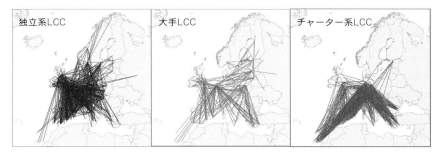

（出所）　OAG Data（http://www.oagdata.com/）．

点である。第2に，ダブルトラック，あるいは，トリプルトラックの高需要路線で LCC と大手航空会社，または LCC 間の価格競争が伸展している点である。第3に，2000年代後半に相次いだ東欧諸国の EU 加盟によって，近年は西欧諸国間の南北のネットワークのみならず，東欧諸国と西欧諸国を結ぶ東西のネットワークが増加している点である。第4に，Ryanair や easyJet などの一部の LCC は，本籍国以外の国の空港にベースを立ち上げ，直接「第9の自由」を行使するほか，本籍国以外の加盟国内に子会社を創設し，子会社がその国の空港を拠点にネットワークを展開している点である。

それでは，欧州の LCC は大手航空会社と比較してどのような点で，コスト優位に立っているのであろうか。遠藤（2007）は2002～2005年までの米国，欧州，日本の3カ国・地域における大手航空会社と LCC の平均費用（座席キロあたり営業費用）を算出している。遠藤（2007）によれば，Ryanair と Monach Airlines の平均費用は約5.04欧州セントで，BA および Bmi との比較では各々-40％，-65％コストが低い。

図 3-3 と図 3-4 は2013年の各社 Annual Report をもとに大手航空会社と LCC のユニットコスト（座席キロあたり費用）と費用構造を比較したものである。このなかで，大手航空会社のユニットコストは平均10.2セントを計上している一方で，LCC は5.0セントで推移している。とくに，Ryanair のユニットコストは低く，LCC のなかでも突出した数字を示している。このよう

にLCCの運航コストが抑えられている理由は，1つに，徹底した人件費の削減がある。Wensveen&Leick（2009）によれば，欧州におけるLCCは，複数業務分担制（マルチタスク制）を課し，平均25分以内にターンアラウンドを終えることで離発着時間の差を埋め，これによって，機材稼働率を向上させ，従業員1人あたりの労働生産力を引き上げている。また，LCCの従業員は非正規従業員としての契約が原則で，機材整備・メンテナンス，ハンドリング，ケータリングなどについても外注化を通しコストダウンを強化している[17]。図3-4からも読み取れるように，総費用に占めるLCCの人件費は平均15.3％で，大手航空会社（平均24.8％）と比べて1.6倍の開きがある。

2つ目に，チャーター系LCCを中心とした販売促進費の縮減である。大手ツアー・オペレーター傘下のチャーター系LCCでは，広告・宣伝などの販売

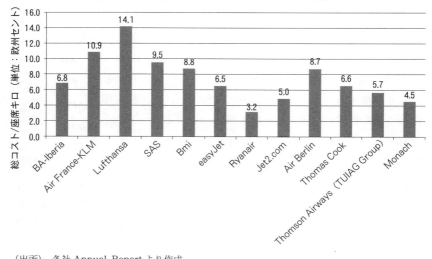

図3-3　大手航空会社とLCCのユニットコスト比較

（出所）　各社 Annual Report より作成。

---

[17] 実際のところ，欧州におけるLCCの4分の1は変動賃金制を適用しているため，従業員の年間純所得は大手航空会社の従業よりも28％低い水準に抑えられている。その一方で，従業員は労働組合への加入が制約されているほか，労働組合そのものが実在しないLCCもあるので，労働条件面の改善（例えば，ターンアラウンドタイム時における作業量の見直しや業務分担など）について経営者側と交渉を行うことができないという問題を抱えている（Barret（2004），pp.92-93参照）。

2. 航空自由化以後における市場構造の変容とLCCの躍進　51

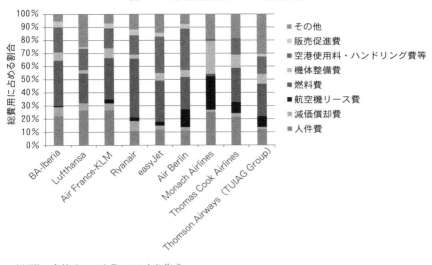

図 3-4　大手航空会社とLCCの費用構造

（出所）　各社 Annual Report より作成。

促進活動は，ツアー・オペレーター傘下の旅行代理店が行うため，航空会社には間接営業に関わるコストがほとんど発生しない。

　3つ目に，空港使用料の引き下げである。空港使用料は空港の運営形態や運営手法とも複雑に絡むために，ほかの項目と比較すれば，費用の削減が最も困難な領域であるが（Doganis（2000）），それでもRyanairは大手航空会社の減便や撤退によって空きが出た二次的空港を対象に拠点を整備し，それと引き換えに，空港に対しては空港使用料の減免措置などの各種特典を求め，コストを下げている。他方，Monach Airlinesのようなチャーター系LCCは，パッケージツアーが集中し空港使用料のディスカウントも容易に受けやすい夜間・早朝時間帯にスケジュールを組むことで，この面での費用を軽減している（Kerns,et.al.（2009））。

　実際のところ，Monarch Airlines，Thomas Cook Airlines，Thomson Airlinesのチャーター航空会社の運航費用全体に占める空港使用料の割合は13～17％で，Ryanair（15％）とほぼ同一の水準で推移している。ただ，easyJetやAir Berlinのように大手航空会社の合併や空港の拡張によって発

生した空白枠を狙って，従来拠点としていた二次的空港から撤退し，ハブ空港へ回帰するLCCもみられるため，必ずしも空港使用料の減額のみが全体の費用低下に貢献する要因ではない。

3. LCCの行動と競争システム上の対応

3-1 LCCの空港選択と政府補助（state aid）の関係

　パッケージⅢの発行以後，欧州の航空市場ではLCCの躍進に伴い利用者には運賃の低下やサービス選択肢の多様化などの便益がもたらされた。大手航空会社はLCCとの事業者間競争に対応するため，ハブ＆スポークの強化をすすめ，その一方で，経営効率の改善や労働生産性の向上を目指すため従業員のリストラクチャリング，サービスの外注化，LCCの創設，リージョナル航空会社へのフランチャイジングなどの対策を推進した。

　とくに，LCCとの競争が存在し，潜在的な需要が見込まれる路線では，大手航空会社も割引率の高い運賃を設定している。割引率は複数のLCCとの競合路線，もしくは，代替交通機関との競合が存在する路線ほど高く（表3-2参照），他方，複数社参入がなく，代替交通機関との競合もない路線の割引率は低く抑えられている（Oum＆Fu（2008））。とくに，後者の路線では，LCCとの競合路線において生じた減収分を空港使用料の名目でチケット価格に上乗せするケースもあるため，運賃の高騰による旅客離れが深刻である（Barrett (2000)）。

　LCCはそうした大手航空会社による運航では利用者が見込めない地方空港や大手航空会社が既に減便・撤退した二次的空港に就航し，それらの空港を拠点に大手航空会社との競争を展開している。では，二次的空港や地方空港を拠点にすることで，LCCにはどういったメリットがもたらされるのであろうか。その理由は第1に，二次的空港はハブ空港に比べて，混雑が緩やかなため，発着枠の制限を受けずにフレキシブルなスケジュールを組める点である。第2に，二次的空港や地方空港は大都市圏郊外に立地しているため，例えば，スタッフなどの雇用において大都市圏内に立地し，賃金が高いハブ空港と比べれ

ば，安価な労働力を確保しやすいことである。第3に，二次的空港や地方空港はハブ空港とは違い簡素な設備や施設しか整備されていないため，ターンアラウンドタイムの短縮が容易なことである。第4に，空港使用料を安く抑えられることである。

以上は，欧州10社のLCCを対象にその空港選択においてどのような要因が重視されるかを分析したWarnock-Smith&Potter（2005）の分析からも読み取ることができる[18]。Warnock-Smith&Potter（2005）は，LCCによる空港選択の条件として，後背地需要の程度，迅速で効率的なターンアラウンドを行うための施設整備，発着枠の利便性，空港使用料の割引の4つを指摘している（図3-5参照）。つまり，いくつかの例外はあるにせよ，LCCにはハブ空港のようなサービス水準（多種類・多品目の商品を取り扱う空港内商業施設，充実したハンドリング施設など）は必要なく，むしろ，ある程度の後背地需要が存在し，混雑が少ない空港において柔軟なスケジュール設定で運航できるか否かが重要なのである。

もっとも，そのようなLCCのニーズに応えるにあたっては，二次的空港や地方空港にも相応の運営体制が整えられていなければならない。欧州の二次的空港や地方空港では，大手航空会社の輸送力の削減や撤退に伴う航空便の不在を回避するため，LCCを誘致し，長期的にサービスを確保する試みが行われている。具体的には，直接的なインセンティブ支援として，路線開拓基金（Route Development Fund）の交付[19]，客室乗務員やパイロットに対する宿泊費助成，広告＆プロモーション経費の負担，間接的なインセンティブ支援として，空港使用料の割引，滑走路供用時間の変更，新型地上無線の導入によるハンドリング時間の短縮をはじめとする措置を用意し，その代わりにLCC

---

18 ここでは，あらかじめLCCの空港選択において重要と考えられる15の要因について，被験者に1～6の6段階評価（最も重要度が低い＝1，最も重要度が高い＝6）でスコア付けしてもらい，数量化I類をもとに各項目の重要度を算出する方法がとられている。
19 路線開拓基金（Route Development Fund）はインバウンド・ツーリズムの誘致を通した地域経済の活性化や地域経済の発展を目標としており，航空会社に運航開始後3年間を目途に空港使用料・マーケティングコスト（広告＆プロモーションに要したコスト）の50％を補償するスタートアップ補助金である（後に欧州委員会の指令によって30％に減額）。2004年の制度開始以後，これまでに国際線・国内線合計81路線において同基金が適用されてきた（Smyth, et. al. (2012), pp.55-56参照）。

表3-2 BAのロンドン・ヒースロー空港発主要路線エコノミー普通運賃割引率(1カ月前予約)

路線	エコノミー普通運賃(単位:€)	割引運賃(単位:€)	割引率(単位:%)	LCCとの競合状況	備考
Frankfurt	350	74	79	Ryanair 競合	
ParisC.D.G	289	67	77	なし	高速鉄道(EuroStar)競合
Madlid	789	160	80	Ryanair/easyJet/Air Europa 競合	
Barcelona	413	82	80	Ryanair/easyJet 競合	
Rome	425	103	75	Monach Airlines/easyJet 競合	
Milan	438	99	77	Monach Airlines/Air One/easyJet 競合	
Berlin	393	99	74	easyJet 競合	
Copenhagen	417	89	78	easyJet/Norwegian 競合	
Oslo	409	105	74	Ryanair/Norwegian/Wizz/Air Baltic 競合	
Amsterdam	271	68	75	easyJet 競合	
Brussels	267	73	72	なし	高速鉄道(EuroStar)競合
Glasgow	290	62	78	easyJet 競合	
Dusseldorf	328	73	77	Air Berlin/TUI Fly/easyJet 競合	
Stokholm	416	89	78	Ryanair/Norwegian/Wizz/Air Baltic 競合	
Vienna	454	82	81	Ryanair/easyJet 競合	
Palma de Majorca	320	133	58	Ryanair 競合	
Dublin	245	54	77	Ryanair 競合	
Hamburg	344	73	78	easyJet 競合	
Hanover	329	70	78	Germanwings/TUI Fly 競合	
Stuttgart	346	73	79	Germanwings/TUI Fly 競合	
Lyon	347	77	79	easyJet 競合	
Marseilles	264	31	88	Ryanair 競合	
Bologna	287	256	1	なし	
Catania	328	328	0	なし	
Genoa	225	225	0	なし	
Riga	1003	1003	0	なし	
Luxemburg	382	84	78	なし	Air France/Luxair/Cityjet 競合
Granada	822	822	0	なし	
Bilbao	966	966	0	なし	
Malaga	332	124	60	Monach Airlines 競合	
Inverness	230	125	45	なし	Flybeによるフランチャイズ運航あり
Aberdeen	291	63	78	easyJet 競合	Flybeによるフランチャイズ運航あり

(出所) British Airways HP (http://www.britishairways.com) より作成。

とは長期にわたる航空便の就航を求める契約を結ぶものである（Helpern (2010))。

しかし，以上のような長期契約は，空港にとって将来的な利用者の確保に加え，空港デザイン・計画・整備に向けての投資リスク，技術革新や利用者のニーズの変化によって発生する追加的投資のような不確実性を回避できるメリットがあるものの，それはしばしば上流市場（＝LCC）と下流市場（＝空港）の垂直的統合に結びつき，競争上望ましい帰結をもたらさないことから（Serebrisky＆Presso (2002)，Barbot (2009)），EC条約第87条では，そうした競争に歪みを与え，特定の企業に優遇的となる，あるいは取引に影響を及ぼす政府補助（state aid）を禁じてきた。

もちろん，空港やその関係自治体が空港使用料の免除，ならびに補助金を通して航空会社の就航を支援する取り組みは航空自由化以前から試行されてきたし，現在でもフランクフルト・ハーン空港，ストックホルム・スカブスタ空港，ローマ・チェンピーノ空港，グラスゴー・プレストウィック空港などLCCが就航する数多くの空港で実施されている。ところが，2001年にRyanairとシャルルロワ空港，およびワロン広域圏の間で締結された契約に関しては，BAが当該条項に抵触するとし，欧州委員会に対して告発状を提出

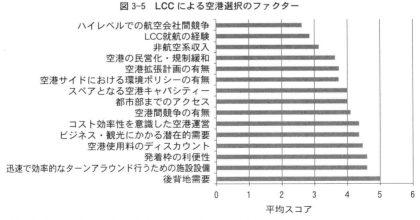

図3-5　LCCによる空港選択のファクター

（出所）　Warnock-Smith and Potter (2005), p.390を加筆修正。

した。その契約事項とは次の通りである[20]。
(1) **ワロン広域圏がシャルルロワ空港とは別の契約でRyanairに与えた特典措置**
   ① 乗客1人あたりの着陸料を法令に定められている基準のおよそ50％（1ユーロ）にまで割り引くこと
   ② 以上の特典措置はRyanairのみに与えられること
(2) **シャルルロワ空港がRyanairに与えた特典措置**
   ① Ryanairのプロモーション＆PR活動推進のために航空利用者1人あたり4ユーロ補填すること（ただし1日26便，15年間の期限付き）[21]
   ② 1路線開設につき，160,000ユーロを補填すること（ただし，12路線まで；合計160,000×12＝1,920,000ユーロ）
   ③ パイロットの訓練費として768,000ユーロ，客室乗務員の宿泊代について250,000ユーロそれぞれ補填すること
   ④ ハンドリング料を航空利用者1人あたり1ユーロ割り引くこと（通常料金は8～13ユーロ）
   ⑤ 以上の特典措置はRyanairのみに与えられること

これを受け，欧州委員会は以上の契約にかかる公開審議を開催する旨を決定した。この公開審議にあたっては，市場経済投資家原則（Market Economy Investor Principle: MEIP）の考え方が採用された。市場経済投資家原則とは，もしシャルルロワ空港が民間空港であれば，同じ環境のもとで同一の助成措置を講じるか否かといった基準をベースにEC条約第87条との整合性を判断するものである（Gröteke&Kerber（2004））[22]。ここでは市場内部におけるリスクや資本費用の多寡も審査に含まれる。ただし，公的主体であるがゆえの

---

[20] なお，以下の記述に関しては山内（2004），Gröteke&Kerber（2004），Barbot（2004, 2006）をもとに整理している。とくに，山内（2004）は本ケースの背景や経過をふまえ，今後，公平な競争基盤を確保する上で欧州はどのような政策を講じるべきか等について問題提起を行っている。山内（2004）も併せて参照されたい。

[21] Ryanairとシャルルロワ空港は本契約締結の際に，プロモーション＆PR活動促進に向けた合弁会社として「Promocy」を創設している。

[22] 具体的には，今回の特典措置によって得られる期待便益について（民間空港と仮定した）シャルルロワ空港が今回と同一の環境および同一の内容でRyanairに投資を行った場合に獲得する期待便益との間に乖離がみられるのかについてである。

アドバンテージ（＝ファイナンスに容易にアクセスできることや経営破綻にかかるリスクが少ないこと）や特典措置の付与に伴って生ずる外部効果（＝雇用創出，周辺地域開発など）は判断基準に含まれない。

2004年，欧州委員会は以下の理由から，シャルルロワ空港が民間空港であれば，今回と同様の特典措置は講じなかったであろうとし，Ryanairに対して受領金の一部返還を求めた（H. S. Arnold＆White（2004））。

① シャルルロワ空港は契約の際に10年を超える累積債務（＝350万ユーロ）をかかえていた。従って，契約期間内に特典措置の交付によって生じた損失分を全て回収できる見通しは少ない。

② シャルルロワ空港はRyanairとの契約の際に，将来的には2,700万ユーロの収益が見込めるとするビジネスプランを提出したが，その収益額は仮に他の航空会社がシャルルロワ空港を新たな拠点として選択した場合も同じである。

③ シャルルロワ空港はワロン広域圏の管轄下におかれている自治体管理空港である。従って，今回の特典措置についても市場経済投資家原則が適用されるべきであり，これに照らし合わせた場合，空港整備投資でも地域振興を目的とした支出でもないRyanair 1社のみをターゲットとした"運航費補助"は，公平性の視点からも効率上の観点からも著しく競争を妨げる。

④ ただし，Ryanairのプロモーション＆PR活動推進と1路線開設につき，160,000ユーロを補填するとした助成措置については，二次的空港の利用改善や空港を用いた雇用創出，周辺地域開発に寄与すると考えられる。これはEC条約第87条第3項（C）の例外規定（交通産業の発展に資する助成＝Route Development Fund：路線開拓基金）にあたると想定されるので，受領金の返還は必要でない。

併せて，欧州委員会は本ケースと同じような政府補助を行う場合，EC条約第87条第3項（C）との整合性を保つための要件について次の2つを提示した。

① 新規路線開設において必要な特典措置である根拠を明確にし，補助金の交付にあたっては透明性を確保しつつ，公平な処置を取らなければなら

ない。
② 補助金の交付期間や交付額には限度を設けなければならない。具体的な基準としては，交付額に関しては新規路線開設において生じたコストの50％まで（後に30％まで減額），交付期間は加盟国内のPoint-to-Pointネットワークで5年，それ以外については15年程度が望ましい。

欧州委員会の発表後，Ryanairは2001〜2003年までにシャルルロワ空港とワロン広域圏から受領した特典措置の一部（400万ユーロ）を返還した。続けて，同社は欧州司法裁判所への上告を示唆すると同時に2004年4月29日を以ってロンドン・スタンステッド―シャルルロワ路線を廃止する意向を表明した。路線廃止に至った理由として同社は特典措置の一部返還によって，従来の費用水準での運航が維持できなくなるためであると説明している（山内（2004））[23]。これに対して，欧州委員会は次のような反論を行っている。「Ryanairに対する特典措置の返還の要求は，LCCと空港の運営にはさほど影響は与えない。そもそも，欧州委員会は航空市場を常に競争下におくことを考慮している。LCCと空港の契約による航空便の誘致はハブ空港の混雑回避と利用者の選択肢の増加に寄与するので，今後，LCCに対する特典措置の付与は制度の範囲内において積極的に促進するであろう（European Commission（2004））」。

本決定は，15年の長期にわたって路線開設に必要な費用の補填と着陸料の割引について，市場経済投資家原則の範疇では実行されないとの意味合いから違法との判断が下されている。しかし，契約そのものは航空便の就航による便益だけでなく，プロモーションやPRによる地域の生産性効果の生起に関わる内容を含んでおり，そのための地域による費用補填と解釈すれば，経済効率上何ら問題は生じない（和気・伊藤（2006））。また，特定の航空会社を対象とした長期契約は，確かに競合他社の参入機会を奪うことにつながるものの，他方で，それを空港間競争の経過のなかでの先行投資としてとらえれば，それは空港が競争優位の源泉を獲得するためにとった行動と言い換えることもできるから，そのようなケースでは競争システムにマイナスの影響は及ぼさない。実際のところ，本決定のようなケースに市場経済投資家原則を適用するべきか否か

---

[23] その一方で，同路線の廃止にかかるもう1つの理由として，代替交通機関（ユーロスター）の時間短縮やロンドン〜ブリュッセル線の新規参入の増加もあると指摘されている。

については欧州でもかなりの議論があり（和気・伊藤（2006））、ルールと行動の整合性がつかず、結果としてミスマッチを生み出しているケースの1つであると言える[24]。

3-2 ツアー・オペレーターとチャーター航空会社の垂直的統合と競争システム上の対応

　航空自由化以後におけるLCCと競争システム上の対応において、もう1つ焦点となったのはツアー・オペレーターとチャーター航空会社間の垂直的統合である。先に述べたように、もともとチャーター航空会社は、ツアー・オペレーターの包括的パッケージ型商品の販売チャネルのなかに組み込まれる形で運営され、1960年代以降のマスツーリズムの拡大や包括的パッケージ型旅行市場の成長に支えられながら、運航を継続してきた。しかし、航空自由化以降チャーター輸送の定期化がすすみ、その一方でIT技術革新と情報化の進展に伴い、消費者の趣向や商品購入ルートが従来の店舗におけるパッケージ商品購入からオンラインによる分割購入に変化してきた。そこで、TUIAGやThomas Cookに代表されるツアー・オペレーターは、市場支配力の維持や事業基盤の拡大を目的に、チャーター航空会社の新設や既存チャーター航空会社の統合を促進している。Williams（2012）は、包括的パッケージ型商品における航空輸送の80～100％は、主催ツアー・オペレーター傘下のチャーター航空会社によっていると述べている。

　図3-6は、欧州におけるツアー・オペレーターとチャーター航空会社の垂直的統合の経過を図示したものである。ツアー・オペレーターとチャーター航空会社の垂直的統合は航空自由化の段階的な展開に伴い進行し、とくに、1997年のカボタージュ撤廃以後、ツアー・オペレーター傘下の航空会社設立という

24　なお、本決定については、2004年にRyanairが欧州司法裁判所に上告し、最終的に2008年11月17日にRyanairの全面勝訴という形で幕を閉じた。欧州司法裁判所の決定によれば、民間空港、地方自治体空港に関わらず、同一の助成措置は数多く取られている。ワロン広域圏とシャルルロワ空港も民間空港と同様に空港を運営する事業体の1つとしてとらえられ、民間空港との差異はほとんど見当たらない。市場経済投資家原則は対象となる事業体が公的主体である場合のみ採用されるが、それは民間空港のケースであっても適用されるべきであるというものである。本判決の内容はPower（2009）において詳細な解説が行われている。

図 3-6　チャーター航空会社とツアー・オペレーターの垂直的統合の経過

チャーター航空会社	ツアーオペレーター	現在の企業構成
Britannia（1968）	Thomson Holidays	Thomson Airways
BritanniaNordic（1998）	（統合2005年）／First Choice → TUIAG（統合2007年）	TUI Fly.com
Air 2000（1987）		TUI Fly Nordic
Hapag Llyod Express（2002）	Hapag Liyod AG（統合2007年）	Corsair Fly
		Jetair Fly
		Arke Fly
Condor（1955）		Condor
My Travel Airways（1990）	My Travel（統合2000年）→ Thomas Cook	Thomas Cook Airlines Scandinavia
Air Tours（1990）	（統合2008年）	Thomas Cook Airlines Belgium
Thomas Cook Airlines（1999）		Thomas Cook Airlines
Air Berlin（1978）		Air Berlin
Niki（2003）	統合2011年	
Belair（2001）	統合2009年 / 統合2009年	
LTU Intl. Airways（1955）	LTU	
Monarch Airlines（1967）	Cosmos	Monarch Airlines

※チャーター航空会社の（　）内は創設年度を示す

（出所）TUIAG, Thomas Cook Group 資料より作成。

年度	統合企業	欧州チャーター輸送シェア 単位（％）
TUIAG		
2005	Thomson Holidays（ツアーオペレーター）※ └ Britannia（チャーター航空会社） └ BritanniaNordic（チャーター航空会社）　※First Choiceとの統合	22.1
2007	First Choice（ツアーオペレーター） └ Air 2000（チャーター航空会社）	
2007	Hapag Llyod AG（ツアーオペレーター） └ Hapag Llyod Express（チャーター航空会社）	
Thomas Cook		
2000	Condor（チャーター航空会社） ※Lufthansaの株式売却による統合	13.3
2008	My Travel（ツアーオペレーター） ├ My Travel Airways（チャーター航空会社） └ Air Tours（チャーター航空会社）	
Air Berlin		
2009	LTU（ツアーオペレーター） └ LTU Intl. Airways（チャーター航空会社）　※ドイツ国内のみのシェア	41.9※
2009	Belair（チャーター航空会社）	
2011	Niki（チャーター航空会社）	

（出所）Kerns, et. al. (2009), pp.3-5 を加筆修正。

形でツアー・オペレーターの生産体制に組み込まれる形態をとっている。2000年代に入ってからは，TUIAG と Thomas Cook のツアー・オペレーター 2 社が積極的に統合をすすめ，2009 年までに両者で欧州におけるチャーター輸送の 35.4％を占有するまでに至っている[25]。IBIS World（2013）はこうしたチャーター航空会社とツアー・オペレーター間の垂直的統合の特徴を次のように整理している。第 1 に，垂直的統合と合併が同時に繰り返されている点である。第 2 に，統合規模や統合範囲が拡大している点である。第 3 に，統合企業の多国籍化である。

とくに，統合企業の多国籍化は，上流市場と下流市場の生産要素全般に広がり，その進出領域は欧州のみならず，北米，中東，南米，アジアにまで及んでいる。例えば，TUI は包括的パッケージ型商品の新規商品開拓，および商品の販売促進を目的として英国の Exodeus や フランスの Nouvellses Frontieres などの大手旅行代理店と統合している。販売チャネルの拡大との関係では Pacific World Laterooms.com や Laterooms.com（英国）などのオンライン販売サイトを傘下におさめている。現地ツアーやホテルにおいては，Royal Caribbean Cruises（米国），Magic Life International（トルコ）を支配下においている（図 3-7 参照）。

他方，Thomas Cook は国内の各地域に点在する「独立的ツアー・オペレーター（Independent operator）」の販売チャネルとの関係から，Condor, My Travel Airways, Air Tours など自国のチャーター航空会社や大手ツアー・オペレーターをターゲットに集約化を促進してきた[26]。しかし，最近では TUI との競合に対する観点から，グローバルな統合化にも着手し，2008 年には富裕層向けのツアー商品造成と北米，中東，アジア向け商品の開拓を目的に Elegant Travel と Gold Metal の 2 社を合併している。併せて，北米・カ

---

25 また，2009 年には TUIAG と Air Berlin との間で ① 双方の株式 19.9％ずつの相互持ち合い，② Air Berlin と TUIfly.com の定期輸送における共同運航便の創設，③ Air Berlin による TUIAG の包括的パッケージ型商品におけるチャーター輸送の開始について合意が結ばれている。
26 独立的ツアーオペレーターとは，大手ツアーオペレーターの傘下に入っていない個人，あるいは小規模のツアーオペレーターを指す。独立的ツアーオペレーターは，大都市圏よりも郊外や地方部の小都市を活動拠点とし，下流市場における各々の商品要素について個々に調達，調整，販売を取り扱うか，大手の販売チャネルを駆使し，大手ではその需要規模の大きさから賄えない分野を中心に活動を展開している。

図3-7 TUIAGとThomas Cookにおける垂直的統合と合併の展開

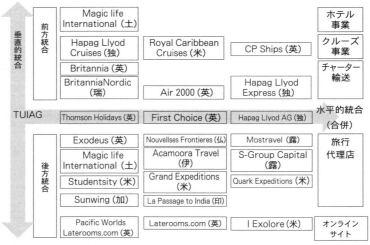

(出所) TUIAG資料より作成。

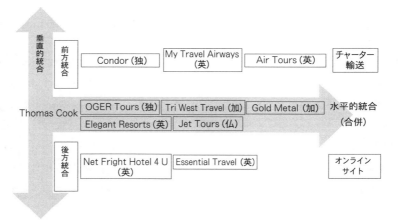

(出所) Thomas Cook Group資料より作成。

ナダにおける販売促進と商品開発の強化を促すために，2010年にはカナダの旅行代理店Tri West Travel Holdingsを統合している。

このように，TUIやThomas Cookをはじめとする欧州のツアー・オペ

レーターは，垂直的統合や合併を繰り返すことによって，従来型の店舗販売を通し大衆的・集中的な顧客を確保することで発揮してきた包括的パッケージ型旅行市場での市場支配力の維持と事業基盤の拡大をはかる試みを行っている。また，生産プロセスに一貫性を持たせ，生産効率化や企業間取引の円滑化を推進し，新規市場の開拓や新たな商品開発の機会を構築している。

ところで，以上のような統合は，統合企業の市場支配力の強化につながり，非統合企業には市場からの締め出し（Foreclosure）や価格圧搾などの弊害を及ぼし，競争システムに歪みを生じさせるとの指摘が出されてきた。具体的には，① 統合企業からの商品購入の際における非統合企業の絶対的締め出し，② 非統合企業への卸売に際する不当な価格付け（＝独占価格の行使），③ 相互取引慣行（Practice of reciprocity）を通した卸売価格の操作である。

垂直的統合であれ，合併であれ統合企業の市場支配力が高まっているのであれば，統合企業から非統合旅行代理店への包括的パッケージ型商品の卸売価格は需要の変動や規模の経済性の有無に関わらず，コストのマークアップを反映した水準で決定されている必要がある（Comanor&FrechⅢ（1985））。

いま Spengler（1950）に従い，統合企業（ツアーオペレーター）は傘下のチャーター航空会社からのインプット a とホテル事業からのインプット b を固定比率で結合し，包括的パッケージ型商品 X を生産しているとする（図3-8参照）。ここで，統合企業には，規模の経済性をはじめとする技術的効率性の改善は生じていないものとする。統合企業はインプット a の限界費用 MC_a とインプット b の限界費用 MC_b を合計した限界費用 MC_X に均等となるように卸売価格と販売量を決定する。統合企業傘下の旅行代理店はこの限界費用 MC_X に対応した価格 p_1，販売量 Q_6 で X を消費者に販売する。しかしながら，統合企業の市場支配力が向上していれば，統合企業は非統合旅行代理店への卸売価格を限界収入 MR_X と限界費用 MC_X^* の交点のレベルに等しく設定するので，非統合旅行代理店の X の販売価格は p_1 から p_2，販売量については Q_6 から Q_5 に変化する。限界費用 MC_X^* と MC_X の差分は，コストのマークアップを意味し，統合企業は市場支配力の程度に従ってこれをコントロールする。もし，マークアップがさらに上乗せされ，卸売価格と販売量が MC_X^{**} の水準で決定されるのであれば，非統合旅行代理店のなかには価格の高騰や販売量の減少

図 3-8　統合企業から旅行代理店への卸売価格の変化

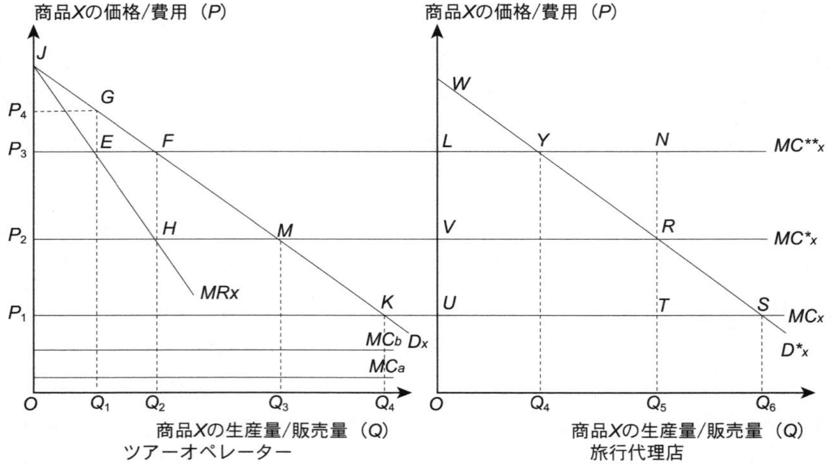

（出所）　Spengler（1950），pp.348-349 より作成。

図 3-9　欧州主要ツアー・オペレーターの HHI

ツアー・オペレーター	index	ツアー・オペレーター	index
Thomas Cook	0.12	Contiki	0.24
Air Tours (TUIAG G.P.)	0.16	Going Places	0.23
Vergin	0.23	Brock	0.24
Travel Sphere	0.23	Just Corfu	0.24
Lunn Poly	0.22	INT Travel	0.24
A.T. Mays	0.12	Travel Smith	0.24

$$HHI_i = \frac{\sum_e X_{ei}^2}{\left(\sum_e X_{ei}\right)^2},\ 0 \leq HHI_i \leq 1,$$

X_{ei}：e 地域（＝欧州）におけるツアーオペレーターの包括的パッケージ型商品 X の販売額

（出所）　IBIS World（2013），pp.14-23 をもとに作成。

に対処できず，市場からの退出を余儀なくされる企業があらわれる。

　問題は，コストのマークアップを行えるほどの市場支配力を統合企業が有しているか否かである。欧州におけるツアー・オペレーターの旅行商品販売額の集中分散度を示した Herfindahl-Hirschman Index＝HHI は，Thomas

CookもAir Toursも0.12〜0.16の水準で推移しており，特定の統合企業への集中はみうけられない（図3-9参照）。併せて，欧州における包括的パッケージ型商品8,921件に関する卸売価格の価格づけの経年変化を分析したAguilo, et. al.（2003）によれば，上流市場からのコストのマークアップの影響は一部受けているものの，総体的には限界費用に近似した卸売価格と販売量が設定され，旅行代理店は需要のピーク・オフピークに合わせ柔軟な価格設定を行っているとの結果が示されている。

もっとも，包括的パッケージ型旅行市場はLCCとの競争が存在し，消費者の商品購入ルートもオンライン分割購入にシフトしているから，コストのマークアップを通した卸売は，かえって統合企業の競争力低下や商品の購買力減退を生み出すことにつながる。その一方で，統合企業の傘下におかれない非統合旅行代理店は，ツアー・オペレーターの商品に頼らなくとも独立的ツアー・オペレーターとして，旧来から所有する独自の販売チャネルを駆使し，ニッチ市場を開拓している。市場全般が集約化の方向に向かっているとはいえ，統合企業には市場支配力が伴っていない。ましてや，そのなかでの反競争的行為は企業に対して利益を生み出さないのである。

では，以上のような包括的パッケージ型旅行市場における垂直的統合や合併に対して規制当局はどのような対応をとってきたのであろうか。，ツアー・オペレーターの垂直的統合については，反競争的行為の行使には結びつかないとする1997年の英国公正取引庁勧告（UK Office of Fair Trading）の内容が欧州委員会の通達にも反映され，ツアー・オペレーターは商品の販売において，その商品に関わる上流・下流企業を消費者に明示しさえすれば，規制を回避することができた。

ところが，合併に対しては，統合企業による反競争的行為をまねくとして，EC条約81条・82条の適用を受ける旨が「合併規則に関する欧州委員会決定」を通して規定されてきた。ツアー・オペレーターの合併との関係では1999年4月に発表されたAir ToursとFirst Choiceの合併計画が包括的パッケージ型旅行市場における統合企業の市場支配力の強化に結びつき，市場内において反競争的行為が生じるとの懸念から，同年9月に欧州委員会が合併を差し止める決定を下した。これに対しAir Toursは同年11月に欧州委員会決定の取り

消しを求め，欧州司法裁判所に提訴した。その要諦は次のようである（Scott (2002)）。

　第1に，包括的パッケージ型旅行市場では，顧客の商品購入ルートが店舗購入型からオンライン直接購入型へ転換し，従来型の大衆的・集中的な顧客の獲得によるコスト優位性を発揮できない。今回の統合で水平的な統合と垂直的な統合が同時に進行するが，たとえ，それによって規模が増大したとしても Air Tours は市場内で反競争的行為を行使するほどの市場支配力を持っていない。第2に，独立的ツアー・オペレーターは旧来から所有する独自の流通チャネルを駆使し，ツアー・オペレーターと遜色ない取引条件でチャーター航空会社から座席を買い上げることができる。しかも，彼らはツアー・オペレーターの傘下にあるチャーター航空会社から座席を融通してもらうこともできる。First Choice との統合が包括的パッケージ型旅行市場における反競争的行為を生み出すリスクは存在しない。

　2002年6月に欧州司法裁判所は Air Tours の主張を承認し，欧州委員会の決定は統合企業の反競争的行為の可能性が具体的に立証されていないとして，決定取り消しの処分を行った。

　Air Tours 判決後，包括的パッケージ型旅行市場における合併の認定条件は緩和され，反競争的行為の可能性を理由に統合を禁止されるケースはみられなくなった。しかし，欧州委員会は合併に対する介入を放棄したわけではなく，むしろ介入の是非について慎重な検討を重ねている。Air Tours 判決は後の TUI や Thomas Cook に代表されるツアー・オペレーター間の統合やグローバル規模の事業展開にもつながり，垂直的統合や合併を通し，チャーター航空会社やツアー・オペレーターの多くがいくつかのグループに集約化されている。Air Tours をめぐる欧州司法裁判所の決定は，包括的パッケージ型市場の統合が企業間競争に対抗する上での1つの企業戦略である旨が強調されたという点で重要な意味を持っている。

　ただし，本判決が下されるまでの過程で，少なくともツアー・オペレーターには合併へ向けたインセンティブの欠如があったことは明らかで，それが包括的パッケージ型商品における販売チャネルの改革やLCCへの対応に支障をきたしたことは否定できない。

4. LCC のコスト優位性の縮小と競争システムの構築に向けた課題

4-1 Ryanair 効果の減少とコスト優位性の縮小

　ここまでみてきたように，欧州ではパッケージⅢの発効を契機に LCC が相次いで航空市場に参入し，域内の航空市場の構造に変化をもたらした。Point-to-Point 短距離直行型ネットワーク，混雑の少ない二次的空港への就航とターンアラウンドタイムの短縮による機材稼働率の向上，単一機材利用による人件費・整備費の削減，ノンフリルサービスといった Southwest のビジネスモデルを継承し，高需要路線を中心に大手航空会社との価格競争をすすめてきた。また，一部の例外はあるものの，従来の商品販売チャネルやネットワークの優位性を活用し，新規市場の開拓を展開するほか，二次的空港や地方空港と長期契約を結び，自社の運航拠点を確保しつつ，安価な空港使用料やその他特典措置を通し，全体としてのコスト優位性を高める対策を講じてきた。LCCの参入路線および潜在的競合路線では大幅な運賃の低下が生じる Ryanair 効果（＝米国では Southwest 効果）が生み出され，例えば Air Lingus とRyanair が競合するダブリン―ロンドン間の路線は 1997 年のカボタージュ開放直後に 85％の運賃低下がみられるなど，消費者余剰の増大や移動選択肢の創出に大きな影響を及ぼしている（Barrett（2004））。

　その一方で，大手航空会社は，LCC との競争に対応するため，経営効率化や戦略的提携によるネットワーク強化を推進し，ユニットコストベースではLCC とほぼ同一か場合によっては LCC を上回る費用削減を達成しつつある。既に図 3-3 で示したように，easyJet と BA のユニットコストの差はわずか0.3 セントで，さらに Air Berlin との比較では，BA が Air Berlin を 1.9 セント上回っており，LCC と大手航空会社の立場が逆転している。LCC＝ノンフリル・低コストという構図は失われつつある。ハブ空港の余剰枠への参入やフリル付サービスの提供によって LCC 全体としてのコストは上昇基調におかれている。Wit & Zuidberg（2012）や橋本（2012）らによれば，こうしたコストの上昇分については運賃の値上げか，航空サービスのアンバンドルによる附

帯収入の最大化で補っているとし，LCCのコスト優位性は縮小の一途を辿っている。Ryanair効果の生起はもはや見込める状態ではないと指摘している。

加えて，LCCのなかにはLCCや大手航空会社との競争に耐え切れず，倒産や競合他社への合併を選択せざるを得なかったケースも多い。表3-3に示されるように，LCCの新規参入件数は2009年のStar1以降，実質上ゼロの状態が続いており，パッケージⅢ発効以後，新規参入を果たしたLCCのうち，77%が他社への吸収・合併や市場からの撤退を経験し，2014年現在も運航中のLCCは43社に止まっている（Budd, et. al. (2014)）。Budd, et. al. (2014)は，倒産や競合他社への合併を選択したLCCでは，9.11同時多発テロおよびリーマンショック以降の景気の衰退やイラク戦争後の原油価格高騰をはじめとするイベントリスクへの対応の不備のほか，組織運営，機材編成，スケジュール決定などの戦略・マーケティング面における組織内の統一した意思決定の不在があったとしている。Mason & Alamdari（2007）は，このようなLCCの再編は2015年頃まで続き，最終的にはいくつかの「メガLCC」に集約されるであろうと述べている。

4-2　競争システムの構築に向けた今後の政策的課題

　欧州のLCCは航空自由化パッケージの発効に伴い急速に発展し，現在もなおその成長は続いている。そして，LCCは幾度かの深化と淘汰を繰り返しながら，様々なビジネスモデルの改良や工夫を重ね，市場環境の変化に柔軟に対処した戦略を展開している。言うまでもなく，それらはLCC各社による創意工夫の成果であり，これらは大手航空会社を含め世界にあまねく航空会社に大きな影響をもたらしている。

　その一方で，大手航空会社は経営効率化や戦略的提携によるネットワークの充実化，および既に第1章で指摘した大型合併などの対策を講じ，LCCとのコスト格差の縮小や市場支配力の強化につとめている。費用面においてLCCとの格差は大幅に改善され，もはやLCC＝低費用という常識は失われつつある。

　他方，競争システムの構築をめぐっては，LCCと二次的空港・地方空港間の垂直的統合や包括的パッケージ型旅行市場における合併をはじめ対応すべき

4. LCC のコスト優位性の縮小と競争システムの構築に向けた課題　69

表 3-3　欧州における LCC の新規参入状況（2014 年現在運航中の航空会社のみ記載）

年度	航空会社	累積参入件数
～1992	Ryanair	1
1993	Norwegian	2
1994	―	2
1995	easyJet	3
1996	Debonair, Virgin Express	5
1997	―	5
1998	Air Berlin, Mallorca shuttle, Color Air, Go Fly	9
1999	―	9
2000	Basiq Air, Buzz	11
2001		11
2002	Germanwings, Goodjet, HLX, MyTraveLife, SkyEurope	16
2003	Air Polonia, Air Scotland, dba, EU Jet, Fly Globespan, Flying Finn, Germania Express, Get Jet, Iceland Express, Jet2, Snowflake, V Bird, WindJet	30
2004	FlyMe, FlyNordic, MyAir, ThomsonFly.com, Vueling, Wizz Air	36
2005	Air Turquoise, Central Wings, Sterling, Transavia.com	40
2006	Click Air, Zoom UK	42
2007	―	42
2008	Volare Web	43
2009	Star1	44
2010	―	44
2011	―	44
2012	―	43

（出所）　Budd, et.al.（2014），p.80 を加筆修正。

課題が数多く残されている。本章で取り上げた懸案事項は最終的には欧州司法裁判所での審議を経て解決したが，それでも，このような行動とルールのミスマッチが LCC の深化や発展に影響を及ぼしたことは否定できない。欧州委員会は継続的な介入の是非について慎重に検討しているところであるが，今後，規制当局として明記しておかなければならない示唆として次の 4 点がある。

第 1 に，欧州航空市場での合併や垂直的統合は，必ずしも企業の市場支配力

の強化に結びつかず，むしろ，企業間競争への対策であり，それは市場での生き残りにおいて不可避であるととらえることである。

第2に，LCCにせよ，チャーター航空会社にせよ合併や垂直的統合は一方で企業の新たな領域・分野への参入を意味するから，その領域・分野の参入障壁の程度に応じて企業は新たなコストをかかえる。もし国境間をまたぐ場合には，経営環境や組織間の文化の相違が参入障壁となり，新規参入の場合と同じ費用が生じることもある。企業はそうした費用と参入によって得られる便益を計算して行為に移すので，直ちにそれらが市場支配力の向上をもたらすとして，政策介入に踏み切るのは決して望ましい行動ではない。

第3に，垂直的統合に対する政策介入はその前後に関わらず，企業に追加的なコストを負わせる。とくに，シャルルロワ空港のケースのようにLCCと共同で周辺地域の開発や空港内施設の充実化，およびグラウンドハンドリング設備の改善を含めたコラボレーションを企図している場合には，既に用意された一連の資産に関わる取引の中断により，膨大な退出コストが発生する。しかし，企業はここで出資した投資額を回収するまでは空港との取引関係を続けなければならないので，LCCには常に業績悪化や費用優位性低下のリスクが伴う。統合の内容やシステムを正確に把握した上で，介入の是非を見極める必要がある。

第4に，垂直的統合に対する政策介入で考慮しなければならないのは，統合という行動そのものではなく，競合他社を対象とした差別的取り扱いがあるか否かについてである。そうした差別的取り扱いには自社サービスへのアクセス拒否，品質の差別化，略奪的価格設定，交渉手続きの複雑化などがあるが，それらの行為に対しては競争政策の枠組みのなかで介入が検討されるべきである。ただ，それはあくまで競争政策の範囲内で行われるべきであって，LCCと空港の契約関係の問題などとは切り離して考えることが求められる。

5. まとめ

本章は，欧州における航空自由化以後における市場構造の変容とLCCの展

開について考察し，LCCと空港の垂直的統合やLCCを支える上部チャネル間の合併に対する競争政策上の対応を検証した。最後に，LCCの近年の動向をふまえ，今後競争システムを機能させる上で規制主体がとるべき政策的枠組みについての課題を指摘した。欧州のLCCはパッケージⅢの発効を契機に，幾度かの深化と淘汰を繰り返しながらも，大手航空会社に勝るコスト優位性や販売チャネルのネットワークを活用し，高需要路線を中心に大手航空会社との価格競争を展開してきた。そのなかには，二次的空港や地方空港との長期契約や多方面からなる販売チャネルとの垂直的統合や合併などの戦略も含まれており，様々な面での工夫を重ね，市場環境の変化にフレキシブルに対応したビジネスモデルを確立している状況が伺える。

その一方で，そうしたLCCの行動を「看視」するための競争政策は現状と既存ルールとのミスマッチがいくつかみられ，企業の経営戦略に影響を与えている。これらは全て司法的手続きを経て解決に至ったが，それらが市場内におけるLCCの活動に支障をきたしたことは否定できない。今後LCC市場でも集約化が進展することは確実で，規制当局としてその都度政策介入の是非が問われる事態があってはならない。市場における経営環境を的確にとらえ，企業間の契約の内容から市場支配力の多寡に至るまで慎重な評価と対応が求められる。

〈参考文献〉
- Aguilo, E., Alegre, J. & M., Sard (2003), "Examining the market structure of the German and UK tour operating industries through an analysis of package holiday prices", *Tourism Economics*, Vol.9, No.3, pp.255-278.
- Barbot, C. (2004), "Low cost carriers, secondary airports and State aid: an economic assessment of the Charleroi affair", *FEP Working Papers*, No.159, October 2004.
- Barbot, C. (2006), "Low cost carriers, secondary airports and State aid: an economic assessment of the Ryanair Charleroi Airport agreement", *Journal of Air Transport Management*, 12, pp.197-203.
- Barbot, C. (2009), *Vertical Contracts between Airports and Airlines: Is there a Trade-off between Welfare and Competitiveness?*, CETE-Working Paper, University of Porto.
- Barrett, S.D. (2000), "Airport competition in the deregulated European aviation market", *Journal of Air Transport Management*, 6, pp.13-27.
- Barrett, S.D. (2004), "How do the demands for airport services differ between full-service carriers and low-cost carriers?", *Journal of Air Transport Management*, 10, pp.33-39.
- Budd, L., Graham F., Humphreys, I. & S., Ison (2014), "Grounded: Characterizing the

market exit of European low cost Airlines", *Journal of Air Transport Management*, 34, pp.78-85.
- Comanor, W. S. & H. E., Frech Ⅲ (1985), "The Competitive Effects of Vertical Agreements?", *American Economic Review*, Vol.75, No.3, pp.539-547.
- Dobruszkes, F. (2006), "An analysis of European low-cost airlines and their networks", *Journal of Transport Geography*, 14, pp.249-264.
- Dobruszkes, F. (2009), "New Europe, new low-cost air services", *Journal of Transport Geography*, 17, pp.423-432.
- Doganis, R. (2000), The Airline Business in the Twenty-First Century, Rutledge (塩見英治ほか訳 (2003)『21世紀の航空ビジネス』中央経済社).
- European Commission (2004), *The Commission's Decision on Charleroi Airport Promotes the Activities of Low Cost Airlines and Regional Airport*, IP/04/157, No.3, Brussels, February 2004.
- Gröteke, F. & W., Kerber (2004), *The Case of Ryanair-EU State Aid Policy on the Wrong Runway*, Nr. 13 Volkswirtschaftliche Beiträge, Marburg 2004.
- Halpern, N. & R., Pagliari (2007), "Governance structures and the market orientation of airports in Europe's peripheral areas", *Journal of Air Transport Management*, 13, pp.376-382.
- Halpern, N. (2010), "The Marketing of Small Regional Airports", edited by Williams, G. & S., Btathen, *Air Transport Provision in Remoter Regions*, Ashgate, pp.77-96.
- Howrey Simon Arnold & White (2004), *Ryanair/Charleroi Decision-When Are Incentives Granted to Airlines by Regional Airports Lawful?*, February 2004.
- IBIS World (2013), *Tour Operators in the UK, Tour Operators market research Report*, SICN79120.
- Kerns, C., Paukove, D. & F., Schlapback (2009), *The Battle for the European Leisure Traveler*, Seminar paper within the lecture Aviation Systems, University of St. Gallen.
- Mason, K. J. & Alamdari, F. (2007), "EU network carriers, low cost carriers and consumer behaviour: a Delphi study of future trends", *Journal of Air Transport Management*, 13, 299-310.
- Oum, T. H. & X., Fu (2008), *Impacts of Airports on Airline Competition: Focus on Airport performance and Airport-Airline Vertical Relations*, OECD Joint Transport Research Center Discussion Paper, No.2008-17, September.
- Power, V. J. (2009), "Ryanair v. European Commission: The European Court of First Instance's Judgment on Alleged State Aid at Charleroi Airport", *Issues in Aviation Law and Policy*, Vol.8, No.2, pp.183-216.
- Scott, A. (2002), *An Immovable feast?: Tacit Collusion and Collective Dominance in Merger Control after Airtours*, CCR Working Paper of Norwich Low School.
- Serebrisky, T. & P., Presso (2002), *An Incompletely Framework? Vertical Integration in Argentine Airports*, 37th Meeting of Argentine Political Economy Association.
- Smyth, A., G., Christodoulou, N., Dennis, M., AL-Azzawi & Capmbell, J. (2012), "Is air transport a necessity for social inclusion and economic development?", *Journal of Air Transport Management*, 22, pp.53-59.
- Spengler, J. J. (1950), "Vertical Integration and Antitrust Policy", *Journal of Political Economy*, Vol.58, No.4, pp.347-352.

- Warnock-Smith, D. & A., Potter (2005), "An exploratory study into airport choice factors for European low-cost airlines", *Journal of Air Transport Management*, 11, pp.388-392.
- Wensveen, L. G. & R., Leick (2009), "The long-haul low-cost carrier: A unique business model", *Journal of Air Transport Management*, 15, pp.127-133.
- Williams, G. (2012), "Compareing the Economic Operating Characteristics of Charter and Low Cost Airlines", edited by O'Connel, J. F. & G., Williams, *Air Transport in the 21th Century*, Ashgate, pp.185-196.
- Wit, J. G & J., Zuidberg (2012), "The growth limits of the low cost carrier model" *Journal of Air Transport Management*, 21, pp.17-23.
- 遠藤伸明 (2004)「EUにおける航空自由化と対外航空交渉の統合」『ていくおふ』, ANA総合研究所, No.108, 10-17ページ。
- 遠藤伸明 (2007)「LCCモデルの国際比較:費用構造を中心に」, 航空政策研究会LCCプロジェクト委員会『低費用航空会社(LCC)の研究』, 第2章, 5-24ページ。
- 橋本安男 (2012)「欧州LCCの現況について〜LCCビジネスモデルの深化, リージョナル航空との関わりを含めて〜」『運輸と経済』, 財団法人運輸調査局, 第72巻第12号, 39-50ページ。
- 山内弘隆 (2004)「航空輸送における競争基盤, 補助金, 企業戦略－ライアンエアとシャルルロワ空港のケース」『ていくおふ』, ANA総合研究所, No.106, 26-33ページ。
- 和気洋子・伊藤規子 (2006)『EUの公共政策』, 慶應義塾大学出版会。

第 4 章
ASEAN の航空自由化と LCC の躍進による市場構造の変化

1. はじめに

　ASEAN（東南アジア諸国連合）は 1967 年の創設以来，東南アジアにおける唯一の地域協力機構として政治面・経済面をはじめ，様々な施策を推進してきた。ASEAN の加盟国はインドネシア，マレーシア，フィリピン，シンガポール，タイ，ブルネイの先行加盟 6 カ国に，ベトナム，ラオス，ミャンマー，カンボジアの後発加盟 4 カ国を加えた合計 10 カ国にまで拡大し，今や東南アジア全域を網羅した共同体へと発展を遂げている。IMF の World Development Indicators Database 2011 によれば，ASEAN の人口は EU 加盟 27 カ国の人口よりも約 1 億人多い 5 億 9,791 人に到達し，GDP は 2 兆 1,351 億米ドルに上っている（1 人あたり 3,571 米ドル）。GDP の規模では NAFTA（North American Free Trade Agreement: 北米自由貿易協定）の 17 兆 9,854 億米ドルや EU の 17 兆 5,522 億米ドルには及ばないものの，中国（7 兆 2,981 億米ドル），日本（5 兆 8,672 億米ドル）に続いてアジアでは三番目の数字を記録している。

　このような経済成長が続くなかで，域内におけるヒト・モノの交流も活発になり，その媒体となる情報通信や交通ネットワーク整備の必要性が年々高まりをみせている。とくに，2015 年の「ASEAN 経済共同体（ASEAN Economic Community: AEC）」の実現に向けて策定されたガイドライン「AEC ブループリント（ASEAN Economic Community Blue Print）」では，① ASEAN 統合市場の形成，② 共通政策の実施，③ 地域間格差の是正，④ 域外諸国との FTA 締結が主要目標として掲げられ，そのなかで航空分野をめぐる市場統合

は，AECの構築にあたって必要な政策項目として提案されている（花岡(2012)）。

しかし，一口に航空市場の統合とは言っても，実際のところは，国ごとに航空需要やこれを下で支える空港の整備状況，航空行政に対する指針等が異なるため，最終的な統合の形は，欧州のように域内のあらゆる空港間の自由な運航を認めるといった市場統合ではなく，国際空港間の往来の自由に止まった制限的な市場統合にならざるを得ない見込みである。

そのようななか，マレーシアのAir Asiaやシンガポールの Jet Star AsiaなどのLCC は，BIMP-EAGA (Brunei Darussalam-Indonesia-Malaysia Philippines East ASEAN Growth Area), IMT-GT (Indonesia-Malaysia-Thailand Growth Triangle), CLMV (Cambodia-Laos-Myanmar Vietnam), MULPAS (Multilateral Agreement on the Liberalization of Passenger Air Services of Singapore, Thailand, Brunei Darussalam) をはじめ市場統合への過程で発足した地域経済圏の枠組みのなかでの航空自由化を活用し，各国に合弁会社を立ち上げ，対外市場に参入する戦略を展開している（花岡(2006)，花岡(2010)）。この「合弁会社LCCモデル」はASEAN加盟国全般に広がり，折からの経済成長や統合化のプロセスとも相まって，域内航空ネットワークの充実化や企業間競争の促進に貢献している。

本章は，ASEANにおける航空自由化のプロセスとLCCの展開について検証し，これらが市場に及ぼす効果を分析する。その上で，今後の市場が辿るべき政策上の方向性について示唆を与えることを目的としている。

2. ASEANにおける航空自由化とLCCの特徴

2-1 ASEANにおける航空自由化と市場統合の経過

国際航空輸送は，伝統的に二国間主義による制限的なシステムのなかで運航されてきた。具体的には，二国間交渉に基づいて，運航路線，運輸権，運航権，輸送力，運航担当航空会社，運賃などの項目が規定され，ここでは，「互恵性」と「機会均等主義」という2つの原則のもと，均一で公平な取引関係の

構築が目標とされてきた。ASEAN でもその方向性に例外はなく，これに従う形で航空輸送が整備されてきた。しかし，1978 年の米国航空規制緩和法の施行を足掛かりに，国内航空輸送の規制緩和と連動しつつ，国際航空輸送についても自由化をすすめる潮流がグローバルに拡大し，その傾向は ASEAN を含むアジア全般に押し寄せることになった[27]。

　ASEAN の航空自由化に関わる最初の動きは，1995 年に ASEAN 経済首脳会談で策定された「ASEAN 交通・コミュニケーションアクションプラン（ASEAN Plan of Action in Transport and Communications）」に端をなす。本計画では，重点整備事項として域内における航空自由化が提唱された。翌年の第 1 回 ASEAN 交通首脳会談（ASEAN Transport Ministers Meeting）では，域内における競争的な航空サービスの実現，加盟国全般にわたる航空自由化，および加盟国間におけるチャーター輸送の運輸権に関わる複数カ国合意の促進が採択された。1997 年の第 2 回 ASEAN 交通首脳会談では，航空自由化の段階的な実施による域内航空輸送の競争力強化が確認され，これは 1998 年の「ASEAN 交通アクションプラン 1999-2004」に踏襲された。

　以上を受け，2002 年に締結された「航空貨物輸送に関する ASEAN メモランダム 2002（The ASEAN Memorandum of Understanding on Air Freight Services 2002）」は，域内の 20 の国際空港における航空貨物について，週 100 トン以内の輸送を行う場合に限り（2008 年以降 250 トン以内に緩和），「第 3 の自由」，「第 4 の自由」を承認する文言が加えられた。

　2004 年からは，「ASEAN 交通アクションプラン 2005-2010」が作成され，その過程で「航空輸送統合へ向けたロードマップ（Roadmap for the Integration of Air Travel）」が明らかにされた。ここでは，① 2008 年までに航空貨物輸送の完全自由化と首都圏空港における「第 3 の自由」，「第 4 の自由」を認めること，② 2010 年までに首都圏空港における「第 5 の自由」を認

27　とくに，米国はアジアにおけるゲートウェイを拡大するため，ASEAN 加盟国と航空自由化に向けた交渉を展開している。ASEAN における最初の動きは，1982 年のシンガポール，タイ，フィリピン-米国間のチャーター便許可にかかる合意である。その後，米国は 1997 年までにブルネイ，シンガポール，マレーシアと航空自由化協定を締結し，2000 年にはブルネイ，シンガポールの 2 カ国にチリ，ニュージーランドを加えた「アジア太平洋経済協力体（Asia-Pacific Economic Cooperation: APEC）」の航空自由化を実現させている。

2. ASEANにおける航空自由化とLCCの特徴　77

表 4-1　ASEAN航空市場統合に向けたロードマップと成果

輸送の種別	附属書（Annex）	手順書（Protocol）	スケジュール	批准国数
貨物	航空貨物輸送の完全自由化に向けた複数国間合意（Multilateral Agreement）	【Protocol1】域内指定空港における「第3の自由」、「第4の自由」、「第5の自由」の無制限	2006年12月まで	5カ国
		【Protocol2】域内全ての国際空港における「第3の自由」、「第4の自由」、「第5の自由」の無制限	2008年12月まで	5カ国
旅客	航空サービスに関する複数国間合意	【Protocol1】準地域の複数国間合意の枠組みの範囲内における「第3の自由」、「第4の自由」の無制限	2005年12月まで	5カ国
		【Protocol2】準地域の複数国間合意の枠組みの範囲内における「第5の自由」の無制限	2006年12月まで	5カ国
		【Protocol3】準地域の複数国間合意の対象国間における「第3の自由」、「第4の自由」の無制限		4カ国
		【Protocol4】準地域の複数国間合意の対象国間における「第5の自由」の無制限	2008年12月まで	4カ国
		【Protocol5】域内首都圏空港における「第3の自由」、「第4の自由」の無制限		4カ国
		【Protocol6】域内首都圏空港における「第5の自由」の無制限	2010年12月まで	4カ国
	航空旅客輸送の完全自由化に向けた複数国間合意	【Protocol1】域内指定空港における「第3の自由」、「第4の自由」、「第5の自由」の無制限	2015年12月まで	―
		【Protocol2】域内全ての国際空港における「第3の自由」、「第4の自由」、「第5の自由」の無制限		―

（出所）　花岡（2010），41-42ページより抜粋。

めること，③ 2015年までに首都圏空港を含む全ての国際空港に対して「第3の自由」～「第5の自由」を認め，航空市場の統合を完結させることの3つが目標に定められ，ロードマップの実行に向けた「附属書（Annex）」と「手順書（Protocol）」も発表された（表4-1参照）[28]。

その後，2007年のAECブループリントでは，2015年までにASEAN経済統合市場の完成が明示された。これに対応するため，現在では2010年の「ASEAN交通アクションプラン2011-2015」に基づいて，AECの設立と合わせる形で，航空市場の統合に向けた準備が整えられているところである。

ところで，ASEANでは，以上の経過のなかで，複数国間合意の枠組みにおいて別途航空自由化に取り組んできた実績がある。BIMP-EAGA，IMT-GT，CLMV，MULPASの4つのグループによる多国間合意である。まず，BIMP-EAGAは地域間の貿易や観光，投資の増加をねらいとして，1995年に「第3の自由」，「第4の自由」にかかる規制が取り払われた。続いて，CLMVは1998年に「第3の自由」，「第4の自由」について合意した。また，IMT‐GTは1995年に国際空港を除く全ての航空輸送に関するダブルトラックの許可，輸送力無制限について合意した。MULPASは2004年に「第3の自由」，「第4の自由」について合意している。なお，「第5の自由」に関してはBIMP-EAGAの一部の国を除き，いずれの枠組みにおいても合意されておらず，ASEAN全般の航空自由化に与える影響は大きくない。「第5の自由」を含めた合意が待たれるところである。このことについてはASEAN交通アクションプラン1999-2004や航空輸送統合へ向けたロードマップにおいても提案されている。

以上のように，ASEANでは貨物輸送の完全自由化や複数国間合意による自由化を段階的に組み合わせ，航空市場の統合を目指している動きが読み取れる。ただ，多国間輸送やカボタージュについては方針の目途が立っていないばかりか，航空自由化に対する姿勢もそれに積極的な国とそうでない国に分かれるため，完全な市場統合に至るまでにはかなりの時間を要する。今までのところ，ASEANにおいて航空自由化に積極的な国は，シンガポール，タイ，マレーシア，ブルネイの4カ国で，そのほかの国は慎重な対応を示している。

28　ロードマップ実施にあたっての具体的な手順は，附属書への合意・批准によってすすめられる。附属書を構成する手順書には，ロードマップで掲げた目標に対応した項目が並べられており，「ASEAN-X」と呼ばれる複数国間の合意・批准のもと，批准に至った国から順次その内容が実行される（花岡（2010），41-42ページ参照）。

2-2　ASEANにおけるLCCの内容

　ASEANでは，1996年のSebu Pacific運航開始以後，およそ15社に上るLCCが開設し，大きな躍進を遂げている。この背景としては，航空自由化の進展はもちろん，経済成長による1人あたりGDPの上昇と余暇時間の増大，物的交流・人的交流に対する迅速化ニーズの上昇，陸上輸送インフラ整備の遅れなどが指摘できる。

　例えば，2012年のASEAN域内主要国際線3路線（ジャカルタ・スカルノハッタ～チャンギ線，クアラルンプール国際～チャンギ線，バンコク・スワンナブーム～チャンギ線）におけるLCCの提供座席数の割合は137万席に到達し，全体の45.6%を占めるまでに至っている。このなかで，クアラルンプール国際～チャンギ線はSingapore AirlinesとMalaysia Airlinesの大手航空会社2社寡占体制のもとで運航されてきたが，2007年からの段階的な輸送力（便数）規制の緩和によって，Tiger AirwaysとAir Asiaが市場に参入した。翌年からは，この規制が撤廃されたことに伴い，新たにJet Star AsiaとFireflyが同路線に加わり，総提供座席数は55万席（2007年）から100万席（2012年）にまで増加した。大手航空会社2社の提供座席数は毎年ほぼ横ばいで（50～59万席）推移してきたものの，2011年以降は，大手航空会社とLCCの提供座席数の比率が逆転し，大手航空会社はLCCの後塵を拝している[29]。

　LCCは米国のSouthwestのビジネスモデルを基本とし，Point-to-Pointの短距離直行型のネットワーク，二次的空港の利用によるターンアラウンドタイムの短縮と機材稼働率の向上，単一機材への統一を通した人件費・整備費の削減，機内サービスを簡略化したノンフリル（Non-frill）のサービスなどの面で従来の大手航空会社とは異なるビジネスモデルをなしている。ASEANの

29　また，ジャカルタ・スカルノハッタ～チャンギ線では2005年に従来のGaruda IndonesiaとSingapore Airlinesに加えTiger AirwaysとValue Airが参入した。2009年からはAir AsiaとLion Airも加わり，LCCの提供座席数は200万席を超えている。チャンギ～バンコク・スワンナブーム線でも2005年以降，Jet Star Asia, Air Asia, Tiger Airwaysの3社が運航を開始し，大手2社（Singapore AirlinesとThai International）との間で熾烈な価格競争を繰り広げている。ただ，この2路線については，輸送力に関する規制がまだ完全には撤廃されておらず，LCCは自由な路線展開を行うことができない。そのため，クラアルンプール国際～チャンギ線のようにLCCが大手航空会社の実績を上回るまでには至っていない。

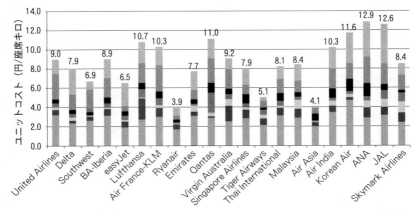

図 4-1　ASEAN における航空会社のユニットコスト比較（2012 年）

■燃料費　■空港使用料　■航空機リース　■整備費　■減価償却費　■人件費　■その他

（出所）　各社 Annual Report より作成。

LCC も以上のビジネスモデルを基調としている。

　ASEAN における LCC の運航コストは 2012 年のユニットコストベースでは，概ね 4.6〜5.1 円で推移し，大手航空会社 3 社（Singapore Airlines, Thai International, Malaysia Airlines: 3 社平均 8.1 円）と比べて，高いコスト優位性が発揮されている（図 4-1 参照）。また，Singapore Airlines を 1.00 とした場合のイールドは Tiger Airways 0.37，Air Asia 0.56，Jet Star 0.72 で，大手以上の運航効率性が達成されている（Hanaoka, et. al.（2014））。

　とくに，Air Asia のコスト競争力は高く，欧米の主要 LCC の Southwest（6.9 円）や easyJet（6.5 円）を上回るユニットコスト（4.1 円）で運航が行われている。Air Asia のビジネスモデルは，① ASEAN 諸国のなかでも 1 人あたり GDP の高いシンガポール，クアラルンプール，バンコク，ジャカルタ，マニラに路線を集中させていること，② 各都市から 2〜4 時間以内の短距離・中距離路線を主体にネットワークを構築していること，③ LCC 専用ターミナル「ローコストターミナル」の利用によって，空港使用料の軽減や機材稼働率の引き上げを展開していること[30]，④ 加盟国内に合弁会社を立ち上げ，実質的なカボタージュの行使や第三国輸送を行っていること，⑤ 従業員にマ

ルチタスク制(複数業務分担制)を課し,他方で人件費の低いインドネシアやベトナムの合弁会社で従業員を現地採用し,企業全体でこの労働力を活用していることの5つが特徴である。

このように,ASEANでは航空自由化や経済成長の経過のなかで,LCCがネットワークを広め,利用者の選択肢の創出や企業間競争の拡大に貢献している。ただ,ひとたび,LCCを取り巻く経営環境に目を向けたとき,ASEANにはその発展に向けて必ずしも適切な環境が整っているとは言い難い。その理由は,次の通りである。

第1に,加盟国間の経済格差である。域内全般で航空需要が増加しているとは言え,それは主に先行加盟6カ国のみで生じている傾向であって,残る後発の4カ国は長期間にわたる対外戦争や内戦などの影響から,この6カ国と比べ大きな社会的・経済的格差が存在する。例えば,ASEANで1人あたりGDPが最も高いシンガポールと最下位のミャンマーとの間ではその開きが約61倍にも上る。「ASEAN統合イニシアティブ (Initiative for ASEAN Integration: IAI)」をはじめとする様々な開発支援計画によって,こうした格差は是正されつつあるが,完全な解消までにはさらなる時間を要する(石川(2013))。

第2に,制度面での制約である。既に述べたように,ASEANの航空自由化は今までのところ首都圏空港に限った「第3の自由」と「第4の自由」の承認のみに止まっている。航空市場の統合は2015年に完結する予定であるが,たとえ,それが完了したとしても,国際空港間の「第5の自由」までを認めるにすぎない。カボタージュや三国間輸送は実現せず,市場は完全に開放されない。

第3に,大手航空会社に対する保護政策である。一部の国を除き,加盟国の大手航空会社は国営の航空会社で,政府は国営企業保護の立場から,様々な規

---

30 ローコストターミナルとは,首都圏空港のメインターミナルビルから離れた地点に整備されたLCC専用の簡素なターミナルを意味し,2006年にクアラルンプール国際空港とチャンギ空港で初めて建設された(2012年にチャンギ空港のローコストターミナルは閉鎖)。ローコストターミナルの利用によって,航空会社は空港使用料を抑えつつ,需要の大きい首都圏空港への就航が実現できるメリットがある。ただ,花岡(2012)が指摘するように,ASEANの空港はもともと空港使用料が安価で,空港混雑も深刻な問題とはなっていない。また,ターミナル整備のタイミングと航空需要のバランスが均一に確保されていなければ,かえって高いコストをきたすので,この点をどのように見極めて運用を行うかが重要である。

制を課している。航空自由化に積極的な国でさえ，大手航空会社を保護する目的から，新規参入や運賃に規制をかけることも少なくない（Forsyth, et. al. (2004))。

第4に，二次的空港の不在である。二次的空港への就航は，LCCにとって空港使用料の軽減や機材稼働率の引き上げを実行する上で欠かせないものである。しかし，首都圏空港郊外の二次的空港は，品質が乏しく，整備が行き届いていない。そればかりか，自由化を前提としない国内航空需要の自然増加にさえ対応できていない（Hopper (2002), 花岡 (2010))。

3. ASEANにおけるLCCの海外事業展開と航空市場の変化

3-1 ASEANにおけるLCCの海外事業展開とその要因

ASEANでは，LCCが成長しつつあるとはいえ，構造面・制度面での制約から，事業に適切な環境が整備されていない。市場統合後も国際空港間の乗り入れしか認められず，加盟国のあらゆる空港間の往来は規制される。このようななかで，Air Asia, Tiger Airways, Jet StarをはじめとするLCCは航空自由化の経過において締結されてきた複数国間合意の枠組みを利用し，各国に合弁会社を立ち上げて，実質的な三国間輸送やカボタージュを行使している（花岡 (2012))。

例えば，Air Asiaは2004年にタイとインドネシアに合弁会社を創設し，Thai AirAsia, Indonesia AirAsiaとして両国国内線の運航を始めた（表4-2参照）。続く2007年には，バージン・グループ20％，オリックス10％の出資を受けた（残り70％はAirAsia出資）三社合弁のLCC Air AsiaXがクアラルンプール国際空港を拠点とし，長距離国際線に就航している。2013年には，インドネシアとタイにIndonesia AirAsia X（Air Asia49％, PTKAP51％出資）とThai AirAsia X（Air Asia49％, TB holding41％, JK holding10％出資）を立ち上げ，北東アジア，ヨーロッパ方面に進出するほか，既存ネットワークとの連携のもとで，インドネシア，タイ，マレーシアの三国間輸送を実現している[31]。

他方，Jet Star は，既に Jet Star Asia のブランドで，チャンギ空港を拠点に ASEAN 域内の短距離国際線に就航している。2005 年には Value Air と合併し，域内のネットワークを拡大させた。2008 年にはベトナムの Pacific Airlines と業務提携を行い，Jet Star Pacific を創立したが，これがベトナム側の外資規制に抵触したため，代わって Vietnam Airlines の傘下に入り，ベトナム国内線や ASEAN 域内の短距離国際線に参入している。Tiger Airways は，2014 年に Sebu Pacific と相互予約販売・マーケティングの推

表4-2　ASEAN における LCC の海外事業展開

航空会社	合併会社	創設年度	出費構成等
Air Asia	Thai AirAsia	2004	Air Asia 49%，Mr.Sitthichai Veerathummanoon 51%
	Indonesia AirAsia		Air Asia 49%，PT Fersindo Nusaperkasa 51%
	AirAsia X	2007	Virgin Group 20%，ORIX 10%，Air Asia 70%
	AirAsia Philippines	2010	Filipino entrepreneurs 20%，A. Cojuangco Jr 20%，M. Romero 20%，Air Asia 40%
	Thai AirAsia X	2013	TB holding 41%，JK holding 10%，Air Asia 49%
	Indonesia AirAsia X		Air Asia 49%，PTKAP 51%
Jet Star	Jet Star Asia	2003	T. Chew 22%，Temasek Holdings 19%，F. Wong 10%，Qantas 49%
	Jet Star Pacific	2008	Vietnam Airlines 70%，Qantas 30%
Tiger Airways	Tiger Air Philippines	2006	Cebu Pacific 40%，Tiger Airways 60%
	Tiger Air Mandala	2012	Sandiage Salahudi Uno 51%，Tiger Airways 33%，Others 16%

（出所）　各社 Annual Report より作成。

31　なお，AirAsia は 2010 年に Filipino entrepreneurs20%，Antonio Cojuangco Jr20%，Michael Romero20%，Air Asia40% の出資を受け，フィリピンのクラーク空港を拠点とする AirAsia Philippines を開設した。2013 年からはフィリピンの LCC Zest Airways と株式の相互持合いに関わる協定を結び，フィリピン国内線や近距離国際線の運航を開始した。しかし，Zest Airways の経営不振やクラーク空港の運用上の問題から，同年に Air Asia Philoppines 全路線の運航休止を表明し，フィリピン市場から撤退した。現在はマニラ・ニノイアキノ国際空港を拠点とする Air Asia Zest が Zest Airways の既存路線のみの運航を続けている。

進，および Tiger Airways Philippine 株式 40%譲渡に関わる包括的協定を締結し，Sebu Pacific の国内線・国際線と連動しながらネットワークを拡大している。

遠藤（2009）によれば，航空会社の海外市場展開の方式には ① 自国をベースに二国間協定の枠組みの範囲内で本国と相手国と利用者にサービスを提供する方式，② 国外航空会社との業務提携を通し，海外市場に参入する方式，③ 海外に事業拠点を設け，第三国輸送やカボタージュを通してその国の利用者にサービスを供給する方式，④ 対外直接投資を通じて海外市場を開拓する方式の4つがある。ASEAN の LCC は ② の方式，③ の方式，④ の方式が混在しており，各社は各種の制約条件のなかで組織運営の工夫を凝らしつつ，自らの経営環境に適合した方式を選択しながら事業を続けている。

ところで，LCC は自社を取り巻く環境や要件について様々な不利を受けながらも，なぜ国外に事業を広げているのであろうか。遠藤（2009），Alberts,et.al.（2010）などはその理由として以下の4点を指摘している。第1に，リスクの分散である。航空輸送はイベントリスクや景気動向に左右されやすい性格を持っているため，複数の国や地域に展開することで，業績変動のリスクを抑えることができる。第2に，事業規模や事業分野の拡大による経済性の生起である。航空輸送は初期の固定費が大きくなる傾向があるため，事業の規模や範囲を拡張することで，サービス開始後の平均費用を軽減することができる。

第3に，自社資源の活用と企業の生産効率性の改善である。海外への事業展開は自社資源活用の機会を生み出し，これによって生産効率性や学習能力の向上が期待できる。第4に，優位性の発揮である。航空会社が現地航空会社を上回る優位性を所有している場合には，自社の資源と資産を現地に投じ，これらの優位性を直接生かすことによって様々な便益を獲得することができる[32]。

32　企業の海外事業展開における優位性は「所有優位性（O 優位性）」，「内部化の優位性（I 優位性）」，「立地優位性（L 優位性）」の3つから構成される。O 優位性とは企業の自社資源や無形資産から暗黙的に生み出される優位性を指し，I 優位性は外部環境にある様々な取引の障害を克服することで生じる優位性を意味する。L 優位性は企業が O 優位性と I 優位性の2つを相手国で発揮することによって生起される優位性をあらわす。これらの3つの優位性が有機的に結びついたときに企業は海外進出を開始し，国際取引によって様々な便益を得ることができる。

しかし，これらについては次のような問題が発生する可能性もある。1つに，現地での経験不足や相手国の信頼不足から発生する取引の障害である。取引の障害は組織内部のリスクと組織外部のリスクから発生し，それは事業計画・事業内容に対する「誤解（Misunderstanding）」や各種の不正行為を生み出すことにつながる。その結果，調整や交渉のコストが高騰し，最終的には事業の中止を余儀なくされる。事業が中止されれば，これまで市場調査や計画の策定などに投入した費用は全て埋没し，企業業績にマイナスの影響を与える（Casson (1985)）。

2つ目に，海外市場参入の費用と便益の関係である。海外事業参入に関わる費用は，初期は高くつき，その後，事業の進捗にともない逓減する（Gomes, et. al. (2003)）。つまり，平均費用曲線はU字型の軌跡を描くので，ある程度の規模を有する事業では，直ちに事業の効果があらわれにくく，業績がふるわない時期が出る。

3-2 大手航空会社の対応と航空市場の変化

ASEANの大手航空会社は，LCCの参入と海外事業展開に対応するために，自社の経営効率性の改善や労働生産性の向上をはじめとした対策を講じている。具体的には，第1に，従業員のリストラクチャリングとサービスの外注化である。手当ての凍結・削減，新規採用の見合わせ，ケータリング事業の外注化，機材メンテナンス事業の海外移転である。第2に，旅客階層別の商品差別化である。大手航空会社は自らの傘下にLCCを立ち上げ，LCCとの競合路線を中心にこれを投入している。先に述べたように，大手航空会社傘下のLCCは，ハブ＆スポークネットワーク，ペーパーチケットの販売，複数機材の使用，FFPの適用の面でSouthwestとは異なるビジネスモデルを運用しており，大手による直接運航と比べておよそ20％低いコストでの運航が可能となっている。その一方で，自社運航においては，富裕層やビジネスマンを取り込むためフリル付きサービスを残し，LCCとの差別化を行っている。

第3に，グローバルアライアンスの加盟によるネットワークの拡大と輸送効率化である。ASEAN加盟国では，既にスターアライアンスに加盟しているThai InternationalとSingapore Airlinesに加え，2010年にVietnam

Airlines（スカイチーム），2012 年 Malaysia Airlines（ワンワールド），2014 年 Garuda Indonesia（スカイチーム）が各々加盟を発表した。グローバルアライアンスの加盟には，乗り入れ地点増加，需要の創出とそれに伴う増便・機材大型化を通じた密度の経済の実現，輸送効率の発揮，混雑空港へのアクセス確保などのメリットがあるが（塩見（2002）），ここではとくに，LCC との競合の関係から，長距離国際線に接続する国内線・以遠権路線のコードシェアや業務提携による輸送効率の改善，および新規需要の開拓に目的がおかれている（Alberts, et. al.（2010））。

図 4-2 に図示されているように，2008～2012 年までの 5 年間における大手航空会社 6 社（Singapore Airlines, Malaysia Airlines, Garuda Indonesia, Thai International, Philippine Airlines, Vietnam Airlines）の平均イールドは 9.2 円で，その数値はここ 5 年間の間，ほとんど変化していない。東日本大震災の発生や中東情勢の悪化の影響を受けて国際線の業績が低下したことから（Taumoepeau（2012）），2011 年は一時 7.2 円に減少したものの，翌年には再び持ち直し，9.6 円にまで回復している。LCC の事業展開に対して，大手もまたビジネスモデルの工夫や経営効率性の見直しを通じて対処しているのである。

では，以上までにみた LCC の事業展開と大手航空会社の対応によって，航空市場の構造はどのように変化したのか。以下では，遠藤（2005）に従い，

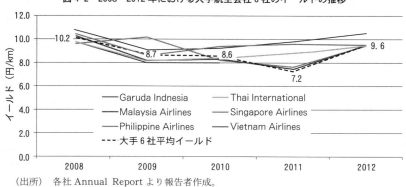

図 4-2　2008～2012 年における大手航空会社 6 社のイールドの推移

（出所）　各社 Annual Report より報告者作成。

Panzer-Rose H 統計量の推計結果から，ASEAN における航空市場の変化と競争性について分析する。H 統計量は，生産要素価格1％の増加に対する企業収入の変化を表す指標で，企業が属する市場特性や市場の競争度合いについて評価するものである。H 統計量は，企業の利潤最大化行動の過程から導かれる誘導型収入関数の計測を通して導出され，説明変数にはインプット要素の価格に加え，収入や費用に影響を与える外生変数が選択される。ここでは，遠藤 (2005) のほか，Molyneux, et. al. (1996), Gelos, et. al. (2002) なども参考に，次の収入関数を特定化する。

$$\ln \mathrm{Re} = a_0 + a_1 \ln(Cap) + a_2 \ln(Labor) + a_3 \ln(Fuel) + a_4 \ln(Assets) + a_5 \ln(PR)$$

Re は収入，Cap (資本)，$Labor$ (労働)，$Fuel$ (燃料) は生産要素価格である。Re には，定期旅客営業収入を代入し，各々の生産要素価格には，$Cap=$ (航空機リース料＋航空機減価償却費)／有形固定資産航空機，$Labor=$運航乗務員費／運航乗務員数，$Fuel=$有償トンキロ／燃料費として加える。また，外生変数として資産 $Assets$ と総営業収入に占める定期旅客営業収入の割合 PR（事業ポートフォリオの代理変数）も追加した。H 統計量は，資本，労働，燃料の各生産要素価格の切片の和 $a_1+a_2+a_3$ から推定され，H≦0 ならばその市場は独占または寡占，0＜H＜1 では独占的競争，H＝1 では完全競争をあらわす。ここでの分析対象は，1997〜2012 年までの ASEAN の大手航空会社 5 社（Singapore Airlines, Malaysia Airlines, Garuda Indonesia, Thai International, Philippine Airlines）の 49 データであり，このサンプルを利用し，H 統計量を算出する。

推計結果は表 4-3 に示されている。F 検定を行なったところ，p＝0.00（1％有意）によって，H≦0，H＝1 の帰無仮説は棄却される。H＝0.612 から，ASEAN の航空市場では全体として独占的競争が展開されていることが判明した。さらに，近年における市場の状況を把握するため，2010 年以前＝0，2010 年以降＝1 に分けるダミー変数を設け，これに投入要素価格の説明変数を乗じた新たな説明変数を加えた式で H 統計量を計測したところ，2010 年以前 H＝0.547，2010 年以降＝-0.174 で，ここ数年の間に ASEAN の航空市場は独占，

あるいは、寡占の方向に向かっていることがわかった。ただ、分析のサンプルがかなり限られており、年度によってはデータの欠落がみられる年もあるので、この結果はあくまで参考値程度に止め、引き続き詳細な分析を重ねるべきである。

4. まとめ
〜ASEAN の航空市場における今後の方向性と航空政策上の示唆〜

　ここまでの分析結果を整理しておきたい。第1に、ASEAN では 2015 年の ASEAN 統合市場形成に向けて、航空市場においても自由化が進展し、Air Asia や Jet Star をはじめとする LCC が一部の路線において大手航空会社と熾烈な競合を展開している。第2に、ASEAN の航空自由化は、今までのところ首都圏空港に限った「第3の自由」、「第4の自由」の承認のみに止まっており、航空輸送を取り巻く経営環境面や構造面についても加盟国間で大きな相違がみられる。このような制約に対応するため、LCC は各国に合弁会社を立ち上げ、実質的な第三国輸送やカボタージュの行使を通し、生産効率性の発揮や新規市場の開拓に向けた行動をとっている。第4に、大手航空会社は航空自由化への対処と LCC との競合の関係から、自社の経営効率性の改善や労働生産性の向上をはじめとした戦略を講じている。第5に、以上のような LCC の戦略と大手航空会社の対策によって、ASEAN の航空市場はある程度競争的に機能し、域内航空ネットワークの充実化や利用者の選択肢の拡大に貢献している。ただし、最近の動向は、再び独占、寡占の経過を辿っているようである。

　以上の結果をふまえ、今後、ASEAN の航空市場はどのような方向に向かうべきであろうか。本章の結論として、次の3つの政策的課題を指摘し、結びとしたい。1つに、第三国輸送やカボタージュの容認を含めた航空市場の開放である。加盟国間の「第3の自由」、「第4の自由」、「第5の自由」の承認では、大手航空会社にせよ、LCC にせよ通常は、首都圏空港を結ぶ路線にネットワークを集中させるため、本来のネットワーク効率性や企業の成長機会を生かすことができない。合弁会社 LCC モデルを利用したネットワークの連携は、ネットワークの多様化を生み出し、企業に様々な効果をもたらす上での1つの

4. まとめ〜ASEAN の航空市場における今後の方向性と航空政策上の示唆〜

表4-3 Panzer-Rose H統計量の推計結果

説明変数	係数	判定	係数（2010年以降ダミー含む）	判定
lnCap	0.211	[**]	0.180	[**]
lnLabor	0.098	[ ]	0.021	[ ]
lnFuel	0.303	[**]	0.346	[**]
lnAssets	0.607	[**]	0.628	[**]
lnPR	0.284	[ ]	0.313	[ ]
定数項	6.044	[**]	6.459	[**]
lnCap2010以降ダミー			−0.022	[ ]
lnLabor2010以降ダミー			0.018	[ ]
lnFuel2010以降ダミー			−0.171	[ ]
R-squared	0.976[**]		0.981[**]	
Adjusted R-sqiared	0.973		0.977	
Obaservations	49		49	

（注）［ ］は**＝1%有意を意味している。

＜相関行列（2010年以降ダミーなし）＞

	lnCap	lnLabor	lnFuel	lnAssets	lnPR	ln(Re)
lnCap		−0.813	−0.641	−0.774	−0.447	−0.707
lnLabor	−0.813		0.827	0.836	0.262	0.866
lnFuel	−0.641	0.827		0.732	0.151	0.868
lnAssets	−0.774	0.836	0.732		0.458	0.950
lnPR	−0.447	0.262	0.151	0.458		0.357
ln(Re)	−0.707	0.866	0.868	0.950	0.357	

＜相関行列（2010年以降ダミーあり）＞

	lnCap	lnLabor	lnFuel	lnAssets	lnPR	lnCap 2010ダミー	lnLabor 2010ダミー	lnFuel 2010ダミー	ln(Re)
lnCap		−0.813	−0.641	−0.774	−0.447	0.304	−0.020	−0.360	−0.707
lnLabor	−0.813		0.827	0.836	0.262	−0.094	0.102	0.323	0.866
lnFuel	−0.641	0.827		0.732	0.151	0.068	0.262	0.521	0.868
lnAssets	−0.774	0.836	0.732		0.458	−0.216	0.015	0.367	0.950
lnPR	−0.447	0.262	0.151	0.458		−0.180	0.056	0.240	0.357
lnCap2010 ダミー	0.304	−0.094	0.068	−0.216	−0.180		0.856	0.110	−0.064
lnLabor2010 ダミー	−0.020	0.102	0.262	0.015	0.056	0.856		0.483	0.130
lnFuel2010 ダミー	−0.360	0.323	0.521	0.367	0.240	0.110	0.483		0.386
ln(Re)	−0.707	0.866	0.868	0.950	0.357	−0.064	0.130	0.386	

手段である。しかし，それでも合弁会社による海外事業展開は，それが直ちに成果となってあらわれにくく，取引の障害によってリスクが高まれば，かえって企業の業績に負の影響を与える。

2つ目に，二次的空港の整備である。既に述べたように，ASEANではクラアルンプール国際空港やチャンギ空港をはじめとする首都圏空港以外の空港は，ほとんど稼働しておらず，国際線はもちろん，短距離の国内線の運航さえ確保できない。航空市場を統合しても，航空輸送を下部で支えるインフラの整備がなければ，その効果は限定的な内容に止まる。ましてや，欧米のような新規LCCの参入や価格競争などの新たな展開は見込めない。

最後に，加盟国独自の外資規制の見直しである。ASEAN加盟各国は，航空輸送を含む運輸業について外資の参入を100％認めているマレーシアとカンボジアを除き，外国資本比率について何らかの上限規制を課している。また，無議決権株式，貸付，経営などの領域においても自国の企業を保護するため，いくつかの条件を設定する場合もある。ASEANのLCCでも，Jet Star Pacificのように，各国の規制体系の違いから，合弁の解消に至ったケースがある。競争法に関するルールとの兼ね合いや加盟国間での規制の見直しをふまえ，域内で統一ルールの整備に向けた制度設計をすすめるべきである。

〈参考文献〉
- Alberts, S., Heuermann, C. & K., Benjamin (2010), "Internationalization strategies of EU and Asia-Pacific low fare airlines", *Journal of Air Transport Management*, 16, pp.244-250.
- Casson, M. (1985), Transaction Costs and the Theory of the Multinational Enterprise, edited by Buckley, P. J. & M., Casson (1985), *The Economic Theory of the Multinational Enterprise*, St. Martin's Pres, pp.20-38.
- Elek, A., Findlay, C., Hooper, P. & T., Warren, (1999), Open skies" or open clubs? New issues for Asia Pacific Economic Cooperation, *Journal of Air Transport Management*, 5, pp.143-151.
- Forsyth, P., King, J., Rodolfo, C. L. & K., Trace, (2004), *Preparing ASEAN for Open Sky* (AADCP Regional Economic Policy Support Facility (REPSF) Research Project 02/008.
- Forsyth, P., King, J. & C. L., Rodolfo, (2006), "Open Skies in ASEAN", *Journal of Air Transport Management*, 12, pp.143-152.
- Gelos, P. G. & J., Roldos (2002), *Consolidation and Market Structure in Emerging Markets Banking System*, International Monetary Fund.
- Gomes, et. al. (2003), "An empirical examination of the firm of the relationship between multi-nationality and performance", *Journal of International Business Studies*, Vol.30, No.1, pp.173-188.

- Hanaoka, S., Takebayashi, M., Ishikura, T. & S., Batari, (2014), "Low-cost carriers versus full service carriers in ASEAN: The impact of liberalization policy on competition", *Journal of Air Transport Management*, 40, pp.96-105.
- Hong Kan Tsui, W., Ozer Balli, H., Gilbey, A. & G., Hamish (2014), "Operational efficiency of Asia-Pacific airports", *Journal of Air Transport Management*, 40, pp.16-24.
- Hopper, P. (2002), "Privatization of airports in Asia", *Journal of Air Transport Management*, 8, pp.289-300.
- Khee-Jin Tan, A. (2010), "The ASEAN multilateral agreement on air services: En route to open skies?", *Journal of Air Transport Management*, 16, pp.289-294.
- Lawton, T. C. & S., Solomko (2005), "When being the lowest cost is not enough: Building a successful low-fare airline business model in Asia", *Journal of Air Transport Management*, 11, pp.355-362.
- Li, M. Z. F. (1998), "Air transport in ASEAN: Recent developments and implications", *Journal of Air Transport Management*, 4, pp.135-144.
- Molyneux, P. D., et. al. (1996), "Competition and Market Contestability in Japannese Commercial Banking", *Journal of Economics and Business*, 48, pp.35-45.
- Oum, T. H. and Y. H., Lee (2002), "The Northeast Asian air transport network: is there a possibility of creating Open Skies in the region?", *Journal of Air Transport Management*, 8, pp.325-337.
- Oum, T. H. (1998), "Overview of regulatory changes in international air transport and Asian strategies toward the US open skies initiatives", *Journal of Air Transport Management*, 4, pp.127-134.
- Taumoepeau, S. (2012), "Low Cost Carriers in Asia and the Pacific", edited by Gross, S. & M., Luck, *Low Cost Carrier Worldwide*, Ashgate, pp.113-138.
- Tham, S. Y. (2008), *ASEAN Open Skies and the Implications for Airport Development Strategy on Malaysia*, ADB Institute Working Paper, No.119, Malaysia.
- 石川幸一 (2013)「ASEAN経済共同体はできるのか」石川幸一・清水一史・助川成也（編）『ASEAN経済共同体と日本～巨大統合市場の誕生～』, 文眞堂, 23-40ページ。
- 遠藤伸明 (2005)「航空輸送産業における海外進出に関する規制緩和と企業行動の考察～EU航空会社の域外海外マーケット参入と国際資本移動の事例を中心に～」『交通学研究』, 日本交通学会2005年度研究年報, 111-121ページ。
- 遠藤伸明 (2009)「航空会社における事業の国際化と経営業績との関係についての分析」『交通学研究』, 日本交通学会2009年度研究年報, 111-121ページ。
- 塩見英治 (2002)「国際航空産業におけるアライアンスと企業統合」『海運経済研究』, 日本海運経済学会, 第36号, 13-22ページ。
- 塩見英治 (2010)「国際航空自由化の潮流と東アジア航空市場」, 斯波照雄（編）『商業と市場・都市の歴史的変遷と現状』, 中央大学出版部, 中央大学企業研叢29, 73-93ページ。
- 花岡伸也 (2006)「ASEANの航空自由化とローコストキャリア」『ていくおふ』, ANA総合研究所, 通巻116号, 19-25ページ。
- 花岡伸也 (2010)「アジアにおける航空自由化の進展とローコストキャリアの展開」『運輸と経済』, 財団法人運輸調査局, 第70巻第6号, 40-48ページ。
- 花岡伸也 (2012)「到来したLCCの波とわが国の行方」『ていくおふ』, ANA総合研究所, 通巻131号, 2-9ページ。

第5章
米国の小地域における EAS の展開と課題

1. はじめに

　米国における一連の航空自由化・規制緩和は，国内・国際双方の航空市場に大きな変革をもたらした。LCC の躍進に伴い，シカゴ，ニューヨーク，ダラス，ワシントン DC などの大都市圏に就航する路線では LCC と大手航空会社との熾烈な競争が展開され，大手航空会社もこれに対応するため，ハブ＆スポークや戦略的提携の強化などのネットワーク再編に取り組むほか，市場支配力の向上を目的に Chapter11 の申請や大型合併に踏み切る企業もあらわれた。

　その一方で，そのような競争に晒されない大都市圏以外の小地域（Small Community）では，かねてからサービスの集約化や経営資源の集中によるサービス品質の低下や撤退などの影響が懸念されており，これを回避するためのセーフティネットの整備に関わる制度設計が求められてきた。そのため，米国では規制緩和・自由化政策に先立って，航空規制緩和法第419条（Section 419 of Federal Aviation Act）のなかに小地域を対象とした「不可欠航空サービス（Essential Air Service: EAS，以下，EAS と呼ぶ）」という保護条項が取り入れられることになった。EAS は小地域における航空輸送に対し運航維持を目的とした補助を交付し，航空輸送を発展させるもので，当初10年の経過措置として対策が講じられていたが，その後延長適用を経て恒常化されるに至っている。この保護的措置はどのような性格をもち，航空規制緩和・自由化の進展の中でどのように変化し運用されていったのか。

　本章では，米国の小地域における EAS の内容とその運用の経過について考察を行い，当該制度の評価・問題点について検討することを目的としている[33]。

2. EAS の経過と内容

2-1 EAS の成立経過と目的

　航空規制緩和・自由化への政策転換の過程で，それらが小地域における航空サービスにいかなる影響を与えるかが，議会をはじめ各界で大きな争点の1つとなった。規制緩和を積極的に支持する陣営は，規制の弊害の除去と競争促進によって全体の経済厚生が高まるため，小地域の航空サービスに対しても負の影響は生じないであろうと主張した。その一方で，規制緩和に懐疑的な陣営は，競争の促進は高収益路線への航空サービスの集中をもたらすため，小地域の航空サービスには負の影響が生じると反発した。

　航空規制緩和法の施行が近づくに従い，小地域の航空サービスの喪失を懸念する政治的圧力が高まり，小地域の政治家やそれらの地域を多く抱える州の国会議員は，規制緩和に懸念を示し，航空サービスの保護を求めた。規制緩和以前から既に小地域におけるサービスレベルが低下の傾向を辿っていることから，規制緩和による競争の促進がこれに拍車をかけることについての危惧であった。

　このことから，議会では規制緩和による小地域での航空サービスの損失的影響が規制緩和法の成立に向けての審議のなかで議題に取り上げられ，最終的に航空規制緩和法の第419条にEASが加えられた。EASは，小地域における航空サービスを担当する航空会社に対し，直接運航補助を交付する旨を定めた制度で，それは既存サービスの維持ばかりでなく，小地域における航空輸送の発展可能性にも目標が置かれていた。具体的には，既存サービスへの補助を認める代わりに，競争入札をはじめ地域における様々な工夫を通し，効率的な航空会社への代替を促進することで航空ネットワークの充実化をはかり，既存の航空会社よりも少ない補助水準を達成し，長期的には補助金自体を不要にするこ

33　なお，本章に関する記述の多くは，塩見（2005a, 2005b）のほか，塩見（2006）でも再三にわたって述べられているので，ここでは全体での重複を避けるため，それらの内容を整理・集約した内容に止めておく。

とを主眼に置いていた。

　もっとも，このような EAS に類似するプログラムは 1958 年連邦航空法から規定されており，様々な形での運航費補助が航空会社に交付されてきた。しかし，第 419 条は高収益路線では新規参入を促進し多様なサービスの利用可能性を創出すること，それ以外の小地域路線では補助金を拠出し航空サービスを支えることで，全国にわたる包括的で利便性の高い定期航空サービスを確保することが基本的な考え方として存在している。航空会社，地域，国の役割分担が路線別にも明確に示されている。

　その一方で，EAS は規制緩和に懐疑論を唱える陣営に対処し，航空規制緩和法を早期に成立させるための手段として用いられたとする見解もある。とは言え，いずれにしても規制緩和によるセーフティネットとして小地域の航空サービスを継続させるために取り入れられた事実に変わりはなく，今日でもそうした意味合いで運用が続いている。

2-2　EAS の特質と問題点

　EAS の補助プログラムは，小地域における航空サービスを担当する航空会社に対し，直接運航補助を交付する旨を定めた制度である。補助を受けるに適格な（eligible）地域は，規制緩和の施行日時点で定期航空輸送が就航しているか，もしくは近々就航が予定されている地域で，プログラム開始当初は全体で 555 の地域が EAS の対象になった（そのうち，313 の地域は米国本土 48 州）。ただ，この補助プログラムは恒常的な制度ではなく，あくまで規制緩和に伴う経過措置として 10 年間のタイムリミットが設けられていた。補助を受けるにあたっては，設備（2 気筒エンジンを搭載し，与圧装置を有しない小型機で乗務員 2 名によって運航すること），運航回数（毎週 12 往復以上，または毎週 6 日 1 日あたり 2 便運航すること；ただしアラスカ州に関しては 1976 年時点の運航便数かダブルデイリー運航かのいずれか大きい方を選択），キャパシティ（80 人乗りまでの機材でロードファクター 50% 以上），ハブ（ハブ空港へのアクセス），ストップオーバー（小地域の空港およびハブ空港で最低 2 回以上）の 5 つの条件について規定された水準をクリアしなければならない。そして，それらをふまえた上で，交通省が各航空会社の財務状況を点検し，期待

収入と期待費用との差額をカバーし、最低限の利益を保障するように補助金額を定める。

具体的には、運航に要する燃料費、整備費、保険費、人件費、リース代を含む直接・間接の運営費から、旅客と貨物収入を含む期待収入を控除した額に、利益要素として運航費の5％の利益を加えて算出され、路線ごとに交付される。EASの補助金交付額は、1980年代半ばまでは低水準で推移していたものの、1986年からは138の地域が対象に加えられ、約243万ドルの規模で補助金が支給されている。しかし、一地域あたりの補助金は、1979年の3,100万ドルから1986年には2,400万ドルに低下している。

3. EASプログラムの展開

3-1　EASの延長

EASは大都市圏以外の小地域におけるサービス品質の低下や撤退などの影響を回避するためのセーフティネットとして整備され、全国規模での利便性や航空サービスに対する信頼性を確保する目的で運用されてきた。しかし、先にも述べたようにEASは規制緩和に伴う時限立法的な性格をもち、政治的な理由にも左右されてきたため、プログラムを実施する過程のなかで、その実効性をめぐっていくつかの問題点が指摘されてきた。具体的には、① 補助の対象が、基本的には規制緩和制定当時に定期免許会社のサービスがあったかどうかによって決められていること、② 過去にサービスの削減があった場合、その経緯が考慮されること、③ 地域の交通サービスを支えるための制度としての実効性が希薄になっていることの3つの問題である。

1988年10月の制度廃止が近づくにつれ、小地域の政治家や州の国会議員は再び当該プログラムの継続要求を議会に提出し、廃止後の取り扱いをめぐって様々な検討が交わされた。その結果、期限を迎えるちょうど一年前の1987年に「空港・航空路安全・施設拡大法（Airport and Airway Safety and Capacity Expansion Act：以下AASCAと呼ぶ）が成立し、航空規制緩和法第419条の改正に基づく向こう10年間の制度延長と補助プログラムの維持

が確定した。

　AASCA では，「Basic EAS」の概念のもと，補助交付の要件が次のように変更された。第 1 に，設備に関しては，8,000 フィート以上飛行の場合について与圧装置の設置が法的に義務づけられた。第 2 に，運航回数に関しては，改正前と変化はないが，大規模・中規模ハブ空港から 70 マイル以上の空港を結ぶ路線に対象範囲が限定された。第 3 に，キャパシティに関しては，最低 15 人乗り機材で 1 日あたり平均 11 人以上の搭乗が条件とされた。第 4 に，ハブに関しては，旅客のニーズを考慮したアクセスとスケジュールの策定が求められた。第 5 に，ストップオーバーは小地域の空港およびハブ空港で 1 回までに修正された。

　なお，補助プログラムへの参加にあたっては，従来の経過や問題点をふまえ，従前の実績に関係なく適正なサービス水準の確保に向けて地域と交通省との間で合意を取り付けることができれば，新たな補助対象として認定し，これに参加することが可能になった。また，補助は交通省と地域の協調負担とし，もし，あらかじめ規定された水準をクリアできずに追加的な損失が生じる場合は，地域が全てその損失を負担することになった[34]。

　その一方で，補助の交付額については，対象路線の増大に伴う予算の増加が懸念された関係から，現行の補助率を維持しつつ，旅客 1 人あたり 200 ドルを上限とした。併せて，総括予算調整法が成立し，1992 年から毎年 3,800 万ドルの補助金の交付が内定した（実質 3,200 万ドル）。これによって，補助を交付してもサービスの将来的な継続が見込めない 24 の地域は補助対象から外れ，残りの地域では運航にあたっての予算の目途がついた。

　EAS と補助プログラムは 1998 年に再度期限切れを迎えたが，その前に連邦航空再授権法の一部としての「ルーラル航空サービスサバイバル法（Rural Air Service Survival Act）」が成立したことで，年間 500 万ドルでの継続的な予算の手当てが承認され，失効規定そのものも削除された。このような取り

---

[34]　なお，1992 年からは補助金の財源負担方法が変更され，国+地域の協調補助に代わって「空港・航空路信託基金」が導入されている。ただ，空港・航空路信託基金の予算は議会によって毎年決められるので，政治的な理由に左右されやすく，安定的な資金を調達できないなどの問題を抱えており，実際に補助の対象となっている地域でもそうした背景からサービスを断念せざるを得ない地域があった。

決めは，政治的な要因はもちろん，それ以上に航空会社の運航赤字を埋める資金が継続的に必要とされていることを背景としている[35]。

3-2　EASとユニバーサルサービス

ところで，EASの補助によって提供されるサービスは「ユニバーサルサービス」として引き合いに出されることが多いが，果たしてEASはそのようなサービスに該当するのであろうか。

もともとユニバーサルサービスは電気通信事業分野のサービスで使われた用語である。その概念は論者によって相違がみられるが，代表的研究者の所説やOECD報告書などによれば① 地理的に普遍な利用可能性（universal geographical availability: 全ての消費者にあまねくサービスを提供すること），② アクセスの非差別性（non-discrimination: 全ての消費者に公平なサービスを提供すること），③ 経済的な利用可能性（affordability:全ての消費者に経済的に支払い可能な対価でサービスを提供すること）である。

先に述べたように，EASの立法目的は規制緩和・自由化による小地域への負の影響を回避するため，全国にわたる包括的で利便性の高い定期航空サービスを確保することにある。全国ネットワーク網の構築を目指し，公平なアクセスを保障するという意味ではユニバーサルサービスの趣旨に適っている。しかし，制度と実態の面では，先の問題点でも指摘したように，規制緩和導入時の就航状況がいわば権利行使の出発点となっており，補助をうける際に一定の条件を充たさなければない意味で部分的にしか該当しない。

EASの財源は長い間国＋地域の一般財源によって賄われてきたが，1992年以降は，それらに代わって空港・航空路信託基金があてられている。空港・航空路信託基金の財源は国内線と国際線の航空券に課せられるチケット税，管制・航行援助に賦課される上空通過科，航空機燃料税をはじめとする収入によっており，純粋な一般財源による負担ではなく，市場内部の利用者の内部相

---

[35] なお，EASについては，2011年のAASCA改正に伴い，制度の適用範囲が従来の大規模・中規模ハブ空港から70マイル以上の規程が90マイル以上に変更された。併せてキャパシティに関しては，最低15人乗り機材・1日あたり平均11人以上の搭乗から平均10人以上に変更されている（アラスカ州は除く）。

互補助の性格を帯びている。

そもそもユニバーサルサービスの概念は，電気通信事業などにおいて企業が事業上の都合で使用してきた経緯があり，実際にAT&Aが初めてそのコンセプトを提唱したときは，独占擁護と内部相互補助の保持が目的であったと言われている。EASの場合，広く利用者相互の補助でサポートされる点で特徴的であるが，いずれにせよ，ユニバーサルサービスの要件を全て満たすには，内部と外部の相互補助の制度設計について十分な検討が求められる。

4. パイロットプログラムの設置と小地域における補助プログラムの評価

4-1 パイロットプログラムの整備

ルーラル航空サービスサバイバル法の成立によって，EASが恒久的に制度化された翌々年に，議会は小地域航空サービスに関する新たな法律として，小地域航空サービス開発パイロットプログラム（Small Community Air Service Development Pilot Program: 以下パイロットプログラムと呼ぶ）を制定した。同プログラムはもともと運航回数が少なく，運賃が高騰しがちな地域の航空サービスを改善することを目的に設置されたもので，EASのような時限的措置ではなく，当初から恒久的措置として取り扱われた。議会はプログラム実施に向けて2001～2003年に2,000万ドルの予算を計上し，それらは当該プログラムの対象地域となっている40地域（ただし，同一州内では最大4地域）に充当された。

パイロットプログラム参加地域の審査にあたっては，まず1997年のデータをもとに区分された小規模ハブとそれに準ずるハブ（全国年間旅客取扱量シェア0.05%～0.2%の空港）に限定し，次いで，地理的多様性や計画の独自性，および将来の発展可能性とサービス維持の必要性が精査された。具体的には，以下の項目に関する判断である。

・航空運賃がすべての地域の平均運賃より高いこと
・特定の地域またはそのコンソーシアムが，そのプログラムのもとに，航空

輸送の一部のコスト負担について，空港収入以外の財源から拠出できることを証明すること
・特定の地域またはそのコンソーシアムが，公衆への航空企業サービスの提供の促進のために公民パートナーシップを確立してきたか，これからその予定があること
・支援によって，全国航空輸送システムへのアクセスが限定されるビジネス，教育機関，企業をはじめ広範なセグメント層に対し，多大な便益がもたらされること

　以上のように，パイロットプログラムでは運賃水準，財源負担，便益等について条件が課され，EASと比べて対象地域がかなり限定されている。また，財源負担と財源運用の主体を国に求め，専ら航空会社を運用の対象としているEASプログラムとは性格が異なる。同プログラムによって地域は資金の支援のもとに自らの航空サービスのニーズに適合するプログラムを発展させることが可能で，一定地域での航空サービスの促進ばかりではなく，地域振興や地域開発にまで踏み込んだプログラムが策定できる。

4-2　小地域における補助プログラムの影響と評価

　ここまでみてきたように，米国における一連の航空自由化・規制緩和以後の小地域におけるサービスは，EASの恒久化とパイロットプログラムの追加によって継続が保障され，それらの制度は大都市圏での競争がもたらす負の影響を回避するためのセーフティネットとしての役割を果たしている。両者はともに補助の対象範囲や条件が異なるものの，補助すべき対象範囲を明確にしているという意味では共通しており，サービス維持に対する国の考え方がそのまま表面にあらわれていると言い換えることもできる。

　以下ではこの2つのプログラムが航空輸送に与えた全般的な影響について考察し，制度のそのものの評価と問題点等に関して明らかにしたい。まず，EASでは，第1にサービスの最低水準を基準に補助を交付する関係から，旧来のサービスで指摘されてきた輸送力過剰とコスト超過の問題を回避できた。また，運航担当航空会社の選定にあたっては競争入札が採用され，効率的な運航を行う航空会社が選ばれたことで，結果として補助金額の低下をもたらした。

第2に，補助の対象範囲を明示したことで，補助対象地点数が減少し，ネットワークも規制緩和前と比べて全般的に縮小した。ただ，この減少が航空ネットワーク全体に与えた影響はさほど大きくはなく，むしろこれまで無駄に運航されてきた路線が整理されたとみるべきで，EAS はそうした路線の運航に歯止めをかけたと言っても良いであろう。

その一方で，EAS の補助水準や補助要件については，航空会社や地域からいくつかの意見が寄せられている。その内容のほとんどは，地域における航空サービスの潜在需要を開拓するために補助要件の緩和を求めるもので，現行の水準や要件ではこれが達成されないと主張するものである。これに対し，交通省や議会は EAS の本来の目的は小地域におけるサービスの維持にあり，市場発展のプログラムはあくまでそれに付随する目的であるとし，プログラムの延長やその後の恒久的措置もそうした理由からであると述べている。

他方，EAS の対象路線では最近になってサービス提供コストの増加と需要の低迷に伴い，補助効率が著しく低下しているとの問題が指摘されている。その要因は米国連邦航空局（Federal Aviation Administration: FAA）による「コミューター安全イニシャティブ」の設定，機材更新，地域経済の低迷によるもので，旅客利用水準の変動と稼働率の減少に従って旅客 1 人あたり補助が増加している。米国会計検査院（U.S. General Accounting Office: GAO）は，制度の長期的持続性を目指す選択肢として，補助対象のさらなる限定，複数地域へのサービス統合などを提唱している。

続いて，パイロットプログラムでは，EAS と異なり地域が自らの航空サービスニーズに最良と選択したプログラムを発展させる目的があったことから，例えば，テキサス州やニューメキシコ州では自家用車から航空へのモーダルシフトがすすみ，地域の空港利用が促進された。また，ケンタッキー州の「バイ・ローカル」「フライ・ローカル」プログラムでは，航空サービスについて大々的な宣伝やキャンペーンが行われ，潜在的利用者の発掘と新たなサービス利用の機会創出に貢献した。

GAO はこのような具体的事例の調査からパイロットプログラムの効果について，サービス自体の需要と供給に対しては直接的な効果を与えないが，航空会社に事業活動の財務的保証を潜在的にもたらし，地域には航空を活用した

様々な事業に取り組むチャンスを創出したと結論付けている。その具体例としてオレゴンのユージンによって遂行される「トラベル・バンク」プログラム（航空企業が新規および追加的なサービスを推進するよう基金の積み立てを行う制度）や搭乗率保証制度の導入を取り上げている。

ただ，パイロットプログラムの本来の目的は，そうした効果の導出ばかりではなく，EASのように小地域の航空サービスを維持することがもともとの出発点であったはずで，それがそうしたサービスの継続に効果的に役立っているかどうかは不明である。GAOもまたEASより制限的で制度そのものの意義も不明確であるため，プログラムに対する評価を直ちに下すことはできないとしている。

5. まとめ

本章では，米国の小地域におけるEASの内容とその運用の経過について考察を行い，当該制度の評価・問題点について検討した。EASは，米国における一連の航空自由化・規制緩和以後のセーフティネットとして活用され，当初，恒久的な政策でなく，市場展開が根づくまでの経過措置として捉えられていた。

制度導入直後こそは予算制約などにより，次第に基準が変更されるようになるが，目的に照らすと，一定の成果をおさめたといえる。しかし，運航コストの増加と収入の減少に伴う補助コストの増加と補助対象地域での利用者の低下によって補助効率は悪化し，航空会社を補助対象としている関係から地域のニーズに十分な対応がなされていないとの問題が指摘されている。

このような問題をかかえながらも1998年以後，EASは恒久化し，これに加え，パイロットプログラムも追加された。パイロットプログラムは，小地域での航空サービスを改善する地域プロジェクトを支援するための制度として機能し，航空会社に事業活動の財務的保証を潜在的にもたらし，地域には航空を活用した様々な事業に取り組むチャンスが提供されている。ただ，制度の本質はあくまで航空サービスの維持にあったはずで，それが具体的にどのような効果

を生み出したのかについて直ちに評価を下すことはできない。小地域における今後のサービス維持のためには，様々な施策が求められるが，いずれにしても財政制約と効率的な補助の実効性の観点から，地域がコミットメントしシェアリングの責任を負うスキームを取り入れて施策を行う方向が望ましい。

〈参考文献〉
- 塩見英治（2005a）「小地域における航空サービスとEAS（前編）」『運輸と経済』，財団法人運輸調査局，第65巻第8号，54-60ページ。
- 塩見英治（2005b）「小地域における航空サービスとEAS（後編）」『運輸と経済』，財団法人運輸調査局，第65巻第9号，37-43ページ。
- 塩見英治（2006）『米国航空政策の研究～規制政策と規制緩和の展開～』，文眞堂。

第 6 章

欧州の航空輸送における公共サービス輸送義務（Public Service Obligation）の展開と課題

1. はじめに

　欧州では1988年のパッケージⅠの発効以後，加盟国間の航空自由化を本格的に開始し，1993年のパッケージⅢの発効をもって域内の航空自由化が実現した。パッケージⅢの発効後，大手航空会社はLCCとの価格競争に対応するため，国内航空会社間の戦略的提携や国内競合他社，あるいは，系列航空会社の吸収・合併をすすめつつ，ネットワークをハブ空港に集約することで市場支配力を向上させる対策をとった。この過程のなかで，大手航空会社・大手系列航空会社の内部相互補助や地域航空会社（Regional Airlines）によって運航されてきた離島・遠隔地域（Remoter Regions）の航空輸送は，運賃の高騰や輸送力の削減などの影響を受けることになる。

　しかしながら，これらの路線は完全な競争状態にさらされたわけではない。航空自由化の経過のなかで，離島・遠隔地域を多く抱える北欧諸国，英国，スペイン，ポルトガルでは，航空自由化が離島・遠隔地域の航空輸送に与える負の影響が懸念された。このため，欧州委員会はパッケージ発効の各段階において，地域航空会社の保護・育成を盛り込んだ条項を規定し，離島・遠隔地域における航空輸送の維持や地域経済の活性化をサポートする体制を構築していった[36]。そして，パッケージⅢには，公共サービス輸送義務（Public Service Obligation；以下PSOと呼ぶ）というスキームが組み込まれ，離

---

[36] 地域航空会社とは，ERA（European Regional Airline Association）によれば，平均航行時間72分の路線を平均76座席の機材を用い，大手航空会社や大手系列航空会社とは独立的に地方空港-ハブ空港，地方空港間，地方空港発着国際線を運航する航空会社と定義される。

島・遠隔地域における航空輸送の継続や地域経済の発展を支援する指針が出された。

PSOは，営利上の観点からみれば不採算ではあるが，生活必需品輸送や患者輸送など地域の社会経済上必要不可欠な路線，もしくは，インバウンド・ツーリズムの誘致による地域経済の活性化や発展に貢献すると判断される路線に対して，航空会社にサービス供給義務を賦課し，航空会社に補助金と独占的な運航権を与え，輸送力の削減やサービスからの撤退を回避する制度である。欧州委員会の統計によれば，PSOはEFTA加盟の2カ国（ノルウェー，アイスランド）や運航休止中の路線を含め13カ国259路線において運用されている（2011年現在）[37]。

それでは，PSOはどのような性格をもち，どのように活用されていったのか，航空便の就航は地域や空港の運営そのものにどのような効果を与えているのか。本章は欧州におけるPSOの制度的特質や内容，および運用のプロセスを検討し，航空便の就航が離島・遠隔地域や空港の運営に与える効果および，PSO運用の今後の課題について詳述する。併せて，欧州のPSOがわが国の離島航空路線や空港に与える示唆について論及し，今後の航空路線の維持に向けた論点を述べることを目的とする。

2. 航空自由化とPSOの内容

2-1　PSOの成立過程と経過

航空自由化は規制の弊害の除去と競争の促進によって，消費者余剰の拡大をもたらす一方で，高収益路線へのサービス集約化や経営資源の集中を生み出すことから，離島・遠隔地域のような不採算路線には，サービス品質の低下やサービスからの撤退など負の影響が及ぼされる。欧州に先立って航空規制緩和・自由化を施行した米国では航空規制緩和法成立に向けての審議の過程で，規制緩和による小地域でのサービスの損失的影響が取り上げられ，連邦航空法

37　なお，PSOは航空のみならず，鉄道，船舶，バスなどにおいても規定されており，加盟国は規定の内容に従い，各国のサービス経営環境や市場構造を考慮した上でこれを適用している。

419条に航空規制緩和法施行の時点で認められた地域の航空輸送継続を10年間保証し，そのための助成制度としてEASプログラムを規定をした経緯がある。

欧州でも1980年代以降，航空自由化が段階的にすすめられるなかで，ノルウェー，デンマーク，スウェーデンをはじめとする北欧諸国や英国，スペイン，ポルトガルなど離島・遠隔地域を多く抱える国から航空自由化以後における地域の航空輸送の保護を求めるロビー活動が積極的に展開された。その活動の主旨は，航空自由化は「国際民間航空条約（シカゴ条約）」と「シカゴ・バミューダ体制」を基軸とした二国間の枠組みに基づく輸送力，参入企業数，運賃，運航担当航空会社，就航先などに関する規制を欧州域内限定で撤廃するもので，直接的には離島・遠隔地域をはじめとする国内航空輸送には影響を与えない。しかしながら，近隣諸国と地理的にも距離的にも近接する欧州では，収益が見込める中・短距離国際線へのサービス集約化がすすみ，大手航空会社，あるいは大手系列航空会社の高収益路線からの内部相互補助や地域航空会社によって運航されてきた離島・遠隔地域の不採算路線は輸送力の削減やサービスからの撤退が生じるというものであった（Halpern(2010a））。

これを受け，欧州委員会は「航空自由化による負の影響は，大手航空会社のハブ空港集約化に伴うハブ空港独占，コンピューター予約システム（Computer Reservation System: CRS）の不公正利用，略奪的価格行動にあると指摘し，事業者間競争を促進し，公平な競争環境を構築するためにはどのような規制を敷くべきかが中心的課題になる」とした。その上で，「離島・遠隔地域の航空輸送については，競争基盤の公平性を確立する見地から，大手航空会社や大手系列航空会社の内部相互補助による運航体制を回避し，地域航空会社の発展と地域経済の活性化とリンクさせるものでなければならない」と指摘した（Reynolds-Feighan（1995a, 1995b））。

1983年に欧州委員会はEC理事会規則・指令（Inter-Regional Air Services Directive83/416/EEC）を交付した。同規則・指令はインバウンド・ツーリズムの誘致による離島・遠隔地域の経済活性化と地域航空会社の経営改善を目指したもので，運航距離400Km未満，座席数70席未満の航空輸送についてCategory2の空港（年間取り扱い旅客数90万人～1,000万人未満

の地方空港）と Category3 の空港（年間取り扱い旅客数 90 万人以下の地方空港）に就航する場合に限り「第3の自由」，「第4の自由」を自動的に承認する内容となっている。ただし，運航上の損失に対する支援措置はなく，ハブ空港や大都市圏主要空港に該当する Category1 の空港（年間取扱い旅客数 1,000 万人以上の空港）への就航も禁じられた。これは大手航空会社や大手系列航空会社による内部相互補助の行使を阻止するほか，Category1 の空港へのサービス集約化による不採算サービスからの輸送力の削減や撤退を防ぐことを目的としている（Hanlon（1992））[38]。

この EC 理事会規則・指令（Inter-Regional Air Services Directive83/416/EEC）は，パッケージ発効の段階で市場環境の変化や政策の進展状況との兼ね合いをふまえ，幾度かの修正を繰り返しながら引き継がれている[39]。パッケージⅢ発効前年の 1992 年に発効された The Coordinating European Council レポート（On the Evalusion of Aid Schemes Established in Favor of Community Air Carriers）は，離島・遠隔地域の航空輸送に関しては，社会生活経済の基盤整備や地域経済の活性化を目的として維持されるべきで，サービスの運航体系については，内部相互補助のような競争基盤の不公平を及ぼす体系であってはならないとしている。そして，パッケージⅢでは，加盟国や加盟国自治体は社会生活経済の基盤整備や地域経済の活性化を目的に PSO を賦課し，一定のサービス水準を維持する上で補助を交付する旨を許可するとの文言が盛り込まれている。

ここでは，座席数 80 席未満の航空輸送について，内部相互補助の防止と地域航空会社保護・育成の視点から，PSO を課した年を含めた向こう 3 年間（最大 5 年間）は，大手航空会社（座席数 80 席以上の航空会社）の参入を拒否

---

[38] なお，Category1 の空港への就航を禁じた追加的な要因として，既に 1983 年当時の段階で Category1 の空港の一部には容量制約が生じていたため，地域航空会社向けの新規発着枠を確保する余地が残されていなかったこと，容量制約下の空港における小型機の就航はかえって資源配分の非効率をもたらすことがあげられる。

[39] パッケージⅠでは Category1 と Category3 の空港間における「第3の自由」，「第4の自由」が開放されたが，座席数 70 席未満の路線に限っては「第3の自由」，「第4の自由」を適用除外とする措置を設けた。パッケージⅡにおいては，Category1，Category2，Category3 の区別なく「第3の自由」，「第4の自由」が自動的に認可されたが，座席数 80 席未満の路線で複数社参入があった場合にはその参入を猶予する例外規定が盛り込まれている。

する規定が組み込まれている。

2-2 PSOの展開と実績

　PSOは社会生活経済の基盤整備や地域経済の活性化に必要な路線に対して，航空会社に補助金と独占的運航権を与え，輸送力の削減やサービスからの撤退を回避する制度である。PSOの対象路線は国，または地方自治体による適格性（eligible）審査に基づいて決定し（Brathen（2011））[40]，その詳細は官報（Official Journal of European Community）のほか，欧州委員会，関係各国，関係空港，関係航空会社に公開される。PSOの対象路線を運航する航空会社は，一般的には公開入札をベースに選定され，最も低い補助金受給額を提示した航空会社が運航契約を締結することができる。運航契約には対象路線ご

表 6-1　PSO対象路線における最低サービス水準

国名	最低運行本数	最低キャパシティ	最低機材サイズ	時刻表要件	最大片道運賃
フランス	○	×	○	○	×
ドイツ	○	▲	○	○	○
アイルランド	○	○	○	○	○
イタリア	○	○	○	○	○
ポルトガル	○	○	×	○	○
スペイン	▲	○	×	▲	○
スウェーデン	○	○	×	×	×
英国	○	×	○	×	○
アイスランド	○	×	○	○	
ノルウェー	○	○	○	○	○

（注）　○＝全ての路線に設定あり　▲＝一部の路線に設定あり　×＝設定なし
（出所）　European Commission, *Official Journal of European Community* より作成。

40　PSOの審査・決定はチェコ，フィンランド，ギリシャ，アイルランド，ポルトガル，スウェーデンでは国家が行っている。フランス，ドイツ，イタリア，スペインは地方自治体である。一方，ノルウェー，アイスランド，リヒテンシュタイン，スイスではEEA（European Economic Area）がPSOの審査・決定を行う。また，英国はイングランドについては英国政府，ウェールズはWelsh Assembly，スコットランドはグラスゴー空港発着路線のみScottish Government，グラスゴー空港以外の空港（オークニー諸島，シェットランド諸島，ウェスタンアイルなど）発着路線は地方自治体がPSO審査・決定の責務を負っている。

との需要規模，距離，就航空港の整備・施設環境などをふまえ，運航頻度，運航機材，タイムテーブル，運賃に関する規制＝「最低サービス水準（Minimum Service Levels）」が盛り込まれる。最低サービス水準の内容は国や地域ごとに相違があり（表6-1参照），例えば，英国のPSOでは時刻表の決定に関する制約はないが，各路線に8席以上（グラスゴー空港発着の路線は最低15席以上）・ツインエンジン搭載機材による就航を義務付けている。最低運航本数は，平日1日2往復（シェットランド諸島路線のみ木曜日・土曜日に往復2便運航）で，運賃については，エコノミー正規運賃のみの取り扱いを規定している。往復割引や早期予約割引，高齢者・学生割引といった特典は導入できない（Williams&Pagliari（2004））[41]。

注意しておかなければならないのは，公開入札の開催以前，あるいは，サービスの運航開始後に航空会社が新規参入を申し出れば，その路線は「競争的（Competitive）」と看做され，航空会社の参入が自由となる点である。ただし，それでも航空会社は座席数80席未満の機材で運航しなければならない。このような参入障壁が設定されている理由は，先に述べた大手による内部相互補助の防止や地域航空会社の育成・発展はもちろん，航空自由化のもとでは，たとえ必然的に不採算をきたす路線であっても，公平な競争基盤をベースとし，効率的にサービスを運航しなければならないとする欧州委員会の意図を反映しているからである。

では，PSOの具体的な運用目的や実績はどのように示されるのであろうか。O'Fee（2010）は，PSOの運用目的を以下のように説明している。第1に，国家の統治権・自治権の行使や軍事上の理由である。例えば，ポルトガルのPSOでは，ポンタデルガータ（PontaDelgata）諸島自治政府内領土の主要ポイントを巡回するネットワークが中心である。これはポンタデルガータ諸島に

---

[41] フランスは各路線に平日2往復の運航義務を課し，需要のピーク・オフピークに沿ったキャパシティの変更を容認している。さらに，パリ（オルリー）～アジャッシオ（Ajaccio）線，パリ（オルリー）～バスチア（Bastia）線などの路線では島民割引や高齢者・学生割引などエコノミー正規運賃以外の割引運賃も容認している。ドイツはエアフルト（Erfurt）～ミュンヘン線，ホフ（Hof）～フランクフルト線，ロストック・レーゲ（Rostock-Laage）～ミュンヘン線の3路線をPSOに指定し，平日2往復の運航を義務付けている。このドイツの3路線はフランクフルトやミュンヘンの混雑空港に就航することから，機材はジェット機のみに限定され，時刻表についてもミュンヘン空港，フランクフルト空港のスロットや混雑をふまえ，規定されている。

おける社会生活経済の基盤整備以外に，航空輸送の開設によってポンタデルガータ諸島自治政府の主権を守るねらいがある。第2に，インバウンド・ツーリズムの誘致や観光客に対する地域内移動手段の提供である。英国のオークニー諸島～シェットランド諸島間路線のように長距離の移動を要し，船舶とほぼ同一運賃のもとで運航される路線では，船舶よりも航空の方が観光客の移動手段として選好されやすい（Pagliari（2003））。

　第3に，生活必需品の輸送，患者輸送，通学輸送をはじめとするライフラインの維持である。本土からの地理的隔絶性が強い離島・遠隔地域においては，日常生活物資の輸送を安定的に供給する上で，また，医療・教育への迅速で公平なアクセスの機会を提供する上で航空輸送は欠かせない輸送手段である。第4に，高付加価値製品に関わる輸送手段の確保である。北欧諸国，英国，スペイン，ポルトガルの離島では海産物・生鮮食品などの高付加価値製品の長距離輸送に伴う品質の劣化を防ぐため，船舶よりも航空による輸送が選好される。

　次いで，PSOの実績について考察してみよう。表6-2に表示されているように，PSOは13カ国，259路線において適用されている。加盟国順ではフランスの55路線を筆頭とし，その後に，ノルウェー，イタリア，ポルトガル，ギリシャと続いている。路線上の特質を加盟国ごとにみると，市場参入に制限がない「Open Access路線」はフランス，イタリア，ポルトガル，ノルウェーの一部の路線のみである。

　残る路線の多くは，公開入札を経由する「Tendered路線」によって占められている。その一方で，公開入札を開催しても応札がなく，運航休止となっている「Not Operated」路線は26路線を数える。各路線の運航形態については，国際線はフランスの8路線のほか，フィンランド，アイルランドにおいて各1路線の運航がある。国内本土（Mainland）～離島（Island）路線は，ギリシャ，ポルトガル，フランス，英国の順で多くの運航実績がみられる（表6-3参照）。国内本土路線（Intra-Mainland））は，ノルウェー，フランス，イタリアを中心に運航されている。国内離島間（Intra-Island）路線はポルトガルで10路線，スペインで16路線，英国で14路線が運航されている。

　以上のように，PSOは離島・遠隔地域におけるライフラインの保証，インバウンド・ツーリズムの誘致・観光客に対する移動手段の供給，高付加価値製

表 6-2　PSO の対象路線数と内容

国名	Open Access	Tendered	Not Operated	合計
チェコ	3	0	0	3
フィンランド	0	3	0	3
フランス	11	30	14	55
ドイツ	0	3	0	3
ギリシャ	0	26	0	26
アイルランド	0	7	0	7
イタリア	11	15	11	37
ポルトガル	8	18	0	26
スペイン	16	1	0	17
スウェーデン	0	11	1	12
英国	1	20	0	21
アイスランド	0	7	0	7
ノルウェー	8	34	0	42

表 6-3　PSO 対象路線の運航形態

国名	International	Mainland～Island	Intra-Mainland	Intra-Island
チェコ	3	0	0	0
フィンランド	1	2	0	0
フランス	8	12	35	0
ドイツ	0	0	3	0
ギリシャ	0	16	10	0
アイルランド	1	1	5	0
イタリア	0	6	31	0
ポルトガル	0	14	2	10
スペイン	0	0	1	16
スウェーデン	0	0	12	0
英国	0	7	0	14
アイスランド	0	1	6	0
ノルウェー	0	5	37	0

（出所）　European Commission, *Official Journal of European Community* より作成。

品の輸送を運用目的とし，離島・遠隔地域が点在する北欧諸国，英国，スペイン，ポルトガルなどで幅広く活用されている．PSO の運航上の特徴としては，国内の本土～離島間，もしくは同一本土間，離島間・離島内を結ぶ路線が主流で，その多くが公開入札を媒体とし，運航航空会社を決定している．対照的に，Open Access 路線はごく僅かに止まり，公開入札を行ったものの，応札がみられない路線もいくつか存在する．このように，PSO の対象路線の競合が制約される理由は，もともとの事業特性に加え，パッケージⅢの発効によって，運航の担い手とされる地域航空会社の構造変化が発生したことも要因の一つである．以下では，パッケージⅢの発効後における地域航空市場の変遷とこれが PSO にもたらした影響について詳述する．

2-3　地域航空会社の構造変化と PSO 運用上の問題点

PSO には，地域航空会社の発展可能性をふまえ，大手航空会社・大手系列航空会社の内部相互補助を防止し，地域航空会社の保護・育成を達成しようと

する欧州委員会の意図があった。このため，PSOの適用路線の一部には，大手航空会社・大手系列航空会社を対象とした参入障壁が設置され，それによって，PSOの適用路線でも地域航空会社間での事業者間競争を通し，サービス品質の改善や効率的な運航を展開することが期待された。

Reynolds-Feighan（1996）はこのような欧州委員会の意向に対して，以下のような見解を述べている。大手航空会社や大手系列航空会社の参入規制はむしろ，競合他社の吸収・合併の促進につながり，最終的には企業の集約化をもたらす。その結果，参入障壁が設置されている路線では，参入者数の減少から，サービス契約における競争が抑制され，補助金の上昇やサービス品質の低下などの影響があらわれる。さらに，パッケージⅢには，カボタージュの延長が組み込まれているため，国外航空会社の参入は望めない。この間に，大手航空会社や大手系列航空会社は市場支配力を強化する観点から，吸収・合併をすすめ，地域航空市場の寡占化がいっそう進展する。

実際のところ，パッケージⅢ発効後の段階では，大手航空会社は経営効率性の改善や労働生産性の向上を実現するため，従業員のリストラクチャリング・非航空系サービスの外注化，短距離路線における機内サービスの簡略化・ビジネスクラスの廃止，LCC子会社の設立を展開した（Dennis（2007））。ネットワークの関係では，LCCとの価格競争に対抗するため，多国間戦略的提携を通し，ハブ空港発着長距離国際線・国際／国内基幹路線を強化し，長距離国際線・国際／国内基幹路線のフィーダー部門については，地域航空会社との協力関係をもとにサービスの充実化をはかる対策をとった。

こうした大手航空会社の行動に対して，地域航空会社は，たとえ大手航空会社との競合を回避できたとしても，サービスの運航にあたっては収支上も契約上もあらゆる不確実性やリスクがつきまとうとの理由から，多くの会社が大手航空会社との共存を選択した。具体的には，大手航空会社の資産，ブランド，販売力，ネットワークの利用と引き換えに，サービスの運航によって生じたコスト超過分を従業員のリストラクチャリング，サービスの簡素化，運航機材の統一化などで埋め合わせる対応を行った。

Graham（1997）は，パッケージⅢ発効以後における大手航空会社と地域航空会社の契約関係を①戦略的提携，②フレキシブル／マルチプルリンケージ

(Flexible/Multiple Linkage)，③ ウェットリース（Wet Leasing），④ フランチャイズ・包括的（Comprehensive）コードシェアリング，⑤ 完全子会社化・一部子会社化の5つに区別し（図6-1参照），それぞれの運航形態の相違を検討している（表6-4参照）。このなかで，フランチャイズ・包括的コードシェアリングは最も多く選好されるパターンで，ここでは，大手航空会社と地域航空会社の双方が路線の特性や路線ごとの経営環境の差異に従い，フレキシブルに契約内容や項目を組み替えているとしている。

Pagliari (2003) はフランチャイズ・包括的コードシェアリングについては，大手航空会社と地域航空会社に次のような便益を及ぼすと考察している。第1に，大手航空会社はフランチャイズ料を徴収することで，追加的な収入の獲得が可能になる。しかも，運航乗務員と機材は基本的に地域航空会社の持ち出しとなるため，大手航空会社は人件費や運航費の支出をほとんど負わず，地域航空会社の労働力や資産を駆使し，新規ネットワークを開拓できる[42]。第2

図6-1 大手航空会社と地域航空会社の契約と運航形態

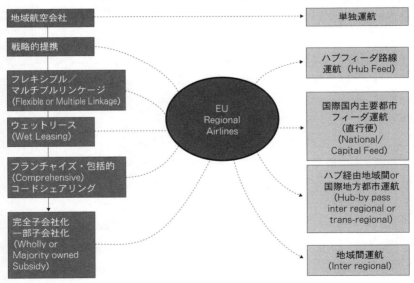

(出所) Graham (1997), p.231 を加筆修正。

2. 航空自由化と PSO の内容　113

表 6-4　大手航空会社と地域航空会社の契約関係別運航形態

契約関係	運航責任	運送責任	運航乗務員	機内サービス	機材	発券システム	空港内施設	備考
独立的航空会社	地域	地域	地域	地域	地域	地域	地域	契約なし
戦略的提携	地域	地域	地域	地域	地域	大手/地域	大手/地域	FFP, CRS (Computer Reservation System)，グラウンドハンドリングの共同利用
フレキシブル/マルチプルリンケージ(Flexible or Multiple Linkage)	地域	地域	地域	地域	地域	大手/地域	大手/地域	大手航空会社フィーダーネットワークの契約運航
ウェットリース (Wet Leasing)	地域	地域	大手	地域	大手	大手/地域	大手/地域	大手航空会社から機材・乗務員の供与，フライト時間/ブロック時間単価でのリース料支払い，整備，保険についても包括契約を締結
フランチャイズ/包括的 (Comprehensive) コードシェアリング	地域	大手 (BAは除く)	地域	大手	地域	大手/地域	大手/地域	契約形態，路線ごとによって，各項目における大手航空会社，地域航空会社の責任分担に相違
完全子会社化/一部子会社化 (Wholly or Majority owned Subsidy)	大手	大手	大手	大手	大手	大手	大手	地域航空会社の大手航空会社への吸収・合併

（出所）　Graham (1997), pp.231-233, Pagliari (2003), pp.121-122 をもとに作成。

42　この点では，フランチャイズ・包括的コードシェアリングはウェットリースと同一の構造を取っている。ウェットリースは地域航空会社への運航乗務員と機材の供与を引き換えに，人件費・運航費相当のリース料（フライト時間/ブロック時間単価）が大手航空会社に支払われる仕組みとなっている。このため，大手航空会社には人件費や運航費の支出が伴わない。しかし，ウェットリースは機内サービスをはじめとする各種サービスについて地域航空会社の水準・品質でサービスを供給すれば良いが，フランチャイズ・包括的コードシェアリングでは，大手航空会社と同質の水準・品質でのサー

に，フランチャイズ・包括的コードシェアリングは大手航空会社に路線収支上のリスクがほとんど生じないため，自社による運航では不採算をきたす路線にもネットワークを広められる。第3に，地域航空会社は，大手航空会社のブランドを活用することで，新たな旅客を得る機会が与えられる。また，需要の分析，航空券の価格設定，レベニューマネジメントなど路線の運航に関する決定権は地域航空会社にあるため，運営上の自律性を保つことが可能である。第4に，地域航空会社は，大手航空会社のブランドを活用し，地域間運航はもちろんのこと，ハブフィーダー路線や国際都市間路線をはじめとする高収益路線にもアクセスする機会が与えられる。これによって，地域間運航によって生じた損失は，カバーできる可能性がある。

フランチャイズ・包括的コードシェアリングは少なくともカボタージュ開放までの4年の間に推進され，Brit Air, Eurowings, Tyrolean Airways, COM Air などの地域航空会社が大手航空会社とフランチャイズ・包括的コードシェアリング契約を締結した。このなかには，Regional City Jet のように大手航空会社と契約を結んだ後に競合他社への契約移行を防止する目的から，大手航空会社が強制的に同社を合併した事例や Aer Arann, Flybe のように徹底したコストカットを行使し，"リージョナル LCC（Regional Low Cost Airlines）" として大手航空会社との棲み分けをはかりながら，ハブフィーダー路線や国際都市間路線に進出する事例もある。

ただし，フランチャイズ・包括的コードシェアリングを通した大手航空会社と地域航空会社の協力体制の進展は，Reynolds-Feighan（1996）の考察にもあったように，地域航空市場の寡占化を促進し，離島・遠隔地域の航空輸送に対しては，サービス契約における競争の不在，補助金の増加，サービス品質の低下などの影響を与える。Williams（2010）は，最近にみる PSO の問題点を以下のように述べている。第1に，特定の航空会社への集中である。図6-2は，欧州主要加盟国における Tendered 路線97路線の運航担当航空会社の構成を図示したものである。97路線のうち87路線は国内航空会社（Local

---

ビス提供が求められる。この意味では，フランチャイズ・包括的コードシェアリングは，ウェットリースと比較して大手航空会社と地域航空会社の境界がつきにくいといった特性を持っていると言える。

Carrier) による運航で，国外の航空会社 (Foreign Carrier) が新規参入し，運航に従事している路線については10路線に止まっている。国外航空会社の運航に関してはギリシャの Sky Express とポルトガルの AERO VIP を除き，地理的に近似し，契約概念や文化的背景が同一の国籍の航空会社によるものである（表 6-5 参照）。

　第 2 に，競争の減少と契約の硬直化である。例えば，アイルランドで PSO の対象となっている 6 つの路線（ダブリン～デリー，ダブリン～ドネガル，ダブリン～ゴールウェイ，ダブリン～ケリー，ダブリン～ノック，ダブリン～スライゴー）における 3 期（2002～2005 年・2005～2008 年・2008～2011 年）の公開入札では，ダブリン～デリーについては Loganair が継続的に落札している。他方，ダブリン～ドネガル，ダブリン～ゴールウェイ，ダブリン～ケリー，ダブリン～ノック，ダブリン～スライゴーは Aer Arann による落札が中心である（表 6-6 参照）。各路線の運航契約には平日 3 往復（ダブリン～ドネガルは 1 往復），DHC-8（30 人乗り以上），往路発早朝（6:00～9:00）・復路ダブリン発夜間（17:00～），エコノミー正規料金での運航の最低サービス水準が義務付けられている。Williams (2010) は，各路線の契約については Aer Arann と Loganair の機材編成，運航スケジュール，ダブリン空港の発着枠に合わせた内容であるとの見解を述べている。また，2002～2005 年にダブリン～ドネガル線，ダブリン～スライゴー線の 2 路線を契約した Euroceltic が契約期間

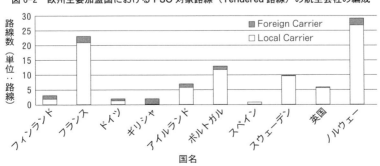

図 6-2　欧州主要加盟国における PSO 対象路線（Tendered 路線）の航空会社の編成

（出所）　European Commission, *Official Journal of European Community* より作成。

表 6-5 欧州主要加盟国における PSO 対象路線（Tendered 路線）の国外航空会社の就航

国・地域	路線	契約期間	運航事業者	備考
フィンランド	マリハムン(Mariehamn)／ヘルシンキ〜ストックホルム	2009/3/01〜2012/2/29	Air Åland	スウェーデンの航空会社
フランス	ストラスブール〜マドリード	2010/3/28〜2013/3/30	Air Nostrum	イベリア航空傘下の航空会社
	ストラスブール〜プラハ		CSA	チェコの大手航空会社
アイルランド	ダブリン〜デリー	2008/7/22〜2011/7/21	Loganair	英国の航空会社
ギリシャ	アテネ〜カストリア(Kastoria)	2010/6/01〜2014/5/31	Sky Express	ロシア・プルコボベースの航空会社
	テッサロニキ〜リムノス(Limnos)〜イカリア(Ikaria)			
ポルトガル	リスボン〜ヴィラ・レアル・ブラガンサ（Vila Real Braganca）	2009/1/12〜2012/1/11	AEROVIP	アルゼンチンの航空会社
ノルウェー	ベルゲン〜フローレ(Floro)	2009/4/01〜2012/3/31	Danish Air Transport	デンマークの航空会社
	オスロ〜フローレ			
	オスロ〜レーロス(Roros)		DOT LT	Danish Air Transport 傘下の航空会社

（出所） European Commission, *Official Journal of European Community* より作成。

内に経営破綻をきたしたのは，Aer Arann と同一の運航条件下によるサービスの提供を余儀なくされたからであるとしている[43]。

第3に，競争の減少に伴う補助金の上昇である。図 6-3 は，アイルランドの6路線における補助金と輸送人員の推移を描いたものである。1995年のダブ

---

[43] なお，2008〜2011年のダブリン〜ケリー線の契約では Aer Arran に代わり，新たに Ryanair が同路線を落札した。この理由は，① ダブリン空港の発着枠不足により，航空便の発着が制限されたこと，② ケリー空港はジェット機の就航が可能なキャパシティ（2,000m 滑走路）を保有していたこと，③ ケリー空港はアイルランド第3の都市コークに近接しているため，ある程度の潜在的需要が見込めたこと，④ ケリー空港が Ryanair に対し，空港使用料の減免などの特典措置と引き換えに，航空便の誘致をすすめる取り組みを行ったことの4点があげられる（Irish Department of Transport (2011), pp.17-19参照）。LCC の空港選択は後背地需要や空港キャパシティ，陸上アクセスの有無など様々な要因に影響を受けるため，需要の伸びが期待できず，空港社会資本も不備をきたす離島・遠隔地域の空港は不利な条件におかれている。しかしながら，このようなケリー空港の取り組みは，今後，PSO の対象路線における航空会社間の競争関係や PSO の契約要件を変化させる可能性を持つ。

表 6-6 アイルランドの PSO 対象路線における公開入札

路線名	公開入札(2002〜2005 年契約分)		公開入札(2005〜2008 年契約分)		公開入札(2008〜2011 年契約分)	
	公開入札前の航空会社	落札航空会社	公開入札前の航空会社	落札航空会社	公開入札前の航空会社	落札航空会社
ダブリン〜デリー	Loganair	Loganair	Loganair	Loganair	Loganair	Loganair
ダブリン〜ドネガル	Aer Arann	Euroceltic*	Aer Arann	Aer Arann	Aer Arann	Aer Arann
ダブリン〜ゴールウェイ	Aer Arann	Aer Arann	Aer Arann	Aer Arann	Aer Arann	Aer Arann
ダブリン〜ケリー	Aer Arann	Aer Arann	Aer Arann	Aer Arann	Aer Arann	Ryanair
ダブリン〜ノック	Aer Arann	Aer Arann	Aer Arann	Aer Arann	Aer Arann	Aer Arann
ダブリン〜スライゴー	Aer Arann	Euroceltic*	Aer Arann	Aer Arann	Aer Arann	Aer Arann

(注) Euroceltic の 2 路線(ダブリン〜ドネガル,ダブリン〜スライゴー)は 2003 年 1 月の経営破綻に伴い Aer Arann に移管。
(出所) Irish Department of Transport (2011), p.18 より作成。

リン〜ケリー線,ダブリン〜ドネガル線以降,アイルランドの PSO では,Loganair のダブリン〜デリー線を除き大手航空会社 Aer Lingus の系列航空会社 Aer Lingus Commuter がサービスを落札してきた。2001 年の Aer Lingus Commuter の Aer Lingus 本体への吸収以降は,Aer Arann が Aer Lingus とのフランチャイズ・包括的コードシェアリングのもとで路線を継承している[44]。補助金は 1995 年から 5 年の間に 114 万ユーロ(1995 年)から 680 万ユーロにまで増大し,2004 年には 1995 年の約 22 倍(2,250 万ユーロ)にまで到達した。2002 年からは補助金が減少傾向を辿っているものの,毎年 1,300〜1,800 万ユーロもの金額が拠出されている[45]。

---

[44] アイルランド政府は Aer Lingus に対し,PSO の路線ネットワーク拡大とネットワーク展開に伴う損失補填(固定費の部分)の名目で,運行費補助以外にも Once-off Payment を交付してきた。Once-off Payment は 1995〜2002 年の間に実施され,合計で 5,197 万 6,244 ユーロが交付されている。なお,例外的にではあるが,ダブリン〜ドネガル線においては 1995〜1998 年の 3 年間のみ地域航空会社 Ireland Airways が落札した経緯がある。その後,同社の経営破綻に伴い,Aer Arann が路線を引き継いでいる(Irish Department of Transport (2003), p.57 参照)。

[45] もちろん,競争の不在による補助金の増加は欧州の PSO 全体においてみられる傾向である。例えば,スウェーデンのパヤラ(Pajala)〜ルーレオ(Luleu)線の公開入札では,NEX Time Jet AB による落札が継続しているが,1 運航につき 280 ユーロ,フランスのパリ〜コルシカ諸島線(パリ(オルリー)〜アジャッシオ線,パリ(オルリー)〜バスチア線:Air France&CCM による運航)では 1 運航あたり 1,830 ユーロの補助金が拠出されている(Cranfield University (2007), p.21 参照)。

図 6-3 アイルランドの PSO 対象路線における補助金と輸送人員の推移

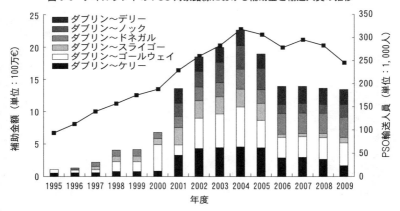

(出所) Irish Department of Transport (2011), pp29-43 をもとに作成。

3. PSO が空港に与える効果と航空会社-空港の関係の変化

3-1 PSO が空港と地域に与える効果

　離島・遠隔地域は大都市圏からの地理的隔絶性が高く，少子高齢化の進展によって医療，消費，教育，防災をはじめとする基礎的な生活サービスへのアクセスも困難な特徴を有している。航空輸送は大都市圏との隔絶性を緩和し，基礎的な生活サービスに対するアクセス確保の機会を与えるほか，インバウンド・ツーリズムの誘致などを通した地域経済の活性化や地域経済の発展にも貢献するものである。もっとも，Halpern&Brathen (2011) が指摘するように，航空輸送に対する必需性の程度は隔絶性の程度，代替交通機関の有無，所得，人口に応じて相違がみられるし，航空輸送によって地域に及ぼされる外部効果については，地域の魅力度，地域内の労働資本生産性・物的資本に対する投資能力などの変数からも影響を受けるから，航空輸送から得られる便益の多寡は地域ごとに変化する。

　では，PSO を通じて航空便が就航することで，空港や空港を取り巻く地域

には具体的にどのような効果がもたらされるのであろうか。第1に，航空便の就航は，空港の整備に要した莫大な固定費を回収する可能性を与える点である。経済学の理論に従えば，空港は自然独占産業の1つとして数えられ，空港の建設や空港関係施設の整備には莫大な固定費がつくものの，一旦，運営を開始すれば，サービス供給量（航空便の便数・座席数）の増大に伴い，規模の経済が発揮され，平均費用については逓減する特性を持っている。もちろん，サービス供給量の増加は，空港の附帯サービス（グラウンドハンドリング・ケータリングなどの航空系活動や売店・レストラン・レンタカー・駐車場などの非航空系活動）供給量の増加ともつながるから，これが平均費用の低下に寄与する可能性がある。

第2に，航空便の就航は空港の競争力を高める点である。Graham (2004)によれば，空港の競争力に関しては主に代替空港，または，代替交通機関の有無，空港のマーケティング力，航空会社の市場支配力に左右される。空港間競争（Airport Competition）や異種間モード競争の多くは需要が集中する大都市圏でみられるものであって，離島・遠隔地域のように大都市圏からの地理的隔絶性が高く，少子高齢化で，代替空港や代替交通機関の発展も見込めない地域では，競争そのものが機能しない恐れがある。ただし，離島・遠隔地域であっても，近接空港が存在し，代替交通機関（とくに船舶）との脅威にさらされている空港であれば，目的地はオーバーラップするため（Starkie (2010)），空港間や異種間モードとの競合は高まる。競合が高まれば，空港はマーケティング活動の拡大や空港内施設の充実化をベースに航空会社と交渉し，航空便を誘致する行動を展開する。

第3に，航空便の就航は，空港周辺地域に対して直接効果（Direct impact），間接効果（Indirect impact），誘発効果（Induced impact），触媒効果（Catalytic impact）の4つの効果を及ぼす点である（Lian (2010)）。図6-4に図示されているように，直接効果とは，航空便の就航を通し，空港内における航空系活動と非航空系活動の生産性が増加することを指す。間接効果は直接効果に付随して発生する効果を意味し，航空系活動と非航空系活動の生産性増加に伴い，空港周辺地域における航空系活動と非航空系活動関連の財・サービス供給が増えることをあらわす。誘発効果は直接効果と間接効果に基づいて，

空港周辺地域への民間資本の投資がすすみ，雇用の誘発，所得増進，消費拡大などの効果が付与されることである。触媒効果は直接効果，間接効果，誘発効果の3つの効果を発生させる際の触媒としての役割を担っている。具体的には，立地（Location），観光客数・地域間交易高，地域内労働資本生産性・物的資本に対する投資能力である。

レクネス（Leknes）空港，モルデ（Molde）空港，ベルゲン空港，オスロ空港の4空港を対象に，航空便の就航による空港の生産性効果についてマクロ推計を行ったBrathen, et.al.（2006）では，航空便の就航による各空港の生産性増加は，雇用，地域内の労働資本生産性，地域内の物的資本に対する投資能力，地域内所得について正の効果を及ぼす点が示されている（表6-7参照）。

第4に，航空便の就航は空港周辺地域に直接効果，間接効果，誘発効果，触媒効果の4つの効果に加え，航空便の就航そのものから生ずる「就航効果」を生み出す。航空便の就航効果は生産性向上効果と生活品質向上効果の2つの効

図6-4 航空便の就航による生産性効果

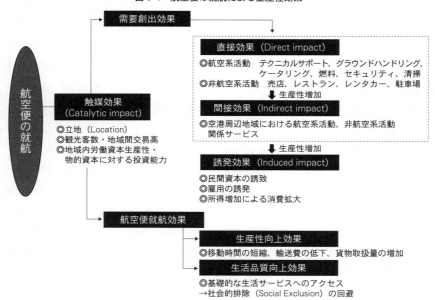

（出所）　Lian（2010),pp.64-66をもとに作成。

表6-7 ノルウェー4空港における生産性効果の弾性値

従属変数／空港	レクネス（Leknes）	モルデ（Molde）	ベルゲン	オスロ
雇用（No. of employees）	1.37	1.26	1.61	1.91
地域内労働資本生産性	1.33	1.34	1.54	1.96
稚気内物的資本投資能力	1.54	1.49	1.71	1.99
地域内所得	1.39	1.36	1.77	1.95

（出所）　Brathen, et. al.（2006）p.7 参照。

果に区別される。生産性向上効果は航空便の就航による移動時間の短縮，輸送費の低下，貨物取扱量の増加である。生産性向上効果は触媒効果の3つの要因（立地，観光客数・地域間交易高，地域内労働資本生産性・物的資本に対する投資能力）と結びつくことで，直接効果，間接効果，誘発効果の創出に寄与する。生活品質向上効果は，航空便の就航によって移動時間や輸送費が低下し，医療，消費，教育，防災をはじめとする基礎的な生活サービスへのアクセスが容易になることを示唆している。航空便の就航で生活品質向上効果が高まれば，交通に起因する社会的排除（Social Exclusion）を軽減することが可能である（Smyth, et. al.（2012））。

3-2　航空会社と空港の関係の変化と離島・遠隔地域における空港の統治システムの変遷

　離島・遠隔地域において航空便の就航は，基礎的な生活サービスへのアクセスのみならず，航空輸送を下部で支える空港や空港周辺地域に対しても，様々な便益を及ぼすことから，空港や空港周辺地域はPSOの指定を含め，航空便の誘致に向けた取り組みを展開してきた。とくに，パッケージⅢ発効以後の地域航空市場では，フランチャイズ・包括的コードシェアリングの進展に伴い，航空会社の集約化がすすみ，航空会社の数が減少する一方で，地域航空会社はフランチャイズ料の軽減のみならず，ハブフィーダー路線や国際地方都市間路線におけるLCCとの競合に対処するため，経営効率性の改善や労働生産性の向上を目指した取り組みを継続している。

　ところで，PSOの対象路線はその多くが必然的に不採算をきたすほか，運航頻度，運航機材，タイムテーブル，運賃についても最低サービス水準が課さ

れ，フレキシブルな運賃の設定や運航機材の調整などコスト削減に向けた取り組みが困難であることから，新規参入へのインセンティブは期待できない。しかも，公開入札＋運航費補助金に基づく従来のスキームでは競争の減少から，契約の硬直化や補助金額の高騰をまねくことが予想される。このようななかで，空港や空港周辺地域は，PSOとは別に航空便の就航に向けた優遇措置を用意し，これによって生じた損失を非航空系活動で補填するビジネスモデルを構築し，航空会社を誘致する取り組みを開始している（Halpern（2010b））。

具体的には，航空会社に対する直接的なインセンティブ支援として，路線開拓基金の開始[46]，客室乗務員やパイロットに対する宿泊費助成，広告＆プロモーション経費負担，間接的なインセンティブ支援として，空港使用料の減免，航空会社のニーズに応じた滑走路供用時間の変更，EGNOSなど新型無線の導入による航空会社のハンドリング時間の短縮などの優遇措置を航空会社に用意する。そして，このプロセスで生じた損失は，非航空系活動の収入を原資に補填し，その代わりに，航空会社には長期契約のもとで安定した航空便の就航を保証させる仕組みである（Halpern（2010b））[47]。

もっとも，航空会社を誘致するにあたっては，空港にも航空会社のニーズにアクセスできる体制が備わっていなければならない。なぜならば，非航空系収入をもとに優遇措置で生じた欠損分を埋め合わせたとしても，航空会社に対するインセンティブ支援は，直接的インセンティブ支援であっても間接的インセンティブ支援であっても空港のみではコントロールできない領域とされるから

---

[46] 第3章で述べたように，路線開拓基金はインバウンド・ツーリズムの誘致を通した地域経済の活性化や地域経済の発展を目標とし，航空会社に対して運航開始後3年間を目途に空港使用料・マーケティングコスト（広告＆プロモーションに要したコスト）の50％を補償する"スタートアップ"補助金である（後に欧州委員会の指示によって30％に減額）。欧州では英国を中心に実施され，2004年の開始以後，国際線・国内線合計81路線が路線開拓基金の適用を受けてきた（Smyth, et.al.（2012），pp.55-56参照）。

[47] 航空会社と空港の長期契約は，次のようなプロセスを辿って展開される。初期の契約では，空港が優遇措置（空港使用料の減免，ベース基地・専用駐機スペースの提供，滑走路供用時間の変更，各種運航補助金の供給など）や非航空系活動の運営内容を盛り込んだ契約を提示し，航空会社はベース基地における駐機機数，就航開始日，目標旅客者数を表明する。その後，空港と航空会社が合意に至れば，一定の期間（通常3～5年）を目途に運航が開始される。契約更新時には，空港と航空会社が目標旅客数を達成するために必要なインフラ・マーケティングプログラムを双方に提出し，運航を継続するか否かが決定される（Starkie（2012），pp.43-45参照）。

である（Graham（2004））。従って，空港を管理する空港周辺地域は，空港の統治システムそのものを変更し，空港や航空会社の要求に沿った柔軟な対応が可能な体制を作り上げる必要がある。言い換えれば，中央集権型の統治システムから，独立採算化を目指した統治システムへの改革である。

Halpern&Pagliari（2007）は，中央集権型の統治システムと独立採算型の統治システムを比較した上で（表6-8参照），パッケージⅢの発効以降，空港民営化や制度改革の潮流が広まるなかで，独立採算ベースでは維持することが不可能な離島・遠隔地域の空港においては，公的介入の余地を残しつつ，マーケティング志向（Marketing Orientation）の高い統治システムが導入されている点を述べている。このなかでも，英国スコットランドの離島・遠隔地域の11空港を集約し，複数空港一体化のもとで運営を展開するHighland & Islands Enterpriseの事例は，今後の離島・遠隔地域における先駆的なモデルとして注目に値する。

野村（2008）によれば，Highland&Islands Enterpriseは1986年にスコットランドの離島・遠隔地域の11空港の運営を統括する政府系空港会社として

表6-8 中央集権型統治システムと独立採算型統治システムの比較

	中央集権型統治システム	独立採算型統治システム
意思決定主体	中央政府	空港（地方自治体）
マネージャーの権限	・官僚への権限集中 ・中央集権的なニーズへの対応 ・「政府の失敗」の誘引	・空港に権限が存在 ・空港，航空会社，地域，利害関係者（Stakeholder）のニーズに迅速，効率的に対応
マネジメントの優先順位	大都市圏空港中心	空港，空港周辺地域中心
財源	・浪費的支出の可能性 ・非効率的な配分	・過少支出の可能性 ・効率性改善のインセンティブが機能
空港の活動	・官僚の判断 ・浪費的（Costly）な活動	・空港，利害関係者によって判断 ・航空会社，地域，利害関係者のニーズに応じた活動
その他	地域のニーズと期待とのギャップ	地方自治体・利害関係者のニーズ優先

（出所）Halpern&Pagliari（2007），p.378を加筆修正。

創設され，地域経済の発展に向けた触媒としての立場をふまえつつ，利害関係者とのコラボレーションを重視した空港運営を行っている。Highland&Islands Enterprise は政府系空港会社という性格から，その所有権はスコットランド大臣（Scottish Ministers）に属し，運営上の経費については，その多くをスコットランド政府からの運営費補助金（Operating Subsidy）によっている。

しかしながら，組織そのものの独立性は確保されており，空港会社は各空港の特性や利害関係者のニーズと対応させながら，空港使用料の減免，欧州地域発展基金（European Regional Development Fund），路線開拓基金，PSO，航空運賃割引（Air Discount Scheme）などのインセンティブ支援をフレキシブルに組み合わせ，路線の誘致を実現している。また，不動産部門の子会社 Inverness Airport Business Park Limited の地代収入，空港内売店の賃貸料収入，レンタカー収入，駐車場収入など非航空系活動からの収入も安定的な伸びを示しており，2005年度以降，毎年250万～300万£の収益を得ている。

Highland&Islands Enterprise の路線ネットワークは，インバネス空港を起点とし，残る9空港（ウィック，キャンベルタウン，アイラ，タイリー，バーラ，ベンベキュラ，ストーンノウェイ，カークウォール，サンバラ）間，あるいは，空港間相互を結ぶ地域間路線が主軸となっている。ただ，最近では，複数一括運営空港会社の特長を活用し，各空港単体ではそのリスクの大きさから誘致が困難な路線についても航空会社に交渉を持ちかけ，ハブフィーダー路線（インバネス～チューリッヒ，インバネス～アムステルダム）や国内／国際都市間フィーダー路線（カークウォール～ベルゲン，サンバラ～ベルゲン，インバネス～デュッセルドルフ）の誘致にも成功している。

Francis, et. al. (2004) は，中央集権型の統治システムと経済的規制の行使に基づいた航空会社と空港の関係を伝統的モデル，独立採算型の統治システムと非航空系収入の重視を基本とする航空会社と空港の関係を商業的モデル（Commercial Model）とし，以上のような空港の統治システムの変革とマーケティング志向の向上よって，離島・遠隔地域における空港と航空会社の関係は後者に変化する兆しがあると考察している（図6-5参照）。

図 6-5 航空会社と空港の関係の変化

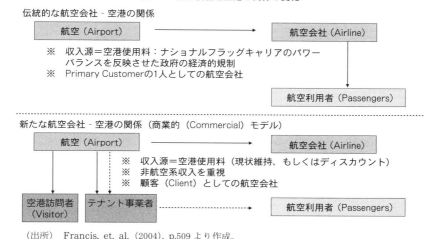

(出所) Francis, et. al. (2004), p.509 より作成。

4. PSO の今後の課題とわが国の離島航空路線に対する示唆

4-1　PSO の今後の政策的課題

　PSO はパッケージⅢの発効による輸送力の削減やサービスからの撤退を回避するために，社会生活経済の基盤整備や地域経済の活性化において必要とされる離島・遠隔地域の路線に対して，航空会社に補助金と独占運航権を与える制度であった。その一方で，PSO では地域航空会社の保護・育成と競争基盤の公平性の2つの目的を確保する観点から，大手航空会社・大手系列航空会社の参入が制限され，地域航空会社間での競争を通して，地域間のネットワークを拡大し，これによって地域経済の活性化や社会生活経済の基盤整備を強化する意図が含まれていた。

　もっとも，競争環境下においては，大手航空会社，あるいは大手系列航空会社の内部相互補助に基づく路線の継続は，高収益路線における競争的圧力によって，不採算路線も共倒れとなる危険性があるし，逆進的な所得再分配を生

じさせる可能性が高いから，路線の維持を達成する意味でも，公平な所得再分配を達成する意味でも PSO は妥当なスキームであると評価されるべきである。しかしながら，パッケージⅢ以後の地域航空市場はフランチャイズ・包括的コードシェアリングの進展によって寡占化が促進され，PSO の対象路線には競争者の不在による補助金の増加や契約の硬直化などの影響が及んでいる。しかも，地域航空会社はハブフィーダー路線や国際地方都市間路線における LCC との競合に対処するために，経営効率性の改善や労働生産性の向上を達成することが求められているから，不採算を必然的にきたす PSO の対象路線への追加的な参入は見込めない。

このようななかで，離島・遠隔地域の空港や空港周辺地域では，PSO とは別途，航空会社にインセンティブ支援を供給し，その欠損分については非航空系活動で補填することで航空便を誘致する取り組みが開始されている。もちろん，これは空港の競争力を引き上げるとともに，航空便の就航による空港整備費用の回収や地域の生産性効果も誘引できるため，離島・遠隔地域の空港における1つのビジネスモデルとして検討に値する。

ただし，航空便が就航するか否かは契約の内容に左右されるし，航空会社も後背地の特性（地理的遠隔性，代替交通機関の有無，所得，人口，地域の魅力度など）や潜在的需要をもとに就航の是非を判断するから，全ての空港において以上のような取り組みによる効果があらわれるとは限らない。とくに，同一地域同一路線に高速船などの代替交通手段が存在する場合には，航空会社に優遇措置を与えても，航空会社は就航を選択しにくいであろうし，もし，地域の生産性効果の生起のみを目指すのであれば，空港周辺地域は航空輸送よりも代替交通機関に優遇措置を付与した方が高い効果を得られるかもしれない。このような課題があるなかで，Highland & Islands Enterprise の複数空港一括運営は示唆に富む事例であると言える。

今後，議論されるべき問題は，PSO の対象路線の参入をどのように推進し，補助金の削減や契約の硬直化を回避しつつ，地域の社会生活経済基盤を確立するかである。Williams（2010）は，PSO の今後の課題として以下の4点を取り上げている。第1に，運航契約期間の延長である。運航契約期間の延長は航空会社にとっては，長期に及ぶ運航が保証されることで，機材調達，ベース基

地の整備，従業員の調整など就航に要したコストの埋没を防止することができる。併せて，契約の更新における手続き面でのコストを引き下げることも可能である。空港には，取引相手を発見するための情報収集コスト，取引相手との交渉コスト，契約締結後の監視コストをはじめとする取引費用を削減するメリットがもたらされる。

第2に，パッケージ契約の実施である。具体的には，航空会社に路線単位ではなく，複数路線をエリアごとにパッケージ単位で入札させ，規模の経済や範囲の経済の発揮を実現させるものである。パッケージ契約は，ノルウェーにおいて第2回公開入札（2000～2003年分）以後継続的に行われ，応札事業者の増加によって，第3回公開入札（契約期間：2003～2006年分）における補助金額が第2回公開入札比-5.2%（3億8,470ノルウェークローネ）減少したと言われている（Williams（2005））[48]。

第3に，最低サービス水準の廃止である。最低サービス水準は空港が人口，所得，代替交通手段の有無，航空会社の人件費，空港のハンドリングコスト，空港使用料などの統計を正確に把握した上で決定しなければならないが，地域によっては，特定の航空会社のスケジュールに合わせた水準が規定されていることも多いため，これが新規参入の足かせや補助金高騰，ならびに契約の硬直化の要因になっている。最低サービス水準の廃止は，航空会社の新規参入を促進する観点からも，同一航空会社の連続的な落札を回避する観点からも有効な手段であると考えられる。

最後に，複数空港一括運営の導入可能性を含め，空港の運営体制を再検討することである。Highland & Islands Enterprise のケースでみたように，複数空港一括運営は，各空港の資産や運営上のリスクをシェアする効果を持ち，各空港・地域単独では誘致や維持が困難な路線であっても，航空便の確保が期待

---

48 ノルウェーのパッケージ入札は，ベルゲングループ（ベルゲン～ボーデ（Bodø）線，ベルゲン～ハスヴィク（Hasvik）線，ベルゲン～トロムソ（Tromsø）線，ベルゲン～トロンハイム（Trondheim）線，ベルゲン～フローレ（Florø）線とオスログループ（オスロ～フローレ線，オスロ～レーロス（Røros）線，オスロ～オルスタ・ボルダ（Ørsta-Volda）線）から構成され，前者は，SASの子会社Wideroeが3年（2009/4/01～2012/3/31）の運行契約のもとで落札している（＝Danish Air Transport のベルゲン～フローレ線を除く）。後者はDanish Air Transport, DOT LT, Wideroe の3社で運航を分担している（Williams（2005），pp.158-160参照）。

できる。さらに，複数空港を一括で運営し，以上のパッケージ契約や契約期間の延長とも合わせた対応を取れば，現状では参入が望めない航空会社の参入も実現する可能性がある。もちろん，これによって新たな内部相互補助が生じるが，航空会社の潜在的な参入インセンティブは，少なくともいま以上は促進されるであろう。

4-2　PSOがわが国の離島空港輸送に与える示唆

わが国の離島航空輸送は 1972 年の沖縄返還を契機として，15 人以上の旅客で 800m 以下の滑走路で離着陸する路線に対し国から機体購入費補助金が交付されてきた。また，1999 年からは翌年の改正航空法による需給調整規制の撤廃を見据え，離島における社会生活経済基盤を確保するため，離島航空路線維持対策事業が開始された。このうち，運航費補助金は ① 補助金交付決定の前年度において経常欠損を計上していること，② 1 離島につき 1 路線とし，複数の航空会社が競合しない路線であること，③ 離島にとって最も日常拠点性を有する本土地点を結ぶ路線であること，④ 船舶等の代替交通機関が同一路線に存在する場合，その所要時間は 2 時間以上であることを要件としている。併せて，運航費補助金で補助対象から漏れた路線で，地方自治体が単独で航空会社に補助金を交付する場合には，補助金額の 80％を特別地方交付税の算定基礎として盛り込む措置が講じられている。

しかしながら，それは欧州の PSO とは異なり，全国画一の条件であるため，地域間の路線環境の違いを反映した制度ではない。従って，補助を受けるべき地域の資金がそうでない地域の支援にも充当されている可能性があり，公平な資源配分が達成されていない恐れがある。また，航空会社にはモラルハザードが生じやすく，効率性の改善や労働生産性の向上等のインセンティブや企業の育成・発展に支障をきたしている問題がある。人口減少や代替交通手段との競争をはじめわが国の離島航空輸送をめぐる環境は厳しいが，それでも，航空会社には効率性のインセンティブを機能させる支援体系を整えることが重要である。その際に，欧州の PSO が与える示唆は次の通りである。

第 1 に，航空会社の効率性改善や労働生産性の向上をもたらす補助制度を確立することが必要である。長崎県の離島航空路線において実施されている搭乗

率保証制度などは，考慮に値するものと判断される[49]。第2に，公開入札の開催を検討し，効率的な航空会社のもと，インセンティブ支援なども組み合わせることで，補助金の交付額を削減する取り組みをすすめることである。なお，公開入札の開催においては，航空会社間の入札競争を発揮させる意味合いから，長期契約の提示やパッケージ入札の導入も視野に入れるべきであるし，場合によっては，PSOのように大手航空会社の参入をコントロール（座席数80席以上の航空会社の参入拒否など）する措置を設けても良いかもしれない。第3に，現行の国家主導による画一的な補助スキームを見直し，地域の意思決定や地域の負担のもとで，サービスを維持することである。この意味では，離島を対象とした財源を国で別途確保し，地域に権限とも併せて移譲することも検討の余地がある。

　もちろん，このような枠組みを構築し，今後の離島航空路線の維持と発展にリンクさせる上では，空港運営体制の改革も欠かせない。わが国の離島空港は地方自治体による所有・管理・運営を基本としているが，空港ガバナンスそのものについては，国家主導の中央集権型統治システムに沿った体系をとっている。この理由から，利害関係者のニーズにそぐわない意思決定が継続し，利害関係者の意向に対応したフレキシブルな取り組みへのインセンティブも削がれてきた。もっとも，離島空港は，その性格上，公的な介入が必要不可欠である。ただし，そうであっても，地方自治体に財源と権限を移譲し，公的介入を残しつつも，複数空港一括運営などによって，独立採算型の統治システムに近づけることは可能である。この点では，Highland＆Islands Enterpriseは参考にすべき事例であるとともに，道州制や連邦制による空港運営などをふまえた議論も今後展開の余地があると言える。

---

[49] 長崎県では，県単独の補助制度として長崎県と離島3市（対馬市，壱岐市，五島市）が"利用率保証制度"のもと，経常損失の大きい長崎～壱岐線，長崎～五島福江線の2路線に対し，実際の座席利用率との収入差額を補填している。目標座席利用率は長崎～壱岐線65.0％，長崎～五島福江線55.0％であり，補助率については長崎県と離島3市で7:3の割合となっている。

5. まとめ

　本章は欧州における PSO の制度的特質や内容，および運用のプロセスを検討し，PSO が離島・遠隔地域や空港運営に与える影響について考察した。その後，欧州の PSO がわが国の離島航空路線や空港に与える示唆について言及し，今後の離島航空路線の維持に向けた課題を提起した。PSO は 13 カ国，259 路線において導入され，国家の統治権・自治権の維持や軍事上の理由，離島・遠隔地域のライフラインの確保，インバウンド・ツーリズムの誘致を目指して用いられている。

　パッケージⅢ以降，地域航空市場の寡占化がすすむにつれ，航空会社の数が集約され，これによって，競争の不在，補助金の増加，契約の硬直化などの問題が生じている。そのなかで，PSO を下部で支える空港や空港周辺地域は，PSO とは別途航空会社にインセンティブ支援を提供し，これによる財政的負荷部分を非航空系収入で補填する取り組みが開始されている。これに伴って，空港のガバナンスも中央集権型統治システムから独立採算型の統治システムに変化する兆しがみられる。

　もちろん，このような取り組みや統治システムの変更が機能するか否かは，空港の特性や契約内容，後背地需要などに影響を受けるから，全ての空港において妥当性を持つとは限らない。ただし，それでも，Highland & Islands Enterprise のように複数一括運営をとることで，公的介入の余地は残しつつも，独立採算型の統治システムに近似させ，各空港や地域単独では困難な路線の誘致や維持に結びつけている事例もみうけられる。今後，PSO を継続するためには，運航契約期間の延長，パッケージ契約の実施，最低サービス水準の撤廃を検討し，その上で，PSO を下部で支える空港に対しても複数空港一括運営の可能性を含み，空港の運営体制を今一度見直すことが必要である。

　わが国でも沖縄県内離島路線，東京（東京国際・調布）～小笠原諸島路線，北海道内離島路線，長崎～五島列島間路線など PSO の対象路線と同一の構造をもつサービスが運航されている。ところが，わが国の離島航空路線をめぐる

補助制度は，画一的な補助体系をとっており，補助金の算定も航空会社の欠損金をベースとしている関係から，航空会社の効率性改善や航空会社の発展に寄与していない問題がある。

わが国における離島航空路線の維持にあたっては，まずは，地方自治体に財源と権限を移譲し，地域による意思決定や負担のもとでサービスを継続させることである。もちろん，空港についても，複数一括運営，あるいは，道州制や連邦制を視野に入れた空港運営について議論を行い，中央集権型の統治システムから独立採算型の統治システムに近似させることが重要である。その上で，インセンティブ支援や公開入札の開催など効率性を発揮できる枠組みのもとで，サービスの運航につなげることが求められる。

〈参考文献〉
- Brathen, S., Johansen, S. & J.I., Lian, (2006), *An inquiry into the link between air-transport and employment in Norway*, Proceedings from the European Transport Conference, Strasbourg, September 2006.
- Brathen, S. (2010), "Deciding upon the Right Amount of Air Transport Services in Remoter Regions", edited by Williams, G. & S., Btathen, *Air Transport Provision in Remoter Regions*, Ashgate, pp.7-19.
- Brathen, S. (2011), *Air Transport Services in Remote Regions*, OECD International Transport Forum Discussion Paper, No.2011-13.
- Barrett, S.D. (2000), "Airport competition in the deregulated European aviation market", *Journal of Air Transport Management*, 6, pp.13-27.
- Cranfield University (2007), *Air Transport: Quarterly Report*, No.15, 2nd Quarter 2007.
- Dennis, N. (2007), "End of the free lunch? The responses of traditional European airlines to the low-cost carrier threat", *Journal of Air Transport Management*, 13, pp.311-321.
- Francis, G., Humphereys, I. & S., Ison, (2004), "Airports' perspectives on the growth of low-cost airlines and the remodeling of the airport-airline relationship" *Tourism Management*, 25, pp.507-514.
- Graham, A. (2004), *Airport Strategies to gain Competitive Advantage*, GARS: Slots, Airport Competition and Bench marking of Airports Bremen, 19-20 November 2004.
- Graham, B. (1997), "Regional airline services In the liberalized European Union single aviation Market", *Journal of Air Transport Management*, 3, pp.227-238.
- Graham, B. & C., Guyer (2000), "The role of regional airports and air services in the United Kingdom", *Journal of Transport Geography*, 8, pp.249-262.
- Halpern, N. & R., Pagliari (2007), "Governance structures and the market orientation of airports in Europe's peripheral areas", *Journal of Air Transport Management*, 13, pp.376-382.
- Halpern, N. (2010a), "Marketing innovation: Sources, capabilities and consequences at

- airports in Europe's peripheral areas", *Journal of Air Transport Management*, 16, pp.52-58.
- Halpern, N. (2010b), "The Marketing of Small Regional Airports", edited by Williams, G. & S., Btathen, *Air Transport Provision in Remoter Regions*, Ashgate, pp.77-96.
- Halpern, N. & S., Brathen (2011), "Impact of airports on regional accessibility and social development", *Journal of Transport Geography*, 19, pp.1145-1154.
- Hanlon, J.P. (1992), "Regional air services and airline competition", *Tourism Management*, June 1992, pp.181-195.
- Hernandez-Luis, J.A. (2004), "The role of inter-island air transport in the Canary Islands", *Journal of Transport Geography*, 12, pp.235-244.
- Irish Department of Transport (2003), *Review of Air Services Supported by the Essential Air Services Programs*, May 2003.
- Irish Department of Transport (2011), *Value for Money Review of Exchequer Expenditure on the Regional Airports Program*, June 2010.
- Lian, J.I. (2010), "The Economic Impact of Air Transport in Remoter Regions", edited by Williams, G. & S., Btathen, *Air Transport Provision in Remoter Regions*, Ashgate, pp.61-75.
- O'Fee, B. (2010), "Tendering for and Operating PSO Routes", edited by Williams, G. & S., Btathen, *Air Transport Provision in Remoter Regions*, Ashgate, pp.147-161.
- Pagliari, R. (2003), "The impact of airline franchising on air service provision in the Highlands and Islands of Scotland", *Journal of Air Transport Management*, 11, pp.117-129.
- Pagliari, R. (2005), "Developments in the supply of direct international air services from airports in Scotland", *Journal of Air Transport Management*, 11, pp.249-257.
- Reynolds-Feighan, A. (1995a), "European Air Transport Public Service Obligations: A Periodic Review", *Fiscal Studies*, Vol.16, No.1, pp.58-74.
- Reynolds-Feighan, A. (1995b), "European and American Approaches to Air Transport Liberalization: Some Implications for Small Communities", *Transportation Research Part A*, Vol.29, No.6, pp.467-483.
- Reynolds-Feighan, A. (1996), "The role and provision of social air services in deregulated air transportation markets", *Built Environment*, Vol.22, No.3, pp.234-244.
- Smyth, A., Christodoulou, G., Dennis, N., AL-Azzawi, M. & Capmbell, J. (2012), "Is air transport a necessity for social inclusion and economic development?", *Journal of Air Transport Management*, 22, pp.53-59.
- Starkie, D. (2010), "The Airport Industry in a Competitive Environment: A United Kingdom Perspective", edited by Forsyth, P., et. al., *Airport Competition-The European Experience*, pp.291-309.
- Starkie, D. (2012), "European airports and airlines: Evolving relationships and the regulatory implications, *Journal of Air Transport Management*, 21, pp.40-49.
- Williams, G. & R., Pagliari (2004), "A comparative analysis of the application and use of public service obligations in air transport within EU", *Transport Plicy*, 11, pp.55-66.
- Williams, G. (2005), "European Experience with Direct Subsidization of Air Services", *Public Money & Management*, June 2005, pp.155-161.
- Williams, G. (2010), "European Experience of Public Service Obligations", edited by

Williams, G. & S., Btathen, *Air Transport Provision in Remoter Regions*, Ashgate, pp.99-113.
・野村宗訓（2008）「イギリスにおける地方空港の発展と離島路線の維持～LCC の貢献と HIAL の経営を中心として～」『運輸と経済』,財団法人運輸調査局, 第 68 巻第 11 号, 2008 年 11 月, 42-49 ページ。

第 7 章

首都圏空港の容量制約解消に向けた政策的課題
～発着枠の運用と「首都圏第三空港」整備の可能性をめぐって～

1. はじめに

　わが国における首都圏空港の発着枠は，2010年の東京国際空港再拡張以降段階的な見直しがすすみ，2015年4月の成田国際空港北側延伸事業完了をもって年間74.7万回（うち国際線36万回）に到達する。発着枠の増枠は，直接的にはサービスの運航頻度の増加や施設運用の効率化を通し，利用者に高品質で利便性の高いサービスを供給する効果が期待される。間接的には，中間投入財としての航空サービスの増大を通し，本源的生産財に対して生産力の上昇を促す効果が期待できる（石倉・土谷（2007））。とくに，世界最大規模の人口・産業が集積する首都圏において，国内外のゲートウェイとなる空港の容量拡大は，あらゆる分野の経済競争力を高め，国家全般の経済活性化や国際競争力の強化に貢献する。そして，各地域が1つのネットワークで結ばれることで，ヒト・モノの移動や交流が活性化し，地域間交流の増大に大きく寄与する（屋井ら（2008））。
　このような首都圏空港における発着枠の拡大に従い，わが国では2003年の東京国際空港～金浦空港間チャーター便の運航開始以後，2015年3月までに27カ国と航空自由化協定を締結し，ASEANや欧州をはじめとする地域共同体との合意もすすんでいる。しかし，わが国の航空自由化は既に1980年代から航空自由化を展開する欧米と比べて約30年以上もの遅れがあり，締結国の数や合意事項に関しても，将来の首都圏空港の容量超過や運航規制など様々な課題が内在している関係から，二国間の枠組みの中での「第3の自由」「第4の自由」の開放のみに止まっている。「第5の自由」は完全に開放されず，

ゲージ権やカボタージュの開放は検討段階にすら入っていない。Air Asia や Jet Star の LCC は直接わが国の航空市場には参入できず，いくつかの国内企業とともに合弁会社を立ち上げ，その範囲内で三国間輸送やカボタージュを行使せざるを得ない状況にある。

ところで，国土交通省が 2012 年に発表した向こう 30 年間のわが国の航空需要予測によれば，国内線については少子高齢化の進展や整備新幹線開業の影響から，現状とほぼ横ばい，もしくは，若干の減少で推移する一方で，国際線に関してはアジアの経済発展や国際地域間交流の伸展を背景に高い成長が見込まれている。このなかでも首都圏空港の発着枠は，少なくとも 2020 年代後半までには現在の発着枠（年間 74.7 万回）を超過し，2030 年代から年間 7〜23 万回の容量制約が生じるとの予想が出されている。

現在，首都圏空港では東京国際空港における内際分離の原則の見直しや小型機乗り入れ規制の撤廃，および成田国際空港における LCC ターミナルの整備等がすすめられ，新規航空会社の参入や就航地の多様化に向けた環境の整備が進展している。それでも，国内線・国際線を含め首都圏空港に乗り入れを希望する国・地域は多く，未だ数多くの就航要請に応えることができていない。

このような制約に対し，国土交通省は 2020 年の東京五輪開催までに滑走路運用方法の改良や管制機能の高度化をベースに，発着枠を年間 82.6 万回まで増枠し，東京国際空港 E 滑走路や成田国際空港第三滑走路の整備についても関係各所との協議を開始するとしている。また，国内航空会社は，当面の容量制約に対応するため，関西国際空港や中部国際空港等の内際乗り継ぎを促進し，これらに首都圏空港の機能を一部補完させる試みを試行している[50]。その一方で，海外航空会社は国内航空会社との戦略的提携を通し，自社便については関西国際空港や中部国際空港に迂回させ，その代わりに，首都圏空港には国内航空会社とのコードシェアによって間接的に乗り入れを行っている[51]。

---

50 例えば，JAL は首都圏空港の発着枠増枠に合わせ，新たに中部国際空港便を開設し，国際空港間相互の国際線乗り継ぎを強化している。また，貨物輸送では ANA が「沖縄貨物ハブ＆新・航空ネットワーク」を強化し，とくに成田国際空港の就航が制限される 23〜翌朝 6 時の深夜・早朝時間帯（＝カーフュー時間帯）に首都圏空港を含め全国各地から貨物を集約し，アジア域内 4 時間圏内を中心に翌日配送可能となるネットワークを構築している。
51 この代表的な例は，エミレーツ航空とカタール航空である。両社はかねてから首都圏空港への就

しかし，そのようなケースバイケースの対応が功を奏しても，容量制約の本質的な解消には結びつかないし，既存施設を活用するとしても空港周辺の環境対策などにおいて様々な調整が求められる。滑走路の新設には用地の確保や買収をめぐって交渉コストが生じる。従って，将来を見据えた容量拡大を実現する上では，既存施設の活用や既存施設の拡張に向けた検討をすすめるほか，首都圏第三空港整備を交えた多様な政策選択肢の可能性ついても検証を重ねておくことが重要である。

本章は，首都圏空港の整備の内容と容量制約の要因を整理し，首都圏空港の拠点性と容量拡大の必要性を明らかにした後，今後の航空需要に対する対応について，発着枠運用方式の改善や首都圏第三空港の整備を含む各種政策選択肢の可能性と政策的課題について検証することを目的としている。

2. 首都圏空港整備の経過と発着枠配分の内容

2-1 首都圏空港整備の経過

わが国は終戦以後，官民を問わず一切の航空活動が禁止され，首都圏空港を含む空港施設も全て GHQ の管理下に置かれた。しかし，1951 年からは航空活動の禁止が解除され，「羽田飛行場」の一部も日本側に返還された。翌年には民間の財界主要企業の協力を経て「日本空港ビルディング」が創設され，本格的な空港ターミナルビルを備えた「東京国際空港」が誕生した。航空輸送についても，1951 年に日本航空のノースウエスト航空への運航委託によって民間航空輸送が再開し，ノースウエスト航空との契約が満了となった 1952 年以降は同社による自主運航が開始された。

わが国は，首都圏・関西圏を中心とした都市構造と南北に細長い列島からなる国土特性を備えているため，都市と地域間，あるいは都市間を結ぶ輸送手段

航要請を表明していたが，空港の容量制約の関係から自社便を関西国際空港に迂回させ，その代わりに首都圏空港〜関西国際空港については，各々JAL と ANA の関西国際空港便とのコードシェアによって乗り入れを行っていた。2013 年から両社ともに首都圏空港への就航が認められたが，希望枠数が割り当てられていないため，現在もこの運航体制が残っている。

2. 首都圏空港整備の経過と発着枠配分の内容

をどのように確保するかが従来から問われていた。航空輸送はこれらの要請に適う最適な手段であり，そのなかで核をなす首都圏空港に対しては東京国際空港運用直後の早い段階から国の一般会計をもとに整備がすすめられてきた。具体的には，1956年から8年間・総額86億円の予算で東京国際空港A滑走路（3,000m）・B滑走路（1,570m）の延伸，C滑走路（3,150m）の新設，高速誘導路の整備，エプロンの拡張が実現し，次いで，東京オリンピック開催直前の1964年までには首都高速羽田線と東京モノレールが開業した。このような取り組みによって，空港の質・量の両面が向上し，利用者数も過去最高の425万人にまで到達した。

ところで，1960年代の高度経済成長期以降，わが国は国民所得の増加やヒト・モノの流れの効率化に対するニーズの増大に伴い，国際・国内を問わず航空需要が年々右肩上がりの成長を辿った。また，この頃から航空技術の高度化や技術革新がすすみ，航空産業はジェット化・大型化の時代に入った。こうした流れを受け，首都圏空港をはじめ全国各地ではジェット機対応の空港整備や航空ネットワークの充実化を求める声が高まり，国は空港のジェット化や空港の新設に向けた準備に着手していった。

その結果，1956年に空港の港格や整備・管理主体，および整備事業費の補助率・負担率を規定した空港整備法（現:空港法）が制定された。さらに，計画的な空港整備と安定的な財源確保を目指すため，1967年に「空港整備5カ年計画（現:社会資本整備重点計画）」，1970年に「空港整備特別会計（現:空港整備勘定・2014年解体）」が創設され，これら3つの法制度からなる「空港整備三種の神器」を原動力に国全体での空港整備が展開されていった（引頭（2012））。

首都圏空港との関係では表7-1の通りまず1967～1970年の第1次空港整備5カ年計画において，東京国際空港A滑走路の沖合移転，B滑走路の延長（1,570mから2,000m），整備地区の再開発等を含む施設拡充が重点整備事項の1つに掲げられ，4年間総額170億円の予算で工事が着工した。計画終了年の1971年までにはB滑走路のジェット機発着が可能になり，既にジェット化に対応していたC滑走路を加え合計2本の滑走路でジェット機の就航が始まった。

表 7-1 首都圏空港整備の経過

空港整備計画	計画期間		重点整備事項	達成事項
第1次空港整備5カ年計画	1967〜1970年度	首都圏空港関係	・東京国際空港A滑走路の沖合移転 ・B滑走路の延長(1,570mから2,000m) ・整備地区の再開発	・東京国際空港B滑走路のジェット化
		その他の空港関係	・大阪国際空港の整備 ・地方空港の整備	・地方空港の開港(55空港)
第2次空港整備5カ年計画	1971〜1975年度	首都圏空港関係	・東京国際空港A滑走路の沖合移転 ・新東京国際空港の整備	・新東京国際空港整備工事着工(千葉県成田市三里塚地区)
		その他の空港関係	・地方空港の整備&ジェット化 ・空港保安施設等の整備 ・空港周辺環境対策事業の推進	・17地方空港のジェット化
第3次空港整備5カ年計画	1976〜1980年度	首都圏空港関係	・新東京国際空港の開港	・成田国際空港開港(1978年)
		その他の空港関係	・空港周辺環境対策事業の推進 ・空港保安施設等の整備 ・関西国際空港整備調査，計画決定，整備推進 ・地方空港の整備・ジェット化	・騒音対策 ・9地方空港のジェット化
第4次空港整備5カ年計画	1981〜1985年度	首都圏空港関係	・東京国際空港の沖合移転 ・成田国際空港平行滑走路の整備	・東京国際空港沖合移転工事 ・成田国際空港平行滑走路整備工事の着工
		その他の空港関係	・関西国際空港の開港 ・中部国際空港の調査検討 ・地方空港の整備&ジェット化 ・空港周辺環境対策事業の推進 ・空港保安施設等の整備	・騒音対策 ・11地方空港のジェット化
第5次空港整備5カ年計画	1986〜1990年度	首都圏空港関係	・東京国際空港の沖合移転 ・成田国際空港平行滑走路の整備	・東京国際空港A滑走路の沖合移転工事完成 ・関西国際空港第一期工事の着工
		その他の空港関係	・関西国際空港の開港 ・中部国際空港の調査検討 ・地方空港の整備&ジェット化 ・空港周辺環境対策事業の推進 ・空港保安施設等の整備	・騒音対策 ・9地方空港のジェット化

表 7-1　つづき

空港整備計画	計画期間	重点整備事項		達成事項
第6次空港整備5カ年計画	1991〜1995年度	首都圏空港関係	・東京国際空港の沖合移転 ・成田国際空港平行滑走路の整備	・成田国際空港第2空港ターミナルビルの完成 ・東京国際空港第1旅客ターミナル，貨物ターミナルの移転
		その他の空港関係	・関西国際空港の開港 ・中部国際空港の調査検討 ・地方空港の整備&ジェット化 ・空港周辺環境対策事業の推進 ・空港保安施設等の整備	・関西国際空港の開港 ・50地方空港のジェット化
第7次空港整備5カ年計画	1996〜2002年度	首都圏空港関係	・東京国際空港の沖合移転 ・成田国際空港平行滑走路整備工事の完成 ・首都圏第三空港の調査	・東京国際空港B滑走路・C滑走路沖合移転工事の完成 ・成田国際空港第2滑走路供用開始
		その他の空港関係	・関西国際空港第二期工事の推進 ・中部国際空港の整備 ・地方空港の整備&ジェット化 ・空港周辺環境対策事業の推進 ・空港保安施設等の整備	・関西国際空港第二期工事 ・中部国際空港整備工事着工
社会資本整備重点計画	2003〜2007年度（第1次計画）	首都圏空港関係	・東京国際空港再拡張の推進 ・成田国際空港北側延伸事業の推進	・東京国際空港第2旅客ターミナルビルの完成・再拡張工事の着工 ・成田国際空港北側延伸工事開始
		その他の空港関係	・関西国際空港二期工事の完成 ・中部国際空港の開港 ・地方空港の質的向上&就航率改善 ・空港周辺環境対策事業の推進 ・空港保安施設等の整備	・関西国際空港第2滑走路供用開始 ・中部国際空港開港 ・97地方空港の整備（67空港ジェット化）
	2008〜2012年度（第2次計画）	首都圏空港関係	・東京国際空港再拡張の完了 ・成田国際空港北側延伸事業の推進	・東京国際空港D滑走路の供用開始・国際線旅客ターミナルビルの完成 ・成田国際空港第2滑走路の2,500m化
		その他の空港関係	・地方空港の質的向上&就航率改善 ・空港周辺環境対策事業の推進 ・空港保安施設等の整備	・静岡・茨城・岩国空港の開港（70空港ジェット化） ・弟子屈・広島西・枕崎空港廃港

（出所）　国土交通省資料より筆者作成。

続いて，1971〜1975年の第2次空港整備5カ年計画では，新東京国際空港の整備が重点整備事項に追加され，候補地として内定していた千葉県成田市三里塚地区において工事が開始された。ところが，着工直後から地元農家や地権者の激しい反対運動を受け，計画期間内の完成はほぼ不可能になった。その一方で，東京国際空港では，第1次空港整備5カ年計画で目標とされたA滑走路の沖合移転に関し，空港の拡張による沖合移転を求める国と空港の完全移転を求める東京都の間で意見が紛糾し，工事は先延ばしの状態が続いていた。最終的には，10年後の1984年に工事が開始されたが，この10年の空白が，後に発生する容量制約の問題に大きな影響を及ぼしている（酒井（2010））。

第3次空港整備5カ年計画では，オイルショック後の経済成長を背景に，再び航空需要が持ち直す一方で，ジェット化の急速な進展に伴い，市街地に隣接した空港を中心に騒音問題が深刻に取り上げられるようになった。このため，計画の重点は環境対策にシフトし，空港周辺の環境整備に多大なコストを費やすことになった。首都圏空港でも1970年に地元と国の間で結成された「東京国際空港騒音対策協議会」の協議が本格化し，既に1960年代後半から合意されている深夜・早朝時間帯（23〜6時）におけるジェット機発着規制の継続のほか，首都圏上空迂回コースの設定をはじめ様々な取り決めが地元との間で交わされた[52]。

しかし，航空需要は1980年代以降のバブル景気の影響を受け年々増加し，東京国際空港の容量はもはや限界の域に達していた。1978年に成田国際空港が開港し，国際線の多くが移転したものの，その余剰枠は程なく国内線によって埋められた。航空会社は国内ローカル線にも大型機を投入し，1機あたりの利用者数を増やすことで容量制約に対応していた。このようななか，東京国際空港A滑走路の沖合移転に関する交渉が1983年にようやく妥結し，翌年から工事が開始された。

ただ，沖合移転に要するコストは膨大で，工期も長期にわたることから，

---

[52] なお，深夜・早朝時間帯におけるジェット機発着規制は1997年のC滑走路の供用開始をもって解除され，2010年からはD滑走路の完成に伴い年間約18万回の発着が認められている。一方，ジェット化と機材の大型化の進展に伴い1969年からは座席数19席以下の小型機乗り入れが禁止された（1985年以降は座席数60席以下にまで引き上げ）。この小型機乗り入れ規制は2010年の再拡張完成まで続けられた。

1982年以降財政投融資資金が投入され，これによって資金調達の裏付けをとることになった。そして，第4次空港整備5カ年計画（1981～1985年）から第6次空港整備5カ年計画（1991～1995年）に至るまでの15年間，この東京国際空港の沖合移転に加え既に整備・検討の目途が整っている関西国際空港の開港・中部国際空港の調査検討・成田国際空港の平行滑走路の整備が「三大プロジェクト」として計画の重点におかれ，施設の整備に向けた工事がすすめられた。東京国際空港A滑走路の沖合移転は1988年に完了し，その後，1997年と2002年にC滑走路，B滑走路も沖合に移転した。成田国際空港でも，2002年に第2滑走路（2,180m）が暫定的に供用を開始し，国内線・中距離国際線の増枠が実現した。

航空需要は1990年代後半以後なおも堅調な伸びを続けた。首都圏空港では，再び東京国際空港の沖合移転と成田国際空港拡張後における発着枠不足の問題が持ち上がった[53]。そのため，1996～2002年の第7次空港整備5カ年計画（7カ年計画）では，東京国際空港の沖合移転・成田国際空港の平行滑走路の整備のほか，「首都圏第三空港」の調査が計画の重点項目に追加され，2000年には「首都圏第三空港調査検討会」が創設された。ここでは，2年間の歳月をかけ，首都圏第三空港建設候補地の選定・調査が行われ，10以上の地域が候補地として浮上した。2年間に及ぶ議論の結果，首都圏空港が3つに分かれることに難色を示した航空会社の意見をふまえ，「首都圏第三空港を新たに整備するよりも，既存ストックの有効活用，アクセス利便性確保の意味合いから東京国際空港の再拡張が望ましい」との結論に達した。

2003～2007年の社会資本整備重点計画（第1次計画）では，航空需要の増大に対応し，国際競争力を一層強化するとの見地から，東京国際空港再拡張の推進と成田国際空港第2滑走路の2,500m化（＝北側延伸事業）を骨子とする大都市圏拠点空港の整備，空港保安施設の整備，空港周辺環境対策が重点項目

---

53 この理由は，首都圏空港全体で滑走路の量と質のミスマッチが発生していたからである。東京国際空港では滑走路間の間隔や滑走路配置の関係で，滑走路3本の同時利用が不可能なばかりか，2本の同時利用でさえも場合によっては制限されるため，発着枠は沖合移転前と比べて年間10万回の増加に止まることになった。また，成田国際空港についても滑走路長が不足している理由から，第2滑走路供用開始後の増枠の対象が，本来対応すべき長距離国際線ではなく国内線や中距離国際線に配分せざるを得なかった。

に盛り込まれた。一方，計画発表直前の2002年に閣議決定された「経済財政運営と構造改革に関する基本方針2002」では東京国際空港再拡張後の運用方針が出され，① 年間3万回程度の国際線を就航させること[54]，② 再拡張に要するコスト約6,900億円のうち，2割については地方自治体一般会計（東京都，神奈川県，横浜市，川崎市）からの無利子貸付金に求めること，③ 国際線旅客ターミナルビル・貨物ターミナルビル・エプロン整備事業の整備資金約2,000億円に関しては，公募型プロポーザルで選出された特別目的会社（Specific Purpose Company: SPC）が空港ターミナルビルの営業収入を原資として負担することが発表された[55]。社会資本整備重点計画（第1次計画）の内容は2008〜2012年の第2次計画に引き継がれ，2010年の東京国際空港D滑走路・国際線ターミナルビルの供用開始をもって東京国際空港の再拡張は終了した。残る成田国際空港の北側延伸事業も2015年4月に完成し，既に供用を開始している。

2-2　首都圏空港における発着枠配分の内容

わが国の航空輸送の40％を処理する首都圏空港は，2000年の航空法改正以後も「混雑空港」として規制が継続されており，その発着枠に対しては，事前届出を原則とする許可制度が敷かれている[56]。ここでは5年間を1サイクルとする発着枠の回収・配分を基本とし，安全性，使用実績，広範囲な航空ネット

---

[54] しかしながら，2007年に第1次安倍内閣において取りまとめられた「アジア・ゲートウェイ構想」に基づき，東京国際空港への国際線就航は，再拡張終了の2010年より3年間前倒しで実施される旨が決定された。これによって，高速離脱誘導路の整備と日中時間帯の増枠が急ピッチですすめられ，同年内に東京国際空港と上海虹橋空港間で国際チャーター便の運航が始まった。

[55] SPCは「東京国際空港ターミナルビル株式会社（国際線旅客ターミナルビルの整備・維持管理：主要企業＝日本空港ビルディング（株））」，「東京国際エアカーゴターミナル株式会社（貨物ターミナルの整備・維持管理：主要企業＝三井物産（株））」，「羽田空港国際線エプロンPFI株式会社（エプロンの整備・維持管理：主要企業＝大成建設（株））」のように，施設ごとに複数企業の共同出資によって運営されている。なお，これらの3つの施設のうち，エプロンの整備コストに関しては空港整備勘定から賄うことになっている。

[56] このほか，成田国際空港，大阪国際空港，関西国際空港の3空港が混雑空港の指定を受けている（2015年度末から福岡空港も追加）。大阪国際空港は騒音対策の観点から，3発を超えるエンジン搭載のジェット機の就航を禁止し，発着枠については年間13.5万回（ジェット機枠7.3万回，低騒音機枠3.6万回，プロペラ機枠2.6万回）にまで制限している。ただ，発着枠の配分自体に規制が課されているのは実質上東京国際空港のみである。

ワークの構築，事業者間競争への貢献などの評価項目に従って枠が配分されている。また，枠の利用においては，不採算路線からの撤退と採算路線への集約化を防ぐためにいくつかのルールが設けられており，航空会社はこれらの制度や規則に則りつつ，路線ネットワークを展開している。

表7-2は，東京国際空港における発着枠の種類と内容を示したものである。まず，発着枠配分の前提として，第1に，規制の対象は日中の「権益時間帯（出発・到着合計1,114便／日）」のみで，それ以外の深夜早朝時間帯（出発・到着合計112便／日），特定時間帯（60便／日）については「権益外時間帯」とみなし，航空会社の希望に従い枠が配分される。第2に，発着枠は，航空会社の自由裁量で路線展開が可能な「自由枠」のほか，事業者間競争促進の意味合いから新規航空会社に優先的に配分される「新規優遇枠」，多様な航空ネットワークを網羅するため就航路線に制限を設けた「政策枠」をはじめ様々な枠が設けられている。第3に，発着枠の利用にあたっては，ローカル線からの撤退と特定路線への集中を回避するための「1便ルール」と「3便ルール」の2つのルールが適用される。前者は，ある航空会社による減便の結果，1便未満となる路線に対してこの発着枠を回収し，運航を希望する競合他社に発着枠を配分するルールである。後者は総便数3便以下の路線についてこれをグループ化し，減便時にはその他の当該路線にのみ枠を転用できるルールである[57]。

図7-1は，発着枠配分の推移を図示したものである。東京国際空港の発着枠は，1997年のC滑走路供用開始以後，これまで合計11回に及ぶ配分が行われている。全体的には，滑走路新設に伴う増枠・配分，航空会社の移転・統合による枠の回収・配分が中心で，許可制度に則った大規模な発着枠の回収・配分はまだ1度しか施行されていない。

もっとも，航空会社の規模・市場シェアの形成過程や回収前の規模・市場シェアを所与と仮定すれば，回収・再配分の結果は回収前と大幅に変わることはないであろうし，枠そのものの回収も定率回収法と効率性基準回収法（Use it, Loose it ルール）の組み合わせからなっているから，航空会社は運航能力

---

[57] また，新規航空会社に対して配分される新規優遇枠については，SKYがANAの撤退を受けて，優先的に配分された徳島便および青森便の枠を新千歳や那覇などの高収益路線に振り替えたことに非難が相次いだため，2005年以降，不採算路線枠の国内幹線への転用を禁じている。

表7-2 東京国際空港における発着枠の種類と内容

対象路線	用途制限の有無	発着枠の種別	根拠制度・法令等	内容
国内線	なし	新規優遇枠	混雑飛行場スロット配分方式懇談会（2000年2月）	東京国際空港において配分を受けている発着枠数が12枠未満の航空会社を対象に、競争の促進を通じた利用者利便の向上を目指す観点から、一定の範囲で優先的に配分される発着枠 【対象航空会社】ADO, SKY, SNA, SFJ
国内線	なし	自由枠		各航空会社が配分された発着枠を用いて自由に路線設定可
国内線	あり	政策枠	羽田空港の発着枠の配分基準検討懇談会（1999年3月）	C滑走路供用開始時にローカル線の頻度向上、新規開港路線の運航促進のために配分された発着枠 【対象路線】萩石見(1枠)、中標津(1枠)、稚内(1枠)、佐賀(2枠)、大館能代(1枠)
国内線	あり	特定路線枠	混雑飛行場スロット配分方式懇談会（2000年2月）	C滑走路の供用開始後、2005年に予定されている発着枠回収＆配分までの間、新規開設が予定される空港に就航する便の路線開設を推進するために配分された発着枠 【対象路線】能登(1枠)、オホーツク紋別(1枠)
国内線	あり	評価枠（航空会社評価枠）	混雑飛行場スロット配分方式懇談会（2000年2月）	航空会社の事業活動について一定の評価項目を設定し、各評価項目による評価を基に配分する発着枠（各航空会社グループ単位でのローカル線ネットワークの充実度＆経営効率改善に向けた取り組みを評価）
国内線	あり	内際乗継枠	アジアゲートウェイ構想（2007年5月）	東京国際⇔関西国際⇔海外の路線展開と乗り継ぎ利便の改善を推進するため、東京国際⇔関空国際間を運航する航空会社に配分される発着枠（暫定枠として4枠配分） 【対象路線】東京国際⇔関西国際（SFJ）
国内線	あり	地方路線枠	アジアゲートウェイ構想（2007年5月）	航空ネットワークの更なる充実を図る観点から、高速誘導路整備に伴う増枠分について、ローカル線を運航する航空会社に配分される発着枠（暫定枠として2枠配分） ※ 政策コンテスト枠設置のため2013年度末廃止
国内線	あり	開設枠	羽田空港発着枠の配分基準検討懇談会（2009年7月）	地域が主体となって、航空会社の協力を得つつ、小型機（座席数100席未満の航空機）であれば成立するローカル線の新規開設に向けてパイロット事業として取り組むための発着枠（暫定枠として1枠配分） ※ 政策コンテスト枠設置のため2013年度末廃止
国内線	あり	政策コンテスト枠	羽田空港発着枠の配分基準検討懇談会（2012年11月）	航空会社の自助努力のみでは維持・充実が困難なローカル線について、地域と航空会社のコラボレーションを軸とした共同提案について評価を行い、優れた提案に配分される発着枠 【対象路線】萩石見(1枠)、鳥取(1枠)、山形(1枠)

表 7-2 つづき

対象路線	用途制限の有無	発着枠の種別	根拠制度・法令等	内容
国際線	なし	国際線枠		二国間協定の内容に基づき，各航空会社に配分される発着枠
	あり	リレー枠	アジアゲートウェイ構想（2007年5月）	成田国際空港において発着便が設定されていない6時台，22時台に東京国際空港からの発着を可能とし，両空港の国際航空輸送をリレーするために配分される発着枠

（出所）　国土交通省資料より筆者作成。

図 7-1　東京国際空港における発着枠の配分の推移

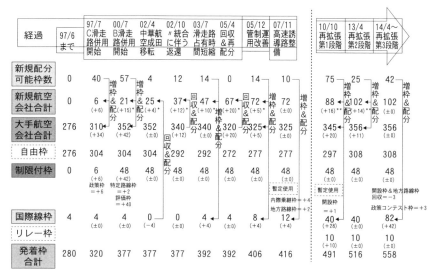

*「新規優遇枠」として配分された発着枠（ADO，SKY，SNA，SFJ が対象）
**「新規優遇枠」として SFJ に対し配分された発着枠（SFJ＝12 枠以下）
（出所）　国土交通省資料より筆者作成。

に応じた配分枠数を申請せざるを得ず，その帰結は回収前とさほど変化しない。

　従って，発着枠配分の本来の目的である広範囲な航空ネットワークの形成と事業者間競争の推進の2つを達成するためには，枠の大掛りな回収・配分は必

要なく，枠の配分に競争刺戟を与え，他方で，用途に制約を課す枠の方法をとるだけで良い（中条（2001））。

現在，東京国際空港の発着枠は合計 558 枠に到達している。このなかで，新規航空会社については，2000 年 7 月の B 滑走路沖合移転から 1 社あたりの新規優遇枠の最低配分枠数が 6 枠から 12 枠に引き上げられ，以後，増枠・配分，あるいは，回収・配分の際には優先的に枠が配分されてきた。その結果，発着枠配分数は 102 枠まで増大し，新規就航会社数も SKY，ADO，SNA，SFJ の 4 社に上っている。対照的に，大手航空会社に対してはローカル線からの撤退防止と全国的な航空ネットワークの貢献に対応させるため，自由枠の数を段階的に減らし，その一方で制限付枠を増枠する対策が講じられてきた。大手航空会社は，自由枠の多くを広島，岡山，松山をはじめとする国内準幹線に集約する代わりに，就航機材のダウンサイジングや運航の効率化を推し進め，ローカル線の維持につとめている[58]。

なお，東京国際空港では 2003 年から日韓航空自由化交渉の締結を受け，権益時間帯に 4 枠の国際線枠が配分されている。この国際線枠は後の航空自由化交渉の伸展やアジア・ゲートウェイ構想の発表に従い段階的に増枠され，2010 年の再拡張第 1 段階では 40 枠に増加している。内際分離の論理から設置されてきた「ペリメータールール」は 2010 年の国土交通省成長戦略会議最終報告において廃止が決定され，成田国際空港のカーフュー時間帯を補完するための「リレー枠」も整備された。その後，国際線枠は再拡張第 3 段階で 82 枠まで増枠され，深夜早朝時間帯や特定時間帯との発着便の組み合わせも可能となった。これによって，首都圏近郊からの国際線アクセスが飛躍的に上昇し，旅客の利便性も高まることが期待されている[59]。

---

[58] 例えば，東京国際空港の 1 便あたり平均旅客数は 2000 年の 211 人をピークとして，それ以降減少の基調を辿り，2005 年からは概ね 160〜170 人前後で推移している。

[59] その一方で，国土交通省は成田国際空港から東京国際空港への国際線のシフトが過度にすすまないように，2014 年に各航空会社に対し同一国・同一目的地路線について片一方の空港からのみの運航を禁ずる非公式の通達を行った。この通達は「成田縛り」とも呼ばれ，航空会社のなかには収益上の問題から日本路線からの全面撤退を開始する会社も出始めている。

3. 首都圏空港の拠点性と容量拡大の必要性

3-1 わが国の航空輸送における首都圏空港の拠点性

　首都圏空港は航空需要の増大に対応し，戦後一貫して計画的な整備や拡張が展開されてきた。東京国際空港の再拡張と成田国際空港の北側延伸事業の完成によって，発着枠は大幅に増加し，これによって就航地の多様化や新たな選択肢の創出が達成できる。

　言うまでもなく首都圏空港はわが国における航空輸送の拠点であり，その容量制約はわが国の経済活性化や地域間交流の強化に負の影響を及ぼす。さらに，容量制約による空港の機能低下は利用者の選択肢を狭めるほか，航空会社の生産性向上の妨げともなり，全体としての余剰を大きく減少させる。

　では，首都圏空港は大阪国際空港，中部国際空港，福岡空港，新千歳空港，那覇空港などの「準拠点空港」に比べてどの程度の拠点性を有しているのであろうか。以下では首都圏空港における容量拡大の必要性に関する具体的な考察に入る前に，首都圏空港の拠点性について加藤ら（2014）で示されたグラビティモデルを援用し，準拠点空港との比較を交えながら考察してみたい[60]。

　国内の取り扱い旅客数や貨物量が空港の規模であるならば，その大きさは空港を取り巻く後背地の人口や生産活動に左右される。航空需要は派生需要であるから，後背地の人口規模や生産活動の多寡は直接空港の規模に影響を与える。航空会社は空港の規模に従い便数や路線を設定し，規模が大きい空港には路線や便数を集中させ，そうでない空港には路線も便数も限定的にしか割り当てない。すなわち，空港の拠点性は空港の規模に応じて決まり，それを有しているか否かは後背地の人口や生産活動の規模によって変化する。

　いま，出発空港 i と到着空港 j 間の年間取り扱い旅客数，あるいは貨物量 T_{ij}

---

[60]　グラビティモデルとは，国際貿易論の分野において蓄積されてきた分析方法で，主に国際間をまたぐ人的・物的流動とそれらの決定要因を解明するモデルとして援用されている。航空輸送分野では，竹林ら（2003）がわが国における国際航空自由化の影響を実証するため，本モデルを用いて旅客流動の変化と決定要因について検証している。また，井尻（2008）も米国の航空輸送流動量の決定要因と航空会社の拠点空港選択の関係について本モデルをベースとした分析を試みている。

を被説明変数,基本説明変数として出発空港 i の後背地 1 人あたり実質 GDP を G_i,到着空港 j の後背地 1 人あたり実質 GDP を G_j,出発空港 i の後背地人口を P_i,到着空港 j の後背地人口 P_j,出発空港 i と到着空港 j 間の距離を R_{ij} とする基本モデルを組み立て,ここに三大都市圏に所在する 3 空港(＝東京国際空港,大阪国際空港,中部国際空港),および国内線年間取り扱い旅客数 1,000 万人(貨物については年間取り扱い貨物量 1 億トン)を超える 6 空港の「空港ダミー変数 $(D_1 \sim D_6 ; D_1 =$ 東京国際空港,$D_2 =$ 新千歳空港,$D_3 =$ 大阪国際空港,$D_4 =$ 福岡空港,$D_5 =$ 那覇空港,$D_6 =$ 中部国際空港)」を導入する(A は定数項)。

$$T_{ij} = A \frac{(G_i G_j)^\alpha (P_i P_j)^\beta e^{\delta D_1} e^{\varepsilon D_2 \cdots} e^{\eta D_6}}{(R_{ij})^l} \tag{1}$$

ここで,加藤ら (2014) は (1) 式に「ダミー変数のパラメーター乗」という指標を用いて拠点性の計測を試みている。ダミー変数のパラメーター乗とは,ダミー変数に組み込まれた空港が 1 人あたり実質 GDP,人口,距離で説明される取り扱い旅客数・貨物量と比べ何倍の量を取り扱っているのかをあらわす指標で,被説明変数と基本説明変数の値に応じ変化する。言い換えれば,空港の拠点性とは 1 人あたり実質 GDP,人口,距離で説明される取り扱い旅客数・貨物量からのスピルオーバーを意味し,本章でもこの考えに基づき,このダミー変数のパラメーター乗＝空港の拠点性と解釈し分析を行う。

分析の対象は直近の『航空輸送統計年報 2013』から抽出した首都圏空港と都道府県庁所在地間の空港[61],および都道府県庁所在地空港相互間を結ぶ 134 路線である(貨物は 100 ネットワーク)[62]。なお,各パラメーターの推計にあたっては,(1) 式を対数変換した (2) 式について,最小二乗法によって推定を試みる(ε は誤差項)。

---

61 都道府県所在地空港とは,47 都道府県に存在する各空港を指している。ただ,北海道(新千歳空港をはじめ道内合計 8 空港),秋田県(秋田空港・大館能代空港),青森県(青森空港・三沢空港)のように地域によっては 1 地域に複数の空港が存在する地域がある。この場合は県庁所在地に近接する空港を選択し,それ以外の空港については分析の対象に含めなかった。

62 このほか,後背地 1 人あたり実質 GDP,後背地人口の抽出にあたっては,内閣府経済社会研究所『県民経済計算(www.esri.cao.go.jp/)』,総務省統計局『人口統計(www.stat.go.jp/data//)』を用いた。

$$\ln T_{ij} = \alpha + \beta_1 \ln G_i + \beta_2 \ln G_j + \beta_3 \ln P_i + \beta_4 \ln P_j - \beta_5 \ln R_{ij} \\ + \beta_6 D_1 \ldots \beta_{11} D_6 + \varepsilon \tag{2}$$

表7-3には，各パラメーターについて予想される符号条件が掲載されている。第1に，ダミー変数として選択した6空港は取り扱い旅客数も貨物量も都道府県庁所在地空港のなかでは群を抜いており，パラメーターの値は正の値をとることが予測される。第2に，出発空港後背地人口・到着空港後背地人口はそれが増加するほど空港利用者の増加に結びつくため，ここの符号は正の値をとることが予測される。第3に，出発空港と到着空港間の距離については，両者間の距離が長くなれば長くなるほど利用者は効率的な移動を選択するため，ここの符号は正の値をとることが予測される。最後に，後背地1人あたり実質GDPに関しては，後背地の生産活動の規模が高いほど輸送の迅速性や速達性に対する需要が高くなるため，ここの符号は正の値をとることが予測される。ただ，注意しなければならないのは，わが国は広域に及ぶ高速交通ネットワークが整備されており，地域によっては航空輸送にまさる速達性が確保されている地域もある。陸上交通機関の代替性が高い場合，必ずしも後背地の生産規模が航空需要に反映されるとは言えないため，パラメーターは負の値をとる可能

表7-3 パラメーターの符号条件

説明変数		符号条件
出発空港後背地1人あたり実質GDP	G_i	＋（ケースによっては－）
到着空港後背地1人あたり実質GDP	G_j	＋（ケースによっては－）
出発空港後背地人口（人）	P_i	＋
到着空港後背地人口（人）	P_j	＋
出発空港〜到着空港間距離（km）	P_{ij}	＋
東京国際空港ダミー	D_1	＋
新千歳空港ダミー	D_2	＋
大阪国際空港ダミー	D_3	＋
福岡空港ダミー	D_4	＋
那覇空港ダミー	D_5	＋
中部国際空港ダミー	D_6	＋

性がある。

表 7-4 は推計結果を示したものである。旅客・貨物ともにモデルのあてはまりはまずまずで，説明変数は那覇空港ダミー（旅客）と出発空港後背地 1 人あたり実質 GDP（貨物）を除き全て 1％水準で有意である。各説明変数の符号についても，あらかじめ想定した通りの符号である。後背地 1 人あたり実質 GDP は，やはり陸上交通機関の代替性が高い理由から負の値を示している。しかし，これはわが国の国内特有の環境で起きたもので，他の国のケースにおいて実質 GDP が取り扱い旅客数・貨物量と全く相関しないと言い切ることはできない。

ダミー変数のパラメーター乗の値は旅客・貨物を合わせ東京国際空港の値が最も高く，前者で 2.32，後者で 5.01 である。大阪国際空港とは旅客で 1.8 倍，貨物で 2.8 倍もの開きがある。中部国際空港との比較ではその差が旅客 2.2 倍，貨物 3.5 倍に広がっており，首都圏空港の拠点性が三大都市圏の空港のなかでも圧倒している状況が読み取れる。

3-2　首都圏空港における容量拡大の必要性

首都圏空港の発着枠は東京国際空港の再拡張や成田国際空港北側延伸事業の整備によって増加したが，首都圏空港への就航希望を表明する国・地域は依然として多く，今のところ全ての要請には応じられていない。実際に，わが国の航空需要は今後も国際線を中心に高い成長が見込まれており，首都圏空港の発着枠は，少なくとも 2020 年代後半までには現在の発着枠（年間 74.7 万回）を超過することが予想されている。従って，今回の発着枠拡大は短期的な問題の解消にしか結びつかず，容量制約の問題の全般を解消するものではない。首都圏空港における容量制約はまだ完全に改善されておらず，それが解決しない限りは，繰り返し同じ問題が生じる可能性がある。

表 7-5 は，わが国における将来の航空需要予測を示したものである。これによるとわが国の航空需要は下位ケースの場合であっても 2030 年代までには 1 億 9,600 万人に増大し，首都圏空港については現行の 74.7 万回の発着枠を超える。一方，中位ケース・上位ケースの場合で航空需要が推移すれば，首都圏空港では 2020 年代には発着枠超過をきたし，2030 年代には年間 12～19 万回の

3. 首都圏空港の拠点性と容量拡大の必要性　151

表 7-4　推計結果

① 推計結果

説明変数		旅客		貨物	
		係数	判定	係数	判定
定数項	A	1.66	[ ]	-25.53	[**]
出発空港後背地1人あたり実質 GDP	G_i	-3.82	[**]	-3.97	[*]
到着空港後背地1人あたり実質 GDP	G_j	-3.80	[**]	-9.62	[**]
出発空港後背地人口（人）	P_i	0.39	[**]	0.63	[**]
到着空港後背地人口（人）	P_j	0.39	[**]	1.23	[**]
出発空港～到着空港間距離 (km)	P_{ij}	0.95	[**]	2.49	[**]
東京国際空港ダミー	D_1	3.19 (2.32)	[**]	6.26 (5.01)	[**]
新千歳空港ダミー	D_2	0.92 (0.95)	[**]	1.47 (1.07)	[**]
大阪国際空港ダミー	D_3	1.77 (1.22)	[**]	3.72 (1.80)	[**]
福岡空港ダミー	D_4	0.99 (1.00)	[**]	1.86 (1.14)	[**]
那覇空港ダミー	D_5	0.21 (0.94)	[ ]	1.78 (1.42)	[**]
中部国際空港ダミー	D_6	1.24 (1.05)	[**]	3.00 (1.42)	[**]
R-squared		0.53[**]		0.70[**]	
Adjuted R-squared		0.51		0.68	
Observations		268		200	

（注1）　（ ）内の数値はダミー変数のパラメーター乗の値を示す。
（注2）　[ ] は，**＝1%，*＝5%有意である。

② 相関行列（旅客）

	1	2	3	4	5	6	7	8	9	10	11	12
1. 出発空港後背地1人あたり実質 GDP	1	-0.18	0.73	-0.22	-0.13	0.33	-0.08	-0.04	-0.04	-0.38	0.15	0.07
2. 到着空港後背地1人あたり実質 GDP	-0.18	1	-0.22	0.73	-0.12	0.33	-0.08	-0.04	-0.04	-0.38	0.15	0.07
3. 出発空港後背地人口(人)	0.73	-0.22	1	-0.41	-0.04	0.23	-0.01	0.13	-0.04	-0.23	0.06	0.20
4. 到着空港後背地人口(人)	-0.22	0.73	-0.41	1	-0.03	0.23	-0.01	0.13	-0.04	-0.23	0.06	0.19
5. 出発空港～到着空港間距離(Km)	-0.13	-0.12	-0.04	-0.03	1	0.01	0.17	-0.17	-0.07	0.47	-0.09	0.26
6. 東京国際空港ダミー	0.33	0.33	0.23	0.23	0.01	1	-0.18	-0.16	-0.17	-0.16	-0.13	0.48
7. 新千歳空港ダミー	-0.08	-0.08	-0.01	-0.01	0.17	-0.18	1	-0.12	-0.13	-0.18	-0.09	0.05
8. 大阪国際空港ダミー	-0.04	-0.04	0.13	0.13	-0.17	-0.16	-0.12	1	-0.12	-0.10	-0.15	0.20
9. 福岡空港ダミー	-0.04	-0.04	-0.04	-0.04	-0.07	-0.17	-0.13	-0.12	1	-0.11	-0.09	-0.03
10. 那覇空港ダミー	-0.38	-0.38	-0.23	-0.23	0.47	-0.16	-0.18	-0.10	-0.11	1	-0.14	0.03
11. 中部国際空港ダミー	0.15	0.15	0.06	0.06	-0.09	-0.13	-0.09	-0.15	-0.09	-0.14	1	-0.05
12. 取り扱い旅客数(人/年)	0.07	0.07	0.20	0.19	0.26	0.48	0.05	0.20	-0.03	0.03	-0.05	1

表 7-4 つづき

③ 相関行列（貨物）

	1	2	3	4	5	6	7	8	9	10	11	12
1. 出発空港後背地 1 人あたり実質 GDP	1	-0.23	0.73	-0.27	-0.13	0.38	-0.08	-0.03	-0.05	-0.39	0.13	0.18
2. 到着空港後背地 1 人あたり実質 GDP	-0.23	1	-0.27	0.73	-0.12	0.38	-0.08	-0.03	-0.05	-0.39	0.13	0.09
3. 出発空港後背地人口（人）	0.73	-0.27	1	-0.46	-0.03	0.24	-0.01	0.14	-0.04	-0.24	0.03	0.22
4. 到着空港後背地人口（人）	-0.27	0.73	-0.46	1	-0.02	0.24	-0.01	0.14	-0.04	-0.24	0.03	0.31
5. 出発空港〜到着空港間距離（Km）	-0.13	-0.12	-0.03	-0.02	1	0.01	0.15	-0.24	-0.17	0.50	-0.05	0.39
6. 東京国際空港ダミー	0.38	0.38	0.24	0.24	0.01	1	-0.24	-0.23	-0.20	-0.22	-0.24	0.50
7. 新千歳空港ダミー	-0.08	-0.08	-0.01	-0.01	0.15	-0.24	1	-0.16	-0.14	-0.22	-0.11	-0.11
8. 大阪国際空港ダミー	-0.03	-0.03	0.14	0.14	-0.24	-0.23	-0.16	1	-0.13	-0.14	-0.18	0.14
9. 福岡空港ダミー	-0.05	-0.05	-0.04	-0.04	-0.17	-0.20	-0.14	-0.13	1	-0.12	-0.09	-0.16
10. 那覇空港ダミー	-0.39	-0.39	-0.24	-0.24	0.50	-0.22	-0.22	-0.14	-0.12	1	-0.17	0.08
11. 中部国際空港ダミー	0.13	0.13	0.03	0.03	-0.05	-0.24	-0.11	-0.18	-0.09	-0.17	1	-0.13
12. 取り扱い貨物量（トン/年）	0.18	0.09	0.22	0.31	0.39	0.50	-0.11	0.14	-0.16	0.08	-0.13	1

表 7-5　わが国の航空需要予測と首都圏空港の発着枠

		上位ケース	中位ケース	下位ケース
2013年現在	国内+国際利用者数（単位：100万人）	105		
	首都圏空港発着枠 （単位：万回）	68　（2015年以降74.7）		
2020年	国内+国際利用者数（単位：100万人）	195	186	176
	首都圏空港必要発着枠（単位：万回）	76.2	72.9	69.1
	首都圏空港発着枠 （単位：万回）（滑走路運用方法の改良＆管制機能向上後）	82.6		
2030年	国内+国際利用者数（単位：100万人）	246	222	196
	首都圏空港必要発着枠	94.1	86.5	77.5

（注1）　上位ケース＝中位ケースより高い経済成長率を達成したケース（年間平均実質 GDP：2010〜17年＋2.2%，2017〜22年＋3.0%，2022〜27年＋3.0%，2027〜2032年＋3.0%）

（注2）　中位ケース＝日本再興戦略で目標に掲げる経済成長率に基づき設定したケース（年間平均実質 GDP：2010〜17年＋1.7%，2017〜22年＋2.0%，2022〜27年＋2.0%，2027〜2032年＋2.0%）

（注3）　下位ケース＝日本再興戦略以前の将来見通しによる経済成長率を達成したケース（年間平均実質 GDP：2010〜17年＋1.0%，2017〜22年＋0.7%，2022〜27年＋0.7%，2027〜2032年＋0.7%）

（出所）　国土交通省資料より筆者作成。

容量不足が生じる。もし，2020年までに滑走路運用方法の改良や管制機能の高度化により，年間82.6万回への増枠が実現すれば，2030年代の下位ケースに対応できるが，中位ケース・上位ケースには対応しきれない。将来の航空需要は今後の景気動向に左右されるが，いずれにしても首都圏空港の容量拡大と機能強化に関わる具体的な検討を早急にすすめ，早朝・深夜時間帯就航規制や空域の飛行制限をはじめ容量拡大の障壁となる規制を見直す作業が求められる。

ところで，首都圏空港の容量拡大は以上の航空需要に対する対応のほか，利用者便益の向上やわが国の周囲をめぐる国際環境の変化への対応から，以下の諸点で一定の必要性と妥当性が指摘できる（塩見（2006）・中条（2007））。第1に，多様なサービス展開，拠点機能の高度化による利用者便益の拡大である。今回の増枠に先立って，首都圏空港では東京国際空港における内際分離の原則の見直しがすすみ，増枠後の再国際化によって，ビジネス旅客はもとより地方からのトランジット旅客数が2010～2012年のわずか2年で3倍に膨れ上がった。

他方，成田国際空港では国際線のシフトで生じた余剰枠に新規航空会社が参入し，2015年4月には北側延伸事業の完成に合わせLCCターミナルが開業した。わが国の航空輸送の拠点を担う首都圏空港の容量拡大は，多様なニーズへの対処と多様なサービス展開をもたらし，潜在需要が今以上に顕在化する可能性がある。他方，こうしたサービスの多様化によって，企業間の戦略性が高まり，企業間競争が促進されることで，利用者にサービス向上や運賃低下の便益を与えることもあり得る。

第2に，アジア・オープンスカイに対する対応である。図7-2に図示されているように，1990年代以降，アジアにおける航空輸送の伸びは目ざましく，2012年の有償旅客キロ（Revenue Passenger-Kilometers: RPK）は航空大国の米国を上回る1兆4,600億キロを記録している。ICAO（国際民間航空機関）の需要予測によれば，2012年以降，2031年までの向こう20年間で年間平均＋6.6％の成長が見込まれており，有償旅客キロでは北米の2倍に上る4兆9,090億キロに到達する。このなかにあって，中国に牽引されるアジア周辺諸国は国家プロジェクトとして複数の滑走路を有する拠点空港を次々に計画，整

154　第 7 章　首都圏空港の容量制約解消に向けた政策的課題

図 7-2　世界における航空輸送の地域間比較

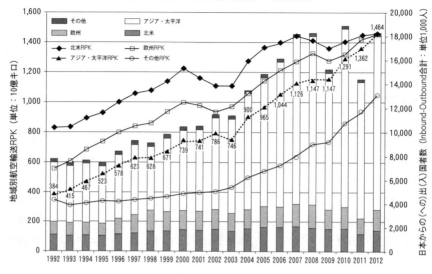

（出所）　IATA, *Civil Aviation Statistics of the World*, 法務省『出入国管理統計』各年度版より作成。

図 7-3　アジア周辺諸国における空港整備計画と整備状況

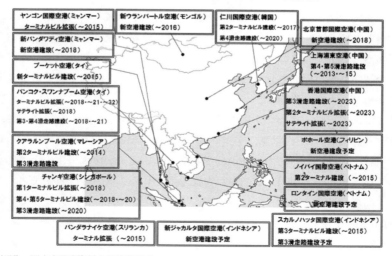

（出所）　国土交通省資料より筆者作成。

備し（図7-3参照），国内航空輸送の規制緩和や周辺国とのオープンスカイ協定の締結に踏み切っている。わが国では，2015年3月現在米国，韓国，中国を含め27カ国とのオープンスカイ協定を結んでおり，首都圏空港への就航制限も2012年以降撤廃された。ただ，再び容量制約が生じれば，首都圏空港への就航は規制せざるを得ず，需要の取りこぼしが発生する恐れがある。

第3に，アジア周辺諸国との空港間競争と競争力の強化に向けての対策である。アジア・オープンスカイの進展と拠点空港の整備に伴い，アジア諸国では拠点空港の巧みなマーケティング戦略と高度なハブ機能を駆使し，航空ネットワークの充実化につとめている。とくに，香港，シンガポール，バンコク，ソウルは首都圏空港を上回る集客力を誇っており（図7-4参照），わが国に対しても地方空港を中心にトランジット需要獲得のためにいくつかの路線を開設し

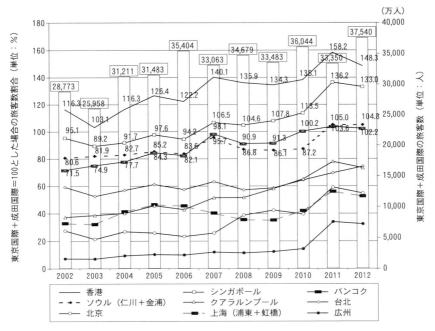

図7-4　アジア周辺諸国における拠点空港の旅客数推移

（出所）　Airport Council International, *Worldwide Airport Traffic Report*, 中国民用航空局『全国机場呑吐量排名』各年度版より作成。

ている。もっとも，わが国においてそのような路線でアジアの空港を経由し，第三国に向かう旅客は，就航便数が最も多いソウルでさえ，首都圏空港経由の10分の1にすぎない。また，路線そのものも自治体からの補助金によってようやく運航にまで辿り着けているため，それらが直ちに首都圏空港の集客を奪うことにはつながらない。しかし，首都圏空港に容量制約が発生し，空港機能が著しく低下すれば，航空会社は首都圏空港への就航を見直し，その取りこぼし需要が他国にシフトすることはある。そのため，今後の空港整備にはこうした競争の存在も視野に置きながら取り組まなければならない。

4. 首都圏空港の運用方式の改善と首都圏第三空港整備の可能性

4-1 首都圏空港における運用方式の改善と首都圏第三空港の検討

第2次安倍内閣の経済施策における「第3の矢」として閣議決定された「日本再興戦略」は，民主党政権時代に策定された「新成長戦略」と「日本再生戦略」の2つのパラダイム（向こう10年間平均名目GDP3％上昇，物価変動を除いた実質経済成長率2％増加）を継承しつつも，2010年代後半までにはいっそうの経済成長を実現するとし，2025年には1人あたりGNI150万円増を達成させるとの目標が掲げられている。具体的には，経済成長に向けて民間活力を最大限に引き出すことを目的に，「日本産業再興プラン」，「戦略市場創造プラン」，「国際展開戦略プラン」という3つのアクションプランを遂行し，その上で，投資減税を通じた企業の活性化や産業基盤の振興を推進するとしている。

首都圏空港との関係では，①産業・都市の国際競争力向上，②訪日外国人の増加，③日本全国の地域活性化の3つの観点から，航空自由化交渉を戦略的に推進する一方で，国際・国内のゲートウェイとしての機能を充実化し，都心アクセス改善，および，ビジネスジェットの利用環境整備などの措置を講じることが適当であると述べている。このなかでも，2015年4月の再拡張最終段階以後の容量拡大は，今後の航空旅客需要の動向やアジアの成長力の取り込みに対処するための最重要検討課題であるとし，近隣諸国との空港間競争を意

識しつつ，ピーク時間帯における増便の余地をどのように確保するかを議論することが必要であると指摘している。

以上をうけて2013年9月から開始された「交通政策審議会航空分科会基本政策部会」では，今後の首都圏空港の航空需要や航空輸送をめぐる環境変化に対応するため，首都圏空港の国際競争力の強化と機能向上を達成させるための技術的な選択肢の抽出，精査を講じることが適当であるとしている。具体的には，東京国際空港や成田国際空港の容量拡大のみならず，その他様々な可能性や選択肢を視野に入れ，遅くとも2016年度までには周辺地方自治体をはじめとする地域の関係者との協議，および合意形成に取り掛かると述べている。そして，国土交通省は2020年の東京五輪開催までを目標に首都圏空港の滑走路運用方法の改良や管制機能の高度化をすすめ，全体の発着枠を年間82.6万回まで増枠する旨を発表し，首都圏上空飛行や深夜・早朝時間帯飛行制限の解除，および滑走路占有時間の短縮等の発着枠運用の見直しなどこれまでの運用方式を大幅に改善する取り組みを展開するとしている。

とは言え，そのようなケースバイケースの対応が功を奏しても，2030年以降の航空需要への対策には結びつかないし，飛行制限の解除や発着枠運用の改善についても地元との交渉や管制との調整をめぐって様々なコストが生み出される。従って，将来を見据えた容量拡大を実現する上では，既存施設の活用や既存施設の拡張ばかりではなく，首都圏第三空港整備を交えた多様な政策選択肢の可能性ついて検討しておくことが重要である。

ところで，既に指摘したように，首都圏第三空港の整備に関しては，1990年代末から検討が開始され，石原都政下の1998年には横田基地の軍民共用化を目指し，水面下で日米間の交渉が積み重ねられてきた経緯がある。最終的には2000年9月～2002年1月の「首都圏第三空港検討会」において東京国際空港の再拡張が既存ストックを活用する意味でも工期のリスクを削減する意味でも望ましいとされ白紙に戻された。その一方で，2012年12月に東京都知事に就任した猪瀬直樹知事は，所信表明演説において2020年の東京五輪に向けた交通インフラ整備の一環として，横田基地の軍民共用化を求め，プライベートジェット・ビジネスジェット等を就航させた後，本格的な旅客機の乗り入れに向けた交渉をすすめる旨を発表した。最終的には，翌年の退陣によって，この

計画は中断を余儀なくされたが，いずれにしても，再び横田基地の軍民共用化を含め首都圏第三空港整備の可能性が脚光を浴びたという事実は，今後の首都圏空港の容量確保と供給能力の拡大に1つの方向性と示唆を示したととらえるべきであろう。

そこで，以下では首都圏近郊に立地する軍用空港や企業所有空港の共用化によって首都圏第三空港の整備が実現するか否か，過去の横田基地をめぐる日米交渉の経過や整備にあたっての問題点も交えてその可能性について言及したい。

表7-6に表示されるように，首都圏第三空港の候補地は横田基地のほか，下総飛行場，入間飛行場，調布飛行場などの選択肢が存在する。各々の空港にお

表7-6 首都圏第三空港候補地の概要

項目/候補地名	横田基地	下総飛行場	入間飛行場	調布飛行場
所在地	東京都福生市	千葉県柏市	埼玉県入間市	東京都調布市
空港管理者	米軍&防衛庁	防衛庁	防衛庁	東京都
滑走路長	3,353M×1本	2,249M×1本	2,000M×1本	800M×1本
都心までのアクセス時間	60分/40Km（JR中央線・青梅線）	60分/35Km（東武野田線・JR常磐線）	75分/50Km（西武池袋線・JR山手線）	35分/25Km（京王線・JR中央線）
就航可能路線	国内〜長距離国際線まで全て就航可	国内〜中距離アジア線就航可	国内〜短距離アジア線（中韓線）就航可	短距離国内線（600Km内）就航可
ジェット対応	可	可	可	不可
運用上の意義	○長距離国際線対応可 ○不定期旅客便乗り入れ実績有（軍人輸送等） ○民航地区整備コスト低	○中距離アジア便就航可 ○アクセス利便性高	○民航地区用地買収コスト低 ○圏央道ネットワーク上の需要対応可	○騒音問題への合意形成が容易（既に対応済） ○追加整備コスト低 ○アクセス利便性高
運用へ向けた問題or課題	○米軍との交渉・調整 ○地元自治体との交渉・調整	○騒音問題 ○東京国際・成田国際との管制重複（発着枠制限）	○航空自衛隊の拠点としての軍事上の問題 ○米軍との管制重複	○長距離国内線・国際線就航不可（ジェット機×） ○発着時間制限有

（出所） 各飛行場HP等を参考に筆者作成。

いて運用上の意義と役割分担が異なるが，この4空港でいずれも共通しているのは首都圏近郊の住宅密集地に立地し，騒音問題解決に向けた交渉が必要なところである。交渉は難航をきたすことが予想され，調整のための時間とコストが大幅に膨れ上がる。併せて，調布空港を除く3つの空港は原則防衛庁が管轄する自衛隊専用空港か米軍管轄施設であるため，軍事上の問題はもちろん，管制の重複や民航用地と軍用用地の棲み分けなどについても様々な課題を解決していかなければならない。

　もっとも，現在，首都圏第三空港に期待されている役割や首都圏の持つポテンシャルを最大限に活かし，早急に容量制約の問題を解決するにあたっては[63]，ある程度の処理能力を有する施設に対象を定め，共用化に向けた交渉を開始していくことが有効かつ効率的である。なぜならば，今日のわが国を取り巻く航空輸送の環境変化に対応し，近隣諸国との空港間競争を勝ち抜くにあたっては，首都圏第三空港の対象となる空港には，東京国際空港や成田国際空港が担っている拠点性を代替できる機能が備わっていなければならないからである。この意味から判断すれば，下総飛行場や入間飛行場のように中距離国際線の発着のみに制約される空港よりもむしろ全ての路線に対応可能な横田基地を首都圏第三空港の第一の候補地とし，日米間交渉の再開に向けた調整をすすめ，共用化に向けた交渉を再開させることが最適であると言える。

4-2　横田基地の軍民共用化の意義と共用化に向けた問題点

　横田基地は人口密度の高い多摩地域に立地し，東京23区西部はもちろん，山梨や埼玉の一部の豊富な需要に対応できる理由から，首都圏空港の航空旅客需要を十分に補完できる可能性を持っている（図7-5参照）。また，多摩地域には航空貨物に適合する先端産業，および半導体産業のメーカー，工場，研究機関が集積し，この製造品出荷量は首都圏のおよそ90％を占めている。そのため，横田基地の軍民共用化は航空旅客需要のみならず，航空貨物需要のニーズに応えることにもつながり，これによって国内外のヒト，モノの交流を通した産業集積・クラスターの促進とさらなる地域活性化が期待できる[64]。また，

63　財団法人統計研究会が2006年に実施したシミュレーションによれば，横田基地の軍民共用化によって，1日40〜50往復，年間500万人の需要を見込めることが推計されている。

空港の運用を下で支えるハード面については，既に JR 青梅線・西武線・多摩都市モノレールのアクセスが整備され，空港ターミナルビルも軍人チャーター輸送を通して使用実績がある。さらに，周辺地域との合意形成においては，早くから武蔵村山市が軍民共用化に協力する意向を示し，福生市や青梅市もこれに続く姿勢をとっている。瑞穂町と昭島市は当初，軍民共用化には反対とする意志を表明していたが，航空機の技術革新による騒音問題の軽減もあって，最近では共用化に前向きな態度を明らかにしている。

　このように，横田基地の軍民共用化は首都圏第三空港としての処理能力が備わっているという意味でも，地域の活性化や地域との合意形成に資する条件が整備されているという意味でも支持されるべきである。なお，著者の一人（塩見）は軍民共用化委員会の一員であったが，外交上，審議経過と回覧資料については秘匿であることから，以下では公開されている資料に基づく説明に限定したい。

　横田基地は米軍極東地域の中継基地としての性格から，共用化の本格的な実現に向けては詰めるべき課題が多い。第1に，空港における民航地区と軍用地区の範囲の設定に関する問題である。軍民共用化の実現には，民航地区と軍用地区をどのように区別するかをあらかじめ決定しておくことが重要である。もし，ここで民航地区を優先させ，軍用地区が縮小を余儀なくされるようであれば，その境界設定について合意を取り付けることは難しい。第2に，有事や定期訓練の際における対応の問題である。軍事作戦上の理由から有事や訓練の際には民間の利用は中止を余儀なくされる。横田基地へ就航を希望する航空会社は，あらかじめこれらを念頭においた上でスケジュールの設定や管理にあたらなければならない。

　第3に，空港内におけるセキュリティ上の問題である。民航地区へのアクセスは軍用地区へのアクセスにも結びつくため，軍事機密の漏洩が起きやすく，テロの対象にもなりやすい。とくに国際便運航の場合には厳重な警備・管理が

64　財団法人統計研究会が発表した「首都圏空港の整備利用に関する検討調査報告書2006」によれば，横田基地の軍民共用化によって，雇用，生産，消費の面で約1,610億円の直接的な波及効果が生じるとしている。また，間接的効果としては国内外における文化交流，経済活動の促進などが生み出されると述べている。

4. 首都圏空港の運用方式の改善と首都圏第三空港整備の可能性　161

図 7-5　横田基地の概要

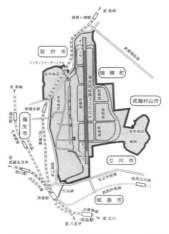

（出所）　東京都知事本局 HP より抜粋。

必要である。第4に，空域の問題である。横田基地の管制は「横田レーダーアプローチコントロール」と称され，1都8県にまたがる広範囲な空域を管轄している。この空域は米軍の管制下にあり，民間機の運航においては米軍との事前協議によって飛行ルートを設定し，実際の飛行時にも米軍のコントロールを受けなければならない。事前協議の手続きは極めて煩雑で，現在でも首都圏空港を発着する便はこの空域を避ける形で運航を続けている。

以上の課題は，石原都政下の「軍民共用化推進委員会」においても議題に取り上げられ，実際に年数回にわたる交渉においても調整が行われてきた。しかし，米軍サイドからは解決に向けた糸口を引き出せず，最終的には交渉を中止し，東京国際空港の再拡張に方針をシフトした経緯がある。今後の航空旅客需要の成長を控え，首都圏空港の容量拡大が要請されているなかで，首都圏第三空港の整備は需要の取りこぼしや航空自由化交渉の行き詰まりを防ぐ上で重要な政策的テーマとなっている。横田基地の軍民共用化は，安全保障の面が絡むため，調整は難航を極めることが予測されるが，将来のわが国の航空需要への対策やさらなる航空自由化を目指す上では避けて通れない課題であるため，早期の開港実現に向けてその可能性を検討していくことが求められる。

5. まとめ

本章は，首都圏空港の整備の内容と容量制約の経過を整理し，首都圏空港の拠点性と容量拡大の必要性を明らかにした後，今後の航空需要に対する対応について，発着枠運用方式の改善や首都圏第三空港の整備を含む各種政策選択肢の可能性について検証した。

首都圏空港は航空需要の増大に対応し，戦後一貫して計画的な整備や拡張が展開されてきた。そして，東京国際空港の再拡張と成田国際空港の北側延伸事業の整備によって，発着枠は年間74.7万回に到達した。

首都圏空港の容量制約は，長年わが国の航空自由化のボトルネックとなっており，この制約の解消はさらなる航空自由化の推進につながるばかりでなく，近隣諸国との空港間競争への対処や世界各国との地域間交流をはじめわが国の国際競争力の強化や国際経済社会における立場の確立に直結するため，いち早く解決が推奨されるべき政策的課題である。

わが国の航空旅客需要はアジア全体の需要の伸びに支えられながら，向こう30年間は一貫して増加の傾向がみられ，国内線・国際線双方のゲートウェイである首都圏空港については，いっそうの機能強化が求められている。そのため，当面の対応として，東京国際空港E滑走路の増設をはじめとする容量拡大や首都圏第三空港の整備などの様々な政策の選択肢を検討しておくことが重要である。

なお，国土交通省は2014年に入って2020年以降における首都圏空港の容量拡大に向けた方針として，東京国際空港E滑走路の増設について具体的検討をすすめる旨を明らかにした。E滑走路は現在のC滑走路から沖合760m離れた距離に平行配置する「セミオープンパラレル方式」で整備され，これによって年間56.0～63.0万回の増枠が期待できる（運輸政策研究機構首都圏空港将来像検討調査委員会 (2010)）。

ただし，E滑走路の運用においては，環境基準値を大幅に超える騒音が広域に分散するため，地元との交渉を詰めなければならないほか，離着陸の際に周

辺構造物の障害に対しどのように対応するかもあらかじめ想定しておかなければならない。その一方で，首都圏第三空港の整備も安全保障の面や合意形成の面で検討すべき課題が多く残されている。場合によってはE滑走路の整備や横田基地の軍民共用化以外の新たな代替案も想定しておかなければならない。いずれにしても，既存施設の活用や余剰施設の運用に向けたルールと方針の整備を早急にすすめることが必要である。

〈参考文献〉
- 石倉智樹・土谷和之（2007）「羽田空港の容量拡大による航空輸送の生産性への寄与とその経済効果」『土木学会論文集』（www.jstage.jst.go.jp/article/jscejd/63 /1 に所収）。
- 井尻直彦（2008）「グラビティモデルによるアメリカの航空輸送流動量の分析」『紀要』，日本大学経済科学研究所，第38号，69-81ページ。
- 引頭雄一（2012）「空港インフラの有効活用の方向性〜民間の能力を活用した国管理空港等に関する法律（案）を受けて〜」『運輸と経済』，財団法人運輸調査局，第72巻第7号，47-56ページ。
- 加藤一誠・引頭雄一・山内芳樹（2014）『空港経営と地域〜航空・空港政策のフロンティア』，成山堂書店。
- 酒井正子（2010）「わが国における航空自由化と羽田空港再国際化の課題」『運輸と経済』，財団法人運輸調査局，第70巻第6号，21-31ページ。
- 塩見英治（2006）「巨大容量空港の必要性と設置に向けての課題」『ECO-FORUM』，統計研究会，Vol.21, No.4, 4-10ページ。
- 竹林幹雄・黒田勝彦・三好礼子・吉永保子（2003）「カボタージュ規制緩和が航空旅客流動に与える影響分析」『土木計画学研究・論文集』（www.jstage.jst.go.jp/article/journalip1984/20/0/20_0_619/_article）に所収。
- 中条潮（2001）「空港発着枠の配分と不採算航空路線の補助制度に関する考察」『三田商学研究』，慶應義塾大学商学会，第43巻第8号，89-109ページ。
- 中条潮（2007）「国際航空自由化への道〜アジア・オープンスカイへの課題」『三田商学研究』，慶應義塾大学商学会，第50巻第4号，63-82ページ。
- 屋井鉄雄・平田輝満・山田直樹（2008）「飛行場管制からみた空港容量拡大に関する研究」『土木学会論文集』（www.jstage.jst.go.jp/article/jscejd/64/1 に所収）。

第8章
わが国の離島航空輸送に対する
政策的対応と制度改革の課題

1. はじめに

　わが国では 1986 年の「45・47 体制」の解体以後,航空輸送に関する段階的な規制緩和がすすめられてきた。幹線における複数社運航化基準の緩和（1992 年・1996 年: 1997 年以降撤廃),幅運賃制度の導入（1996 年),SKY・AIR DO による新規参入の承認（1998 年）などを経て,2000 年の航空法改正によって需給調整規制が撤廃され,運賃が認可制から事前届出制に変更された。

　国際航空輸送との関係では,1986 年以降複数社による国際線の運航が認められたことで,地方空港発または地方空港経由の国際チャーター輸送の誘致が進展した。国は「テンミリオン計画」の策定や運輸政策審議会答申「今後の国際航空政策のあり方」の発表を通してこれらを推進し,地方空港を中心とした国際線のネットワーク開設が相次いだ。しかし,最も国際線の需要が集中する首都圏空港については,かねてから抱えていた容量制約の問題や内際分離をはじめとする各種制約がつきまとい,国内全ての空港を対象とした航空自由化は先延ばしの状態が続いていた。2010 年に入ってひとまず首都圏空港における容量制約の解消に目処がつき,Air Asia や Peach,Jet Star などの LCC が国際線に参入した。そして,この頃から国は航空自由化に向けた本格的な取り組みを開始した。

　今後,わが国の国際線では欧米や ASEAN と同じように幹線を主体に新規航空会社の参入が活性化し,価格競争の展開による消費者余剰の増加や多様な選択肢の創出が期待されている。その一方で,それ以外の路線,とくに国内ローカル線については幹線の価格競争,およびこれに伴うイールド低下の影響

を受け，これまでの内部相互補助を原則とした路線の維持が困難になり，撤退やサービスの休止が危惧される。しかも，そのような路線のなかには離島本土間，もしくは離島相互間の航空輸送のような地域の社会経済上必要不可欠な路線も含まれているので，航空自由化・規制緩和のセーフティネットの保障として，航空会社のサービス品質の強化や施設の改善に関わるインセンティブを付与しつつ，コスト効率的な運営を行えるような支援体系を構築しておくことが望ましい（中条（1995））。

幸いにもわが国では，航空法改正前年の1999年から国の離島航空路線維持対策事業として従来の航空機購入費補助に加え，運航費補助の創設や租税公課の減免・制度拡充が開始された経緯がある。とは言え，この制度は助成の対象となる路線が限定され，その一方で，最近までは首都圏空港の発着枠にも制約があったことから，航空会社にとっては極めて使いにくい制度となってきた。また，これは国による画一的な補助基準で，補助は原則欠損費補助の体系をとるため，地域の経営環境の変化に沿った対応が困難で，航空会社にモラルハザードの問題が生じ，効率的な運航や経営が妨げられているとの指摘もある（松本（2007））。

国内・国際全般の航空輸送をめぐる規制緩和・自由化がすすむなか，離島の航空ネットワークはどのような変遷を辿り，そのなかで航空会社はどの程度効率的な運航や運営をなしえてきたのか。引き続き路線を維持するためにはどのような視点で具体的な対策を講じるべきなのか。

以上のような問題意識をふまえ，本章はわが国における離島航空輸送に対する支援制度の内容と航空ネットワークの経過を把握し，離島航空輸送を担当する航空会社の運航および経営面に関する効率性の評価を試みる。そして，それらの分析結果をふまえ，将来にわたる航空輸送の維持に向けた制度改革の方向性と課題について検討することを目的とする。

2. 離島航空輸送のネットワークと支援制度の内容

2-1　離島航空輸送をめぐる制度的変遷と支援制度の内容

離島航空輸送は，「離島航路整備法」が定められ，運航自体に法的な保障が

課されている航路とは違い，その運航に際して法的側面からの裏付けは存在しない。しかし，1960年代後半以後全国的な空港整備の進展や航空ネットワークの拡大がすすむなか，国は1968年に運輸省航空局長通達「二地点間旅客輸送の実施承認基準」を発表した。これは当時幹線以外の地域間輸送で主軸とされていた30席以下の小型機を用いた二地点間の不定期輸送を制度化する内容で，離島航空輸送を含む地域間輸送の多くがこの枠組みのもとで事業を展開していった。1972年からは，「航空機購入費補助制度」が導入され，離島に就航する航空機および航空機の部品購入費の一部を補助する措置が講じられた。

その一方で，1970年代に入ってからは，航空技術の高度化や技術革新が進捗し，航空輸送はジェット化・大型化の時代に入った。また，高度経済成長の煽りを受け，国民所得の増加やヒト・モノの流れの効率化に対するニーズが増大し，航空需要は年々右肩上がりでの成長を辿った。全国各地では大型ジェット機対応の空港が相次いで整備され，小型機による地域間輸送は再編の波に晒されることになった。1977年の「二地点間旅客輸送の実施承認基準」の改正では，承認の対象を離島本土間，離島相互を結ぶ19席以下の不定期輸送に限定した。

他方，1980年代にはジェット化対応空港の供用に加え，高速道路，新幹線をはじめとする高速交通ネットワークが全国を網羅し，各地で時間的距離の短縮や移動の速達化・高速化が実現した。ただ，こうしたネットワークの便益を十分に享受しない，または，ネットワークそのものから漏れた地域では，航空輸送をもって移動面でのボトルネックを解消する取り組みが始まり[65]，その結果，1983年の「二地点間旅客輸送の実施承認基準」では，離島限定の項目を削除し，再び本土における地域間の不定期輸送を承認の対象に組み込んだ。1985年には，定期航空輸送に影響を与えないという条件で，運航機材の上限を60席以下まで引き上げた。翌々年の航空政策審議会「地域航空輸送問題小

---

65 坂本（1986）が1985年8～10月の間に「全国地域航空システム推進協議会（全地航）」に加盟する50市町村を対象に行ったアンケートによれば，回答のあった49市町村のうち，46市町村において市町村内，もしくはその付近に空港整備の構想を持っていることが判明した。そのなかで，32市町村は滑走路長800～1,200メートル・小型機専用空港の設置構想を立てており，8市町は滑走路長1,200～1,500メートル・小型機専用空港，6市町では滑走路長2,000メートル・ジェット化空港の整備を計画していることがわかった。

委員会」では，「コミューター航空」の概念が提唱され，パイロット確保に向けた乗務員年齢基準の緩和や「コミューター空港」の整備をはじめ制度面からの体制整備が提起された[66]。

その後，「45・47体制」が終焉し，幹線における複数社運航化基準の緩和，幅運賃制度の開始，SKY・AIR DOによる新規参入の承認をはじめ様々な規制緩和策が実施される一方で，離島航空輸送はコミューター航空を主軸に離島における必要不可欠な交通手段として発展してきた。1983年には鹿児島県における離島アクセスの改善を目的に東亜国内航空と奄美諸島の14市町村が出資し，奄美空港を拠点とする日本エアコミューターが創設された（後に鹿児島に拠点を移動）。長崎航空（現:オリエンタルエアブリッジ）は従来の長崎～壱岐，長崎～上五島の二地点間輸送のほか，福岡～上五島，長崎～小値賀，福岡～小値賀，福岡～壱岐の二地点間輸送を始めた。新中央航空も調布～大島，調布～新島，調布～三宅島，調布～神津島間の二地点間輸送を開設し，南西航空（現:日本トランスオーシャン航空）は琉球エアコミューターを傘下におさめ，沖縄県内離島相互間，および那覇～本土間の航空ネットワークを強化した。

ところで，コミューター航空は1969年の運輸省航空局長通達および1988年の航空政策審議会「地域航空輸送問題小委員会」の最終とりまとめに従い，東京国際空港，成田国際空港，大阪国際空港，関西国際空港の「混雑空港」への就航が規制されてきた[67]。混雑空港を除く離島本土間の路線についても需給調整規制との兼ね合いからその運航に大きな制約が課されていた。2000年の航空法改正によって，定期輸送，不定期輸送の区別が撤廃され，コミューター航

---

66 このなかで提起されたコミューター航空とは，60席以下の小型機・ヘリコプターを利用し，不定期航空運航事業免許によって二地点間輸送を定期的に行う航空輸送を指している。なお，本委員会の取りまとめを受けて，1991年と1994年には乗務員年齢基準が改定されたほか，1991年にはわが国初のコミューター航空専用空港として枕崎飛行場が開港している（2013年廃港）。
67 東京国際空港へのコミューター航空の就航規制は1969年（座席数19席以下の就航禁止）と1985年（座席数60席以下の就航禁止）の2度にわたって実施され，それは2010年のD滑走路・国際線ターミナル整備事業の完成をもってようやく解除されるに至った。一方，大阪国際空港では1977年から「プロペラ機枠」が設置され，1日あたりの発着回数が170回に制限された。なお，このプロペラ機枠は離島路線の撤退や航空機の技術革新をふまえ，順次見直しがすすめられ，2012年の「関西国際空港及び大阪国際空港の一体的かつ効率的な設置及び管理に関する基本方針」の発表によって2015年を目処に廃止が決まった。関西国際空港と成田国際空港は発着枠に比較的余裕が残されているため，就航規制はかけられていない。

空も定期輸送への参入が可能となった。ただし，これによって離島航空輸送からの撤退や運賃の高騰が危惧されたことから，国は1999年以降，従来の航空機購入費補助以外に，運航費補助，運輸多目的衛星用衛星航法補強システム（MTSAT Satellite Based Augmentation System: MSAS）購入費補助，空港使用料，航空機燃料税，航空機の固定資産税の減免からなる離島航空路線維持対策事業を開始した。

　表8-1は制度の概要を整理したものである。補助の対象は離島航空輸送に従事する全ての航空会社で，ソフト・ハードの面から幅広いメニューが用意されている。しかし，ここで最も役割が大きい運航費補助に対しては，離島にとって日常拠点性を有する二地点間を結ぶ路線で，①補助金交付決定の前年度に経常損失を計上している路線，②航路等代替輸送手段による所要時間が2時間以上の路線，③2社以上の競合がない路線，④9人乗り以上，1,500メートル以下の滑走路を離発着する路線に制限されている。それ以外の路線や本制度のみでは不採算が生じる路線に関しては，地方自治体単独の補助をもって航空ネットワークの維持にあたる方策がとられている。表8-2に示されるように，地方自治体単独補助は，北海道，東京都，島根県，長崎県，新潟県，鹿児島県，沖縄県の自治体で設置されており，新潟県を除き全て国の補助対象路線で，国の協調補助という形が中心である（北海道は一部例外規定あり）[68]。このほか，離島相互間の公平性に配慮し，航空機購入費補助，運輸多目的衛星用衛星航法補強システム購入費補助，空港使用料，航空機燃料税について，沖縄県内離島とその他の離島間の補助率に差が設けられている。

　なお，2011年から運航費補助は，地方バス路線維持対策事業やLRTシステム整備補助をはじめとする8つの地域交通支援策を1つにまとめた「地域公共交通確保維持改善事業〜生活交通サバイバル戦略〜」に統合された。補助の交付に際しては国，地方自治体，航空会社，住民代表からなる「地域協議会」において（既に地域公共交通活性化・再生法などで法定協議会が立ち上げられて

---

[68] 新潟県は，国の運航費補助に該当しない新潟〜佐渡線について，年間3,200万円を上限に佐渡市と協調で経常損失の9割を補填する制度を創設している。しかし，2014年に新日本航空が無期限の運航休止を発表したため，現在この制度は機能していない。なお，新潟県を含め地方自治体単独補助を設けている自治体には，国から特別交付税により支出額の80％が補填されている。

2. 離島航空輸送のネットワークと支援制度の内容　169

表 8-1　わが国における離島航空路線維持対策事業の内容

補助金の名称	航空機購入費補助	運航費補助	運輸多目的衛星用衛星航法補強システム (MTSAT Satellite Based Augmentation System: MSAS) 購入費補助
開始年度	1972 年	1999 年	2007 年
補助対象	9 人乗り以上、1,500 メートル以下の滑走路を離発着できる航空機	離島にとって日常拠点性を有する二地点間を結ぶ路線で、下記の要件に該当する路線 ①補助金交付決定の前年度に経常損失を計上している路線 ②航空機等代替輸送手段がない路線（2 社以上の競合がない路線） ③2 時間以上の競合がない路線 ④9 人乗り以上、1,500 メートル以下の滑走路を離発着する路線 ※2011 年以降、「地域公共交通確保維持改善事業〜生活交通サバイバル戦略〜」に統合	9 人乗り以上、1,500 メートル以下の滑走路を離発着する航空機・路線で、下記の要件を充たす場合に MSAS 受信機およびその部品の購入費について補助 ①航空機購入補助の補助対象となっていること ②MSAS 受信機等の導入が離島空港や航空保安施設の効率的な利用、整備促進につながること ③MSAS 受信機を利用して計器飛行を行えること
補助方式	補助対象となる航空機およびその部品購入に要した費用から 10% 相当分を控除した額の 45% を補助（沖縄県内離島路線は 75% まで補助）	補助対象となる路線の運航費のうち、航空機に関する部品等の購入費および、その部品購入に要した費用から 10% 相当分を控除した部分について路線の経常損失額の 90% を上限にその半額を補助	MSAS 受信機およびその部品購入に要した費用から 10% 相当分を控除した額の 45% を補助（沖縄県内離島路線は 75% まで補助）

租税公課の名称	着陸料	航行援助施設使用料	航空機燃料税	固定資産税
開始年度	1999 年	1999 年	1999 年	1999 年
内容	離島空港に就航する航空機の助施設使用料と着陸料を軽減 ①ジェット機 (B737 等) = 通常の 1/8 に軽減 ②その他航空機 = 通常の 1/6 に軽減 ※アイランダー等 6 トン以下の航空機→着陸料を通常の 1/16 に軽減 ※SAAB340B 等 15 トン以下の航空機→着陸料を通常の 1/16 に軽減	離島空港に就航する航空機について、下記のとおり着陸料と航行援助施設使用料を軽減 ①ジェット機 (B737 等) = 通常の 1/8 に軽減 ②その他航空機 = 通常の 1/6 に軽減 ※アイランダー等 6 トン以下の航空機→航行援助施設使用料を通常の 1/16 に軽減	離島航空路線一般および沖縄県内離島路線については以下のとおり航空機燃料税を軽減 ■離島航空路線 = 通常の 3/4 に軽減 1kl = 26,000 円→19,500 円 ※2011〜2016 年（予定）：13,500 円 ■沖縄県内離島路線 = 通常の 1/2 に軽減、1kl = 26,000 円→13,000 円 ※2011〜2016 年（予定）：9,000 円	離島空港に就航する航空機について、下記のとおり固定資産税を軽減 ■最大離陸重量 20〜70 トン (B737・DHC-8-400 等) 最初の 3 年間→通常の 1/3 に軽減、次の 3 年間→通常の 2/3 に軽減 ■最大離陸重量 20 トン以下 (DHC-8-100〜300 等) 最初の 3 年間→通常の 1/4 に軽減

（出所）　国土交通資料等より筆者作成。

表 8-2 離島航空路線に対する地方自治体単独補助の内容

都道府県	補助対象路線	航空会社	補助の内容
北海道	利尻〜札幌丘珠	北海道エアシステム (HAC)	運航費のうち，航空機に関する部品の購入等物件費相当部分について路線の経常損失額の 90％を上限に国 45％，北海道 45％補助。残る 10％は北海道 1/3，2 町 (利尻富士町＋奥尻町)1/3 ずつ折半で補助。
北海道	奥尻〜函館	北海道エアシステム (HAC)	
東京都	八丈島〜東京国際	ANA	運航費のうち，航空機に関する部品の購入等物件費相当部分について路線の経常損失額の 90％を上限に国 45％，東京都 45％補助。
東京都	大島〜調布	新中央航空 (CHK)	
東京都	神津島〜調布	新中央航空 (CHK)	
新潟県	※佐渡〜新潟	新日本航空 (CHK)	経常損失の 9 割を県と佐渡市折半で補填 (ただし年間 3,200 万円まで)
島根県	隠岐〜出雲	日本エアコミューター (JAC)	運航費のうち，航空機に関する部品の購入等物件費相当部分について路線の経常損失額の 90％を上限に国 45％，県 45％補助。
長崎県	壱岐〜長崎	オリエンタルエアブリッジ (ORC)	同上
長崎県	五島福江〜長崎	オリエンタルエアブリッジ (ORC)	
鹿児島県	喜界〜奄美	日本エアコミューター (JAC)	同上
鹿児島県	徳之島〜奄美		
鹿児島県	沖永良部〜奄美		
鹿児島県	与論〜沖永良部		
沖縄県	久米島〜那覇	日本トランスオーシャン航空 (JTA)	運航費のうち，航空機に関する部品の購入等物件費相当部分について路線の経常損失額の 90％を上限に国 75％，県 15％補助。
沖縄県	与那国〜石垣	日本トランスオーシャン航空 (JTA)	
沖縄県	※粟国〜那覇	琉球エアコミューター (RAC)	
沖縄県	多良間〜宮古	琉球エアコミューター (RAC)	

(注) ※は運航停止中の路線。
(出所) 各都道府県ホームページより作成。

いる場合はその協議会を活用することも可)，向こう 3 年間の輸送計画を記載した「離島航空路線確保維持計画」を作成・提出しなければならない。補助の財源も空港整備勘定から一般会計に移行し，離島航路との計画の組み合わせや補助の一本化などが可能になった[69]。さらに，2012 年からは地域協議会が設定

する島民割引運賃に対し，これを支援拡充する制度が設置されており，2014年以降は支援対象要件が緩和されている。

2-2　離島航空輸送ネットワークの展開

わが国には「会社管理空港（4空港）」，「国管理空港（19空港）」，「特定地方管理空港（5空港）」，「地方管理空港（54空港）」，「共用空港（7空港）」の98の空港が存在し，そのうち離島に立地する空港は34空港を数える。表8-3に示されるように，2014年現在，離島航空輸送は52路線で，旅客数でみれば全体の10％に満たない（図8-1参照）。また，JALの東京国際〜奄美（1,436Km）や日本トランスオーシャン航空の東京国際〜宮古（2,020Km）の首都圏発着便を除きその多くが平均運航距離278.8Kmの短距離路線から構成されており，そのなかには，運航距離が100キロに届かない路線も8路線存在する。

離島航空輸送52路線の輸送人員は航空法改正の2000年までは年間410万人前後で推移していたが，翌年から本土離島間の新規路線の開設や新規航空会社（天草エアライン）の参入にともなって増加し，2006年には466万6,607人に到達した。その後，イラク戦争以降の燃料費高騰，リーマンショックによる航空需要の低迷，および日本航空の経営破綻等の影響から2011年には426万1,591人に減少し，他方で高需要路線への集中と不採算路線からの撤退がすすみ，ここ2年間は再び回復基調に転じている。年間座席利用率は八丈島〜青ヶ島（81.1％），那覇〜北大東（79.0％）において高い利用がみられるほかは平均53.9％に止まり，そのなかの11路線では50.0％を下回る水準が続いている。

松本（2007）および福田（2010）は，わが国の離島航空輸送では，以下のような運航上の特性をかかえている点から，幹線やローカル線と比べ事業運営やネットワークの維持が容易ではないと指摘している。第1に，人口の減少によって将来的な需要創出が見込めない点である。わが国の離島振興法対策実施地域は，257島・86地域・110市町村からなっており，特別振興法で別途指定

69　また，ここでは部品購入費等物件費の購入上限に関わる制約を廃止し，運航に見込まれる標準的な収支差を補填すること，ならびに，9人以上1,500メートル以下の滑走路を発着する路線に限らず離島を離発着する全ての路線を補助の対象とすることが追加された。

表8-3 わが国における

航空会社	路線名	距離(Km)	1998	1999	2000	2001	2002	2003
北海道エアシステム	函館～奥尻	176	17,361	18,413	17,124	17,223	16,457	16,063
	札幌(新千歳・丘珠)～利尻	238	0	15,020	17,633	19,566	20,595	32,297
新中央航空	調布～新島	147	17,216	19,487	21,640	25,776	20,835	21,080
	調布～大島	104	3,630	3,513	3,442	4,018	4,862	10,200
	調布～神津島	172	7,936	8,693	11,315	16,307	12,431	11,289
東邦航空	八丈島～青ヶ島	74	4,641	4,513	4,692	5,375	4,518	4,372
	八丈島～御蔵島	83	2,291	2,893	2,860	2,690	2,264	2,828
	御蔵島～三宅島	21	2,973	3,927	3,036	2,893	2,775	2,698
	利島～大島	30	2,853	3,251	2,995	2,487	3,109	2,813
	三宅島～大島	80	0	1,168	1,748	2,893	2,775	2,698
ANA	東京国際～三宅島	227	50,408	52,277	15,626	0	0	0
	東京国際～大島	162	103,196	100,324	90,275	87,914	73,216	36
	東京国際～八丈島	353	259,808	263,668	236,040	252,525	244,803	221,894
	福岡～対馬	190	292,442	302,952	280,102	279,905	274,328	265,059
日本航空	東京国際～奄美	1,436	66,502	65,267	72,840	88,281	87,716	93,766
	大阪国際～奄美	989	86,279	94,146	86,670	90,862	94,990	96,928
日本トランスオーシャン航空	東京国際～宮古	2,020	77,603	80,628	84,004	86,498	84,606	93,536
	大阪国際～隠岐	366	31,831	31,310	31,863	30,580	27,260	27,108
	大阪国際～屋久島	707	0	0	0	0	0	0
	出雲～隠岐	143	25,863	23,083	21,822	21,184	23,263	15,083
	福岡～奄美	672	0	0	0	0	0	0
	福岡～屋久島	408	0	0	0	0	0	0
	鹿児島～種子島	181	133,956	130,544	126,483	122,044	128,894	122,676
	鹿児島～屋久島	194	141,023	137,609	148,538	157,841	174,092	173,009
	鹿児島～奄美	467	345,545	354,161	345,158	328,518	325,886	321,066
日本エアコミューター	鹿児島～喜界	467	34,376	34,109	34,895	34,337	33,811	35,274
	鹿児島～徳之島	560	136,066	137,061	136,815	139,195	138,956	137,784
	鹿児島～沖永良部	579	75,378	72,920	72,244	69,826	68,567	65,615
	鹿児島～与論	627	33,595	34,839	30,518	28,175	25,871	26,853
	与論～奄美	256	0	0	0	0	0	0
	奄美～沖永良部	204	15,558	15,953	15,543	15,918	15,436	15,512
	与論～沖永良部	100	5,214	5,662	5,639	5,601	5,562	5,581
	奄美～喜界	91	50,939	50,514	49,555	50,023	49,652	46,116
	奄美～徳之島	181	25,005	25,565	24,391	24,130	24,748	24,704
オリエンタルエアブリッジ	長崎～壱岐	126	9,179	8,738	8,530	16,781	22,678	28,852
	長崎～五島福江	202	0	0	0	0	47,712	44,052
	長崎～対馬	217	0	0	0	0	0	44,872
オリエンタルエアブリッジANA	福岡～五島福江	260	108,292	114,849	112,752	117,736	118,716	121,438
天草エアライン	福岡～天草	221		1,851	67,792	70,012	70,059	64,086
	熊本～天草	119		533	13,491	13,642	11,820	10,403
日本トランスオーシャン航空 ANA SKY 琉球エアコミューター	那覇～宮古	352	648,154	672,586	682,808	687,538	694,163	710,874
	那覇～石垣	472	847,186	904,630	915,472	927,698	982,616	1,119,081
日本トランスオーシャン航空琉球エアコミューター	那覇～久米島	168	222,864	237,755	18,481	235,205	226,086	244,330
琉球エアコミューターANA	宮古～石垣	183	109,806	97,033	91,801	90,133	98,372	98,809
	那覇～北大東	417	10,121	10,238	11,317	10,430	10,074	9,951
	那覇～南大東	414	26,546	28,286	30,051	28,220	27,362	28,084
	那覇～与論	231	27,261	27,046	33,461	39,154	35,754	39,848
琉球エアコミューター	那覇～奄美	390	3,159	19,537	20,260	19,989	19,421	18,598
	那覇～与那国	597	0	0	2,567	5,889	6,840	8,517
	宮古～多良間	86	29,715	33,091	32,699	33,072	28,270	33,051
	南大東～北大東	62	10,163	10,076	9,517	9,428	9,602	9,965
	石垣～与那国	168	69,871	66,165	58,713	61,023	59,962	70,757

(注1) 那覇経由の東京国際・関西国際・中部～石垣は幹線と重複するため記載していない。ま
小値賀など), および季節運航路線も除外している。
(注2) 2011年の札幌丘珠～利尻の開設(北海道エアシステム)により, 新千歳～利尻便(ANA)
数字をそれぞれ記載している。
(出所) 国土交通省『航空輸送統計年報』各年度版より筆者作成。

離島航空輸送と輸送人員の推移

2004	2005	2006	2007	2008	2009	2010	2011	2012	2013	年間座席利用率 (2013年：単位%)
12,733	11,678	12,105	10,370	10,587	9,789	9,801	8,560	9,280	10,260	41.6
32,403	31,461	30,110	26,407	28,903	28,067	25,088	22,395	13,291	17,414	59.6
22,068	22,671	21,080	24,244	24,688	24,998	26,524	24,105	27,805	29,536	59.2
9,998	8,774	10,248	15,623	16,473	17,170	19,679	18,902	19,758	21,016	54.1
12,434	13,657	13,020	16,547	16,718	16,340	17,352	17,378	19,798	20,352	59.1
4,530	4,895	5,220	5,166	4,638	5,066	4,627	4,527	4,830	4,992	81.1
2,712	2,562	2,786	2,697	2,629	2,819	2,793	2,933	2,666	2,498	44.5
2,495	2,782	3,372	3,308	3,367	3,563	3,583	3,521	3,689	3,841	60.4
2,662	3,032	3,025	2,681	2,892	2,760	2,724	2,635	2,622	2,454	43.1
2,495	3,140	3,632	3,528	3,334	3,413	3,515	3,400	3,228	3,222	54.4
0	0	0	0	10,043	6,007	5,558	5,338	5,994	5,387	35.9
58,062	60,090	59,488	56,813	35,431	16,636	10,627	8,829	9,637	10,082	31.3
212,304	213,050	205,309	194,994	179,899	172,651	178,852	175,945	184,133	180,335	52.6
249,067	232,200	221,106	212,926	205,612	192,579	189,198	187,528	180,181	183,327	52.1
87,904	85,179	85,704	82,646	79,454	79,115	74,341	71,670	79,574	83,057	69.6
96,136	94,677	94,258	89,774	86,485	84,685	76,676	76,986	81,607	82,068	61.3
90,986	92,322	93,355	85,798	85,040	82,836	84,241	71,048	72,044	72,599	68.1
29,079	30,271	39,922	35,092	33,334	33,557	37,082	35,081	36,872	35,429	61.2
0	0	0	0	0	14,656	30,223	29,882	34,577	34,788	65.5
12,375	14,542	13,697	13,766	14,083	14,388	14,077	15,539	14,101	14,941	59.0
0	0	0	0	0	0	383	27,016	30,711	34,023	63.2
0	0	0	0	0	0	75	11,980	14,101	14,732	58.6
114,537	101,405	91,818	73,484	65,198	72,555	70,285	62,507	67,266	66,670	63.5
179,028	173,901	165,140	150,368	151,908	133,673	114,675	99,455	105,365	109,851	52.6
302,205	305,346	300,182	288,795	272,321	262,452	254,727	245,757	228,686	233,265	57.9
34,210	36,409	33,829	33,907	31,901	31,968	33,515	31,528	31,351	31,828	63.3
133,880	136,403	133,937	133,080	119,238	119,360	124,324	121,413	121,107	120,237	55.9
64,201	67,190	66,411	65,000	63,156	64,467	65,503	66,368	66,721	67,051	51.7
27,341	26,924	25,830	25,130	25,636	23,644	22,486	21,881	22,931	25,096	51.0
0	0	0	0	0	0	4,658	5,090	5,488	5,578	46.0
15,446	15,436	14,258	12,613	12,504	12,477	6,350	6,720	6,953	7,045	55.3
5,636	5,670	5,207	4,957	5,057	4,768	4,935	5,615	6,071	6,030	50.9
46,301	45,712	44,000	42,447	39,507	39,089	36,584	36,952	34,666	36,425	48.0
25,247	23,926	24,192	23,052	21,787	21,275	20,460	22,578	22,386	22,386	46.6
29,591	28,893	28,634	31,009	31,498	31,646	28,028	27,691	31,186	31,816	60.7
45,959	44,119	38,080	36,735	34,163	30,975	28,863	28,217	30,709	31,480	40.2
76,970	79,348	73,027	73,650	71,863	71,726	67,410	66,916	68,233	68,591	59.7
106,206	115,793	116,082	114,632	108,877	107,566	94,042	92,088	93,409	100,554	59.6
61,575	58,791	60,518	59,602	44,016	43,412	37,838	36,852	38,523	45,742	58.5
12,959	12,578	12,548	11,911	14,195	14,985	12,251	12,204	12,825	13,699	51.5
703,309	748,068	769,749	795,060	797,456	798,316	840,556	944,407	1,078,601	1,014,718	66.9
1,093,013	1,152,687	1,313,650	1,386,577	1,340,915	1,160,191	1,143,696	1,044,719	1,167,794	1,261,993	59.8
243,441	233,869	220,244	230,242	227,488	213,314	223,444	208,408	209,347	223,274	69.5
102,481	104,417	104,057	88,020	73,334	63,070	59,042	53,669	62,486	65,293	41.5
10,506	10,033	9,619	9,588	10,200	10,963	10,871	11,695	10,789	11,365	79.0
27,444	25,211	25,148	24,047	25,396	27,689	28,692	27,726	30,058	30,855	69.9
35,629	34,403	33,016	34,837	35,305	30,630	28,167	25,753	26,764	27,557	66.5
17,499	18,400	17,834	17,528	16,927	16,491	15,652	15,161	15,356	16,450	57.1
8,317	8,482	9,299	9,879	9,478	8,256	8,440	7,647	8,986	13,271	47.2
34,421	33,534	33,025	31,123	29,815	28,222	29,821	32,954	32,683	33,777	61.4
9,590	9,818	9,316	9,146	9,534	10,144	10,144	9,461	10,137	10,284	73.9
67,719	67,965	70,520	66,282	66,696	63,549	63,183	64,961	57,145	59,560	70.2

た、2014年までに運航休止（佐渡〜新潟線など）、または廃止に至った路線（福岡〜上五島・長崎〜は夏季のみの季節運航に変更されたため、同年までは新千歳〜利尻、同年以降は札幌丘珠〜利尻の

図 8-1　わが国の航空輸送に占める離島輸送の構成比率（輸送人員ベース）

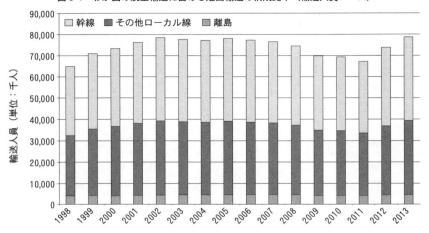

（出所）　国土交通省『航空輸送統計年報』各年度版より筆者作成。

されている沖縄・奄美・小笠原諸島以外航空輸送が就航する離島の全てがこの実施地域に含まれている。1990〜2010 年の 20 年間における人口減少率は 23%で，その割合は同期間の本土過疎地域の数字と比べて 2.6%高い。65 歳以上の高齢化率もこの 20 年の間に 19%から 33%に増大し，全国平均の 20%よりも13%ほど高い数字を記録している[70]。

第 2 に，小型機・短距離運航を余儀なくされるため，運航費用の削減が期待できない点である。航空輸送の座席キロあたり費用（＝ユニットコスト）は機材規模と運航距離の拡大によって減少する。ANA や日本トランスオーシャン航空のように首都圏発着便で，一定の距離と需要が確保可能な例外を差し引けば，離島航空輸送は全般的に機材規模の拡大に必要な距離とそれに資する需要が不足している。これに対応するには，イールドを高め，座席キロあたり収入（ユニットレベニュー）を引き上げることが求められる。

---

[70] このような少子高齢化の進展に伴う人口の減少は他の島嶼部でも同じ傾向がみられる。奄美諸島の人口は 1990〜2010 年の 20 年間に 18%減少し，高齢化率も 22.3%（2010 年）に到達している。小笠原諸島や沖縄の人口は微減，あるいは横ばいで推移しているが，前者では 2040 年までに人口が 1万人を切り，後者でも 2025 年の 144 万 4,484 人をピークに減少の一途を辿ることが予想されている。

しかし、船舶の高速化による輸送モード間競争の進展から、イールドの増収は困難で伸び悩みの傾向が継続している。図8-2は、離島航空輸送に関係する航空会社のユニットコストとユニットレベニューを図示したものである。ユニットコストは東邦航空の249.2円が最も高く、次いで、新中央航空（62.3円）、北海道エアシステム（46.6円）、オリエンタルエアブリッジ（38.2円）、天草エアライン（27.3円）、琉球エアコミューター（24.6円）の順である。イールドは2004年頃までは減少し、以降は回復しつつあるものの、全体としては航空法改正前とほぼ横ばいの兆候を示している（図8-3参照）。

その結果、ユニットプロフィットを計上している航空会社は東邦航空（9.4円）、新中央航空（2.2円）、日本トランスオーシャン航空（1.1円）、琉球エアコミューター（3.9円）、ANA（1.0円）の5社のみで、残る北海道エアシステ

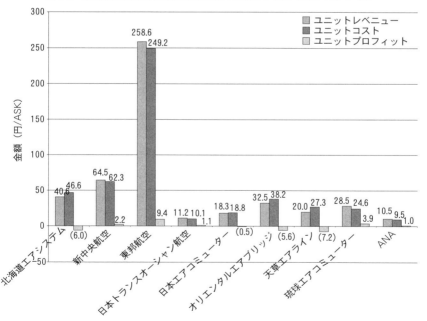

図8-2　離島航空輸送担当航空会社の座席キロあたり収益（2013年度ベース）

（出所）　一般財団法人 日本航空協会『航空統計要覧』2013年度版より筆者作成。

176　第8章　わが国の離島航空輸送に対する政策的対応と制度改革の課題

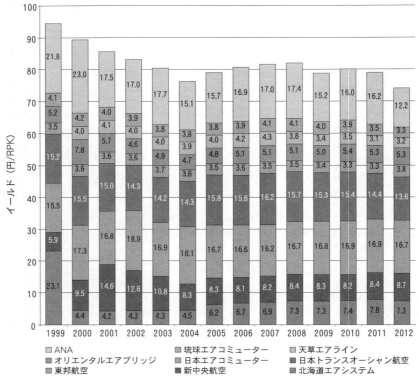

図8-3　離島航空輸送担当航空会社におけるイールドの推移

（出所）　一般財団法人　日本航空協会『航空統計要覧』各年度版より筆者作成。

ム（-6.0円），オリエンタルエアブリッジ（-5.6円），天草エアライン（-7.2円），日本エアコミューター（-0.5円）の4社はロスが生じている[71]。

　第3に，欠航率が高く，サービスの信頼性が得られにくい点である。離島航空輸送に用いられる機材は小型プロペラ機が主流で，巡航高度の関係上天候の影響を受けやすい。しかも，離島に立地する空港の多くは有視界飛行方式によ

---

[71] なお，各社の旅客収入は「地域公共交通確保維持改善事業～生活交通サバイバル戦略～」に基づく運航費補助や地方自治体の単独補助による収入も含まれているので，ユニットプロフィットを計上している航空会社でも実際のところはロスが発生している可能性が高い。

る離発着を主体としており，夜間就航に対する制限はもちろん，若干の気候変化でもしばしば欠航やダイバードが発生する。そのため，安定的なサービスの供給が難しく，利用者からの信頼性を獲得できない状況にある。

第4に，運賃低下のインセンティブが発揮されにくい点である。一般的に航空輸送の1キロあたり運賃は運航距離の増加に応じて減少する性質を持っており，短距離主体の離島航空輸送は運賃が高位に止まることが知られている。いま，神田・森地・日比野（2006）に従い，2014年現在の国内航空輸送221路線を対象に，1キロあたり運賃（＝複数の運賃が設定されている場合は全体の構成比率を加重平均した数値）と運航距離の関係を図8-4の通りプロットし，線形近似させたところ概ねこれらの関係が成立することがわかった。

ただし，幹線，ローカル線，離島の3つの区分で分析すれば，LCCの参入

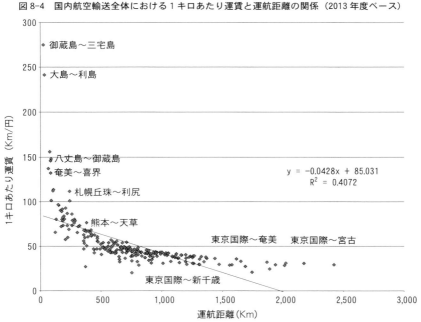

図8-4　国内航空輸送全体における1キロあたり運賃と運航距離の関係（2013年度ベース）

（出所）　一般財団法人　日本航空協会『航空統計要覧』2013年度版より筆者作成。

や各種割引運賃などの設定により，必ずしもそうした関係が妥当性を有しているとは言い難い（図8-5参照）。とくに，離島に限っては，航空会社の経営判断はもちろん地方自治体の割引運賃補助の存在等の関係から，「短距離＝高運賃」の関係を明らかにできないのが現状である。

図8-5　幹線，ローカル線，離島路線における1キロあたり運賃と運航距離の関係

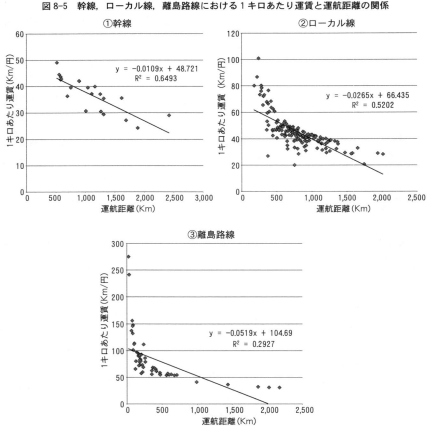

（出所）　一般財団法人　日本航空協会『航空統計要覧』2013年度版より作成。

3. 離島航空輸送の効率性評価と分析

3-1　DEAによる効率性評価の内容と方法

　離島航空輸送に対しては，地域の社会経済生活上必要不可欠な輸送手段であるとの考え方から，国や地方自治体による運航費補助や割引運賃補助が長年にわたって継続されてきた。しかし，その運航には運航面での特性はもちろん，周囲を取り巻く環境の変化を受け，多くの支障がつきまとい，常に撤退や休止のリスクに晒されてきた。

　また，既に2-1節および表8-1等でみたように国の補助対象路線は画一的な補助基準で，原則欠損費補助の体系をとるため，航空会社にとっては用途が制限され，他方で，補助の存在がモラルハザードの問題を生じさせている問題がある。もともと補助金の目的は，あくまで離島における最低限の社会経済生活を確保することにあるので，それが航空会社の経営面や運航面の効率性に弊害を与えてはならないし，ましてや，それによって，航空会社の効率性改善に向けたインセンティブが削がれてはならない。

　では，離島航空輸送を運航する航空会社はどの程度経営上の効率性と運航上の効率性を発揮してきたのか。以下では，DEA（Data Envelopment Analysis: 包絡分析法）を利用し，離島航空輸送を担当する航空会社の経営上の効率性と運航上の効率性に関わる評価を試みる。

　航空輸送に関する効率性指標の計測にあたっては，確率的フロンティアモデル（Stochastic Frontier Model）を用いたSickles（1985），Sickles, et. al.（1986），Coelli, et. al.（1999），Inglada, et. al.（2006）などを除き，DEAを利用した分析方法が中心である。例えば，Barros & Peypoth（2009）は2000～2005年の5年間にわたるAEA（Association of European Airlines）加盟27社の効率性を推定するために，DEAに基づきMalumquist指標を導き出し，トービット回帰によって，効率性に影響を与える要因を考察している。同じ手法でBarros, et. al（2013）およびBarros & Couto（2013）は1998～2010年の米国10社，ならびに，2000～2010年の欧州26社の効率性変

化とその要因を検証している。Lee&Worthington（2013）は2006年をベンチマークとし，米国・欧州・アジアの大手航空会社・LCC合計42社の効率性をDEAで推計している。

離島や僻地の航空輸送に対する研究はGrubesic&Wei（2012）やMerkert&Williams（2013）のように，米国のEASP（Essential Air Service Program）や欧州のPSO（Public Service Obligation）対象路線の効率性を路線別にDEAで求め，補助プログラムや航空会社の所有形態などの要因が効率性に与える影響を検討している。

以下では2000～2013年を対象に，DEAを用いて日本の離島航空輸送に関する経営上の効率性と運航上の効率性を計測する。ここで対象年度を2000年からにした理由は，第1に，2000年の航空法改正以降における離島航空輸送の効率性変化を明らかにすること，第2に，航空法改正と並行して開始された国の「離島航空路線維持対策事業」が離島航空輸送の効率性変化にもたらした影響を検討することの2つである。

(1) DEAの内容

DEAはDMU（Decision Making Unit）と呼ばれる評価対象主体の効率性を入力・出力の比を用いて，比率尺度で相対的に計測する手法である。具体的には，入力と出力の比率尺度をDMU別に求め，最も高いパフォーマンスを示したDMUからなる「効率的フロンティア」をベンチマークとし，他のDMUの効率性を測るものである。DMUの効率値θは，$0 \leq \theta \leq 1$の範囲であらわされ，効率的フロンティア上に属するDMUは$\theta = 1$で（＝効率的），それ以外のDMUは$\theta < 1$（＝非効率）で表記される。

DEAの特徴は，第1に入力・出力のデータさえ揃っていれば，データの単位が異なっていても多入力・他出力であっても測定できるため，DMUの生産活動を包括的に評価することが可能な点である。第2に，確率的フロンティアモデルとは違い，ノンパラメトリックに効率的フロンティアを推計するので，生産関数をあらかじめ特定化しておく必要がない点である。第3に，非営利組織や政府の諸活動をはじめ費用最小化を前提としていない活動に対しても適用できる点である。本章で対象とする離島航空輸送のように単純な利潤最大化のみが効率性の判断基準とはなりえない事業の成果を分析する上では適した手法

である。

　DEAは「規模に対する仮定」と「指向性の仮定」に基づいてモデルが構築される。前者に関しては，「規模に対して収穫一定とするモデル（Constant Returns to Scale Model: CRSモデル）」と「規模に対して収穫可変とするモデル（Variable Returns to Scale Model: VRSモデル）」がある。後者については，出力水準を変えずに効率的フロンティアに移動するため削減すべき入力水準を把握する「入力指向型モデル（Input-oriented Model）」と入力水準はそのままで効率的フロンティアに移動するために増やすべき出力水準を把握する「出力指向型モデル（Output-oriented Model）」の2つがある。

　本章では，CRSの出力指向型モデルを適用し分析をすすめる。その理由は，1つにVRSモデルの効率的フロンティアは規模に対する収穫可変を反映するため，DMU別のフロンティアからの乖離がCRSモデルのそれよりも小さいか変わらないかのどちらかであり[72]，DMUの規模の格差に偏らない評価が行いにくい。

　2つ目に，後述するMalumquist指標では，ある時期ともう1つの時期の生産性の変化に対し，DEAを用いて距離関数を測定するが，各期間の効率的フロンティアは規模に対して収穫一定で，フロンティアは相互に交差しない（＝ある時期の技術変化による規模の変動はもう一方の時期の効率的フロンティアに影響を与えない）との仮定をおいているため，これとの整合性をとらなければならない。

　3つ目に，航空輸送の規模の経済性の有無については，Caves, et. al. (1984)によってかねてから規模に対する収穫一定の仮説が支持されてきた。ただ，Gillen, et. al. (1990) をはじめ近年の研究によれば，規制緩和以後のLCCやハブ＆スポークの展開によって，LCCと大手航空会社には各々密度の経済と規模の経済が働きつつあるとの見解が示されている[73]。しかし，離島航

72　従って，VRSモデルの場合，各DMUの効率値θはCRSモデルと比べて1に近くなることが指摘されている。
73　航空輸送に関する規模の経済性（Return to Scale: RTS）は，総費用（TC）の輸送弾力性ε_Qに総費用のネットワーク規模弾力性$\varepsilon_p = \dfrac{\partial TC/TC}{\partial N/N}$を加えた$\varepsilon_Q + \varepsilon_p$の逆数$\dfrac{1}{\varepsilon_Q + \varepsilon_p}$で求めることができ，ここで$RTS > 1$ならば，航空産業は規模に対して収穫可変（＝規模の経済性が存在）が認め

空輸送を担うコミューター航空は，密度の経済性も規模の経済性も期待できないし，それらの存在を実証した研究もない。従って，本報告の計測においてCRSモデルを用いることに問題はない。

4つ目に，コミューター航空の経営環境をふまえた場合，今以上に生産において必要な資本・労働などの入力を削減することは難しい。むしろ，入力を所与とし，どの程度の出力に到達すれば効率的と判断できるのかを検討するほうが現状に適っていると言える。

(2) 分析方法

CRSモデルはCharnes, A., Cooper, W. W. & E., Rhodes (1984) によって提唱されたモデルで，CCRモデルと呼ばれることもある。いま，DMUのn個の活動のなかで，対象となる活動を代表的にoとし，DMU。とする（$o = 1, 2..., n$）。m個の入力とs個の出力があるとき，DMU。の入力データを$x_{1o}, x_{2o} \cdots, x_{mo}$，出力データを$y_{1o}, y_{2o} \cdots, y_{so}$とあらわす。入力につけるウェイトと出力につけるウェイトを各々$v_i (i = 1,...,m)$，$u_r (r = 1,...,s)$とし，次の分数計画問題を定める。

$$Max \theta = \frac{u_1 y_{1o} + u_2 y_{2o} + u_3 y_{3o} + \cdots + u_s y_{so}}{v_1 x_{io} + v_2 x_{2o} + v_3 x_{3o} + \cdots + v_m x_{mo}} \tag{1}$$

$$s.t. \quad \frac{u_1 y_{1j} + u_2 y_{2j} + u_3 y_{3j} + \cdots + u_s y_{sj}}{v_1 x_{1j} + v_2 x_{2j} + v_3 x_{3j} + \cdots + v_m x_{mj}} \leq 1 \; (j = 1,...,n) \tag{2}$$

$$v_1, v_2, v_3 \cdots, v_m \geq 0 \tag{3}$$

$$u_1, u_2, u_3 \cdots, u_s \geq 0 \tag{4}$$

(2)〜(4)の制約式は，ウェイトv_iとウェイトu_rを付した仮想的入力と出力の比を個の活動全てについて1以下に抑えるという意味を示しており，その上で，(1)式にあらわす活動の比率尺度θを最大化するようにv_iとu_rを決めるというものである。θの最大値θ^*は1である。

られる。Caves, et. al. (1984) が米国の航空輸送を対象に行った研究によれば，$\varepsilon_Q + \varepsilon_p = 0.934$，$RTS = 1.07$で規模の経済性の存在が確認されたものの，$RTS = 1$との帰無仮説は統計的に棄却できなかった（＝規模に対して収穫一定）。一方，村上ら (2006) の研究では，$\varepsilon_Q + \varepsilon_p = 0.488$，$RTS = 2.049$で$RTS = 1$（＝規模に対して収穫一定）からは程遠い結果であることが示された（5%有意）。同じように，日本の国内航空輸送（＝コミューター航空は除く）を対象とした衣笠 (1995)，遠藤 (2001)，水谷 (2011) でも規模の経済性の存在が実証されており，航空輸送の規模に対する収穫一定の仮説は根拠を持たなくなってきている（村上ら (2006), 35-37ページ参照）。

他方，(1)〜(4)式は目的関数も制約関数も分数関数である。従って，そのまま最適解を求めることは複雑な計算を伴うので，同式を以下の線形計画問題に置き換える。

$$Max\theta = u_1y_{1o} + u_2y_{2o} + u_3y_{3o} + \cdots + u_sy_{so} \tag{5}$$

$$s.t. \quad v_1x_{1o} + v_2x_{2o} + v_3x_{3o} + \cdots + v_mx_{mo} = 1 \tag{6}$$

$$u_1y_{1j} + u_2y_{2j} + u_3y_{3j} + \cdots + u_sy_{sj} \leq v_1x_{1j} + v_2x_{2j} + v_3x_{3j} + \cdots + v_mx_{mj} \tag{7}$$

$$(j = 1,...,n)$$

$$v_1, v_2, v_3 \cdots, v_m \geq 0 \tag{8}$$

$$u_1, u_2, u_3 \cdots, u_s \geq 0 \tag{9}$$

この線形計画問題を解くことで得られる最適解を (v^*, u^*) とし，目的関数値を θ^* とする。そして，$\theta^* = 1$ ならば，DMU_o は効率的，$\theta^* < 1$ ならば DMU_o は非効率とする。

なお，最適解 (v^*, u^*) は DMU_o に対する最適ウェイトである。このときの比率尺度は，

$$\theta^* = \frac{\sum_{r=1}^{s} u_r^* y_{rj}}{\sum_{i=1}^{m} v_i^* x_{ij}} \tag{10}$$

である。(6)式により，分母は1なので，

$$\theta^* = \sum_{r=1}^{s} u_r^* y_{rj} \tag{11}$$

である。最適ウェイト (v^*, u^*) は「加重入出力値」とも言い換えられ，DMU_o の入力と出力の比率尺度のなかでどの項目が最も高く評価されているかを表現している[74]。

ところで，時系列的なデータを用いて θ^* の経年変化を測定した場合，その値は時間の経過に伴い技術進歩が発生し，後年になるほど上昇することが知られている（横見(2003)，尾関(2008)）。その結果，$\theta^* = 1$ に近似しても，それが効率性の変化によるものなのか，技術進歩によるものかは DEA の値から

---

[74] 仮想的入力 v^*x_{io} と出力 u^*y_{io} の各項目の値は，各々仮想的入力 $\sum_{i=1}^{m} v_i^* x_{io}$，出力 $\sum_{r=1}^{s} u_r^* y_{ro}$ の比重から把握することができる。この値は仮想的入力と出力のどちらからでも検証できるが，v^* は入力データの単位の取り方によって変動するため，前者の方が比重をみるのに適している。

は直接判断することはできない。Malumquist 指標は，時系列データをもとに DMU。の（技術的）効率性と技術変化を分離し，全体の生産性変化を計測する指標で，これによって得られた値を把握することでこれらのバイアスに対応することができる。

いま t 期における DMU。の θ^* を $\theta^* = F_o^t(x_o^t, y_o^t)$，$t+1$ 期における θ^* を $\theta^* = F_o^{t+1}(x_o^{t+1}, y_o^{t+1})$ とする。生産は t 期と $t+1$ 期の間で展開されるものとし，t 期の技術で $t+1$ 期の技術を評価すれば，

$$M_o^t(x_o^t, x_o^{t+1}, y_o^t, y_o^{t+1}) = \frac{F_o^t(x_o^{t+1}, y_o^{t+1})}{F_o^t(x_o^t, y_o^t)} \tag{12}$$

Malumquist 指標は t 期と $t+1$ 期の技術に基づき，両者の幾何平均から生産性変化を評価する。それは（12）式を下記の通り分解することによって得られる。

$$M_o(x_o^t, x_o^{t+1}, y_o^t, y_o^{t+1}) = \frac{F_o^{t+1}(x_o^{t+1}, y_o^{t+1})}{F_o^t(x_o^t, y_o^t)} \left[\frac{F_o^t(x_o^{t+1}, y_o^{t+1})}{F_o^{t+1}(x_o^{t+1}, y_o^{t+1})} \frac{F_o^t(x_o^t, y_o^t)}{F_o^{t+1}(x_o^t, y_o^t)} \right]^{1/2} \tag{13}$$

右辺第1項は（技術的）効率性の変化，第2項は技術変化である。すなわち，t 期と $t+1$ 期の生産性変化は，（技術的）効率性と技術変化の積，$M_o(x_o^t, x_o^{t+1}, y_o^t, y_o^{t+1}) = EC(x_o^t, x_o^{t+1}, y_o^t, y_o^{t+1}) \times TC(x_o^t, x_o^{t+1}, y_o^t, y_o^{t+1})$ で表記される。

3-2 分析結果

DEA による効率性評価で最も重要なのは，入力・出力に関わる変数の選択である。まず，経営効率性に関する評価では，航空会社が投じた資本と費用についてどの程度効率良く収入を得ているかという視点から，Barros, et. al (2013)，ならびに Merkert&Williams (2013) でも採用された機材数，従業員数，営業費用を入力項目，出力項目としてキロあたり旅客収入，営業利益を選んだ。

一方，航空会社の運航面おける効率性評価では，多くの利用者の移動を確保するため，少ない元手でどれだけ多くの利用者に移動を提供し，利用者が長い距離を移動したかが問われる。そこで，本章では入力項目として従業員数，座席キロの逆数，出力項目として輸送人キロと発着回数を選択し，航空会社の運

航効率性を計測することにした。計測にあたっては，SAITECH, Inc. DEA Solver Pro™ を利用した。

表8-4は推計結果を示したものである。経営効率性で全ての年度にわたって $\theta^* = 1$ となった航空会社は東邦航空（TOH）である。しかし，東邦航空のキロあたり旅客収入には（公財）東京都島しょ地域振興会社から受けている「東京愛らんどシャトル運航事業助成金」の収入が別途含まれているため，実際の収入は公開されているデータよりも少なく，助成金を除いたデータで分析すれ

表8-4 離島航空輸送の効率性

① 経営効率値

DMU	2000	2001	2002	2003	2004	2005	2006	2007	2008	2009	2010	2011	2012	2013
ANA	1.0000	1.0000	0.0011	1.0000	1.0000	1.0000	1.0000	1.0000	0.0014	0.0017	1.0000	1.0000	1.0000	1.0000
JTA	1.0000	1.0000	0.8247	1.0000	0.5718	0.3719	0.4319	0.4649	0.0216	0.7965	1.0000	0.7066	1.0000	1.0000
JAC	0.1744	0.3280	0.0926	0.8991	0.5257	0.3338	0.4133	0.8641	0.0721	0.0691	0.0024	0.0024	0.0690	0.0710
CHK	1.0000	1.0000	0.3092	1.0000	1.0000	1.0000	1.0000	1.0000	1.0000	1.0000	0.0611	0.0595	1.0000	1.0000
ORC	1.0000	1.0000	1.0000	0.9363	0.7525	0.7714	0.9351	0.9954	0.9840	0.9808	0.0363	0.0320	0.8691	0.8906
HAC	1.0000	1.0000	1.0000	0.6213	0.5690	0.5844	0.9171	0.9583	1.0000	0.9917	0.9326	0.0294	0.9455	0.9985
RAC	0.3667	0.5818	0.0657	0.5277	0.4584	0.4763	0.5132	0.5415	1.0000	1.0000	1.0000	1.0000	1.0000	0.4448
AMX	1.0000	1.0000	0.4255	1.0000	1.0000	1.0000	0.9930	0.9960	0.8399	0.9736	0.0283	0.0311	0.8332	0.7570
TOH	1.0000	1.0000	1.0000	1.0000	1.0000	1.0000	1.0000	1.0000	1.0000	1.0000	1.0000	1.0000	1.0000	1.0000

② 運航効率値

DMU	2000	2001	2002	2003	2004	2005	2006	2007	2008	2009	2010	2011	2012	2013
ANA	1.0000	1.0000	1.0000	1.0000	1.0000	1.0000	1.0000	1.0000	1.0000	1.0000	1.0000	1.0000	1.0000	1.0000
JTA	1.0000	1.0000	1.0000	1.0000	0.9902	0.8853	1.0000	0.7470	0.7798	0.6771	0.6057	0.7360	0.8380	0.7499
JAC	1.0000	1.0000	1.0000	1.0000	1.0000	1.0000	1.0000	1.0000	1.0000	1.0000	1.0000	1.0000	1.0000	1.0000
CHK	0.3967	0.4211	0.3979	0.0434	0.5150	0.5147	0.5480	0.5756	0.5429	0.5716	0.5939	0.5690	0.7328	0.6407
ORC	1.0000	0.8418	0.9247	0.9951	1.0000	1.0000	0.9354	0.9607	0.9529	1.0000	1.0000	1.0000	0.9394	0.8901
HAC	0.7690	0.7536	0.7965	0.5537	0.6028	0.6372	0.6261	0.5723	0.6790	0.6817	0.7372	0.7158	0.7634	0.7731
RAC	1.0000	1.0000	1.0000	1.0000	1.0000	1.0000	1.0000	1.0000	1.0000	1.0000	1.0000	1.0000	1.0000	1.0000
AMX	0.3333	0.3189	0.3207	0.3291	0.4037	0.4096	0.4811	0.4621	0.3880	0.4123	0.3625	0.4654	0.5005	0.4730
TOH	0.0929	0.0836	0.0786	0.0830	0.1008	0.1048	0.1183	0.1133	0.1085	0.1177	0.1195	0.1454	0.1384	0.1239

ば違った結果が出る可能性がある。

　全体的には，航空法改正以後，日本の離島輸送に関わる航空会社はある程度は効率的な経営を展開してきたと言える。ただ，9.11 同時多発テロやリーマンブラザーズ証券破綻をはじめとするイベントリスクが発生した直後の効率性は低下しており，また，9 社のなかでも離島航空路線を 8 割近く抱え，船舶との競合も多くみられる琉球エアコミューター（RAC）や日本エアコミューター（JAC）の θ^* は低い。

　続いて，運航効率性に関しては ANA と琉球エアコミューターが全ての年度で $\theta^* =1$ となっている。他方，経営効率性において全期間にわたって $\theta^* =1$ を記録した東邦航空はどの年度も $\theta^* =1$ とは大きくかけ離れている。さらに，Do228（19 人乗り）や DHC-8-100（39 人乗り）の小型機で運航し，ネットワーク規模も小さい新中央航空（CHK）や天草エアライン（AMX）の運航効率性も低く，$\theta^* =1$ からは程遠い。このことは，離島の乗車密度が低く，小型機による輸送のみでは費用がかえって高くつき，利用者もネットワークに制約を受けることから，効率的な移動が妨げられていることを意味するものである。

　なお，B737 のジェット機を保有し，全国的なネットワークを展開する ANA，日本トランスオーシャン航空（JTA）とその他の 7 社の θ^*（平均値）に差があるかどうかを調べるため Wilcoxon の順位和検定を試みたところ，経営効率性については $p =0.39$ で帰無仮説は棄却されなかったものの，運航効率性に関しては $p =0.00$ で帰無仮説が棄却された（いずれも有意水準 5 %）。

　他方，表 8-5 は，分析対象期間における Malumquist 指標を示したものである。（技術的）効率性の変化，技術変化，Malumquist 指標は各々 1 以上（以下）であれば，対象期間内に年平均で上昇（低下）したものと判断し，1 であれば変化がなかったとみなされるので，このことから，離島航空輸送に関わる航空会社は，航空法改正以後平均 1 ％の経営効率性の減少があり，全体の生産性が 4 ％下がっていることが明らかになった。対照的に，運航効率性については平均 0.6％の上昇があり，0.8％の生産性向上に寄与していることがわかった。また，経営効率性および運航効率性における生産性変化は技術変化よりも技術的効率性の変化によるもので，日本の離島輸送に関わる航空会社は各

表 8-5　離島航空輸送の効率性の時系列変化 Malimquist 指標の測定結果

YEAR	経営効率性			運航効率性		
	2000=>2013			2000=>2013		
DMU	TC	EC	Malumquist	TC	EC	Malumquist
ANA	1.0000	0.8217	0.8217	0.7886	1.5201	1.1987
JTA	1.0000	0.3316	0.3316	0.7788	1.9848	1.5458
JAC	0.4072	0.7752	0.3156	0.7037	1.8032	1.2689
CHK	1.0000	0.6250	0.6250	1.6151	0.7421	1.1986
ORC	0.8906	0.7455	0.6639	0.8901	0.7514	0.6688
HAC	0.9985	0.7173	0.7163	1.0053	0.8096	0.8139
RAC	1.2131	0.7271	0.8821	1.0833	0.8670	0.9392
AMX	0.7570	0.5432	0.4112	1.4194	0.8395	1.1915
TOH	1.0000	0.9690	0.9690	1.3342	0.7119	0.9499
Average	0.9185	0.6951	0.6374	1.0687	1.1144	1.0862
Max.	1.5789	0.9690	1.1660	1.5789	0.9690	1.1660
Min.	0.4072	0.3316	0.3156	0.4072	0.3316	0.3156
S.D.	0.0251	0.0201	0.0266	0.0357	0.0564	0.0296

年度別でみれば，ある程度は効率的な経営を展開している一方で，時系列でみた場合の効率性は経営面では減少し，運航面ではやや上昇の傾向にあることが判明した。

4. わが国における離島航空輸送の維持に向けた制度改革の方向性と政策的課題

4-1　離島航空輸送におけるリージョナル・ミニマムの保障と制度改革の論点

　先に述べたように，2014年現在，わが国の離島航空輸送は52路線で，旅客数でみれば全体の10%に満たない。また，離島航空輸送はかねてから ① 離島における人口の減少，② 小型機・短距離運航による運航コストの高騰，③ 気

候の変動による信頼性の欠如に直面している関係から，幹線やローカル線と比べて事業運営やネットワークの維持が容易ではない。そのなかで，航空会社は経営面および運航面においてある程度は効率性を発揮し，離島における基礎的な生活サービスへのアクセスの機会を創出している。離島航空輸送であっても効率性の確保は重要で，それらを支援する制度的措置も航空会社のモラルハザードにつながるようであってはならない。

いずれにしても重要なことは，住民が地域内で最低限の生活を継続するための移動の保障という「リージョナル・ミニマム」の保障の立場に立った支援であり，この視点で最小限の費用負担で最大の効用を得られるような支援の方向性が組み立てられるべきである（中条（1995））。具体的には，第1に，無差別な支援でないことである。全ての路線を対象とした画一的な支援は，支援をさほど必要としない路線にまで恩恵を与え，対照的に，支援を受けるべき路線の補助は減少する。さらに，そうした無差別な支援は，結果的に必要資金の増大をまねき効率的運航の妨げにも結びつくおそれがある。第2に，地域から最も高い効用を引き出す支援を選択することである。例えば，同じ財源からなる2つの支援策があった場合，一方の代替案（例えば航路への支援）が地域の効用を増大させるにもかかわらず，異なるもう1つの代替案（航空への支援）が採択されるようなことがあってはならない。

第3に，地域ごとの特質と多様なニーズに対応した支援を実施することである。航空輸送に対する地域のニーズは地域によって様々で，充足されるべきニーズも各々異なる。最後に，サービスの供給者に施設改善や品質向上，ならびにコスト削減のインセンティブを発揮させるような支援体系をとることである。

4-2　今後の制度改革の方向性と課題

今後，わが国の離島航空輸送に対する支援制度の設計と路線の維持に向けた政策的課題を検討すれば，以下の4点を解決することが求められる。第1に，補助の内容をいま一度ブラッシュアップし，支援の方法を見直すべきである。国内・国際双方の規制緩和・自由化がすすみ，離島航空輸送を取り巻く環境も目まぐるしく変化するなか，航空会社は経営面・運航面においてある程度の効

率性を発揮している。補助制度も機体購入費補助から島民割引の拡充まで幅広いプログラムが用意されている。ただ，必要以上の補助の拡充は航空会社の効率化に向けた工夫や取り組みにマイナス面の影響を与える可能性も捨てきれないので，この点では支援すべき予算の目途を地域ブロックごとにあらかじめ決定しておいた方が望ましい。

　第2に，航空会社に効率性の改善や生産性の向上をもたらす支援制度を確立することである。離島航空輸送を取り巻く経営環境は厳しく，航空会社が引き続き運航と運営の両面で効率性を確保するにはかなりの困難が伴うが，できる限り効率性を担保した制度設計を目指すべきである。例えば，公開入札の開催を検討し，様々なインセンティブ支援を組みあわせながら効率的な運航を実施できる航空会社を対象に支援する方法が考えられる。もちろん，そうした方法を導入しても，路線によっては売れ残りや大手の一方的な占有が発生するかもしれない。その場合には，ある程度の集客が見込める路線を組み合わせた複数路線でのパッケージ入札や長期契約によって，ある程度の競争インセンティブを生み出す体系を整備することが重要である。また，大手航空会社の占有に対しては，その参加をコントロール（席数80席以上の航空会社の参入拒否など）する措置を設けても良い。

　最後に，地域主導型の地域の意思決定が尊重されるスキームを整備することである。現行のスキームは，どちらかと言えば国家主導型の画一的な支援スキームが中心をなし，地域が介入する余地は限られている。もっとも，そうした国家主導型の支援スキームが今日の離島航空輸送の維持に果たした役割は大きく，その意味では一定の評価は下さなければならない。しかし，実際のところ，航空輸送に対するニーズは地域ごとに異なり，充足されるべきニーズも各々異なるので，既存のスキームではこれらのニーズを正確に把握することができず，支援を受けるべきでない路線や地域にまで補助を与える可能性がある。「地域公共交通確保維持改善事業〜生活交通サバイバル戦略〜」の実施によって，地域の裁量の余地は幾分広がったが，計画の決定・実施の権利は国に残されたままである。時期を見極め，財源と権限を移譲し，船舶と航空を組み合わせた支援など地域主導型の対策を講じることが重要である。

5. まとめ

　本章では，わが国における離島航空輸送に対する支援制度の内容と航空ネットワークの経過を把握し，離島航空輸送を担当する航空会社の運航および運営面に関する効率性の評価を試みた。そして，それらの分析結果をふまえて，将来にわたる航空輸送の維持に向けた制度改革の方向性と課題について検討した。

　わが国の離島航空輸送に対しては1972年から「航空機購入費補助制度」が導入され，離島に就航する航空機および航空機の部品購入費の一部を補助する措置が講じられてきた。また，1999年以降は翌年の需給調整規制撤廃を見据え，離島における社会生活経済基盤を確保するため，運航費補助金が創設された。運航費補助金は第1に補助金交付決定の前年度において経常欠損を計上していること，第2に複数の航空会社が競合しない路線であること，第3に船舶等の代替交通機関が同一路線に存在する場合，その所要時間は2時間以上であることを要件としている。そして，運航費補助金で補助対象から漏れた，あるいは運航費補助金のみでは不採算をカバーできない路線に対しては地方自治体の単独補助によって損失が補填されている。離島航空輸送を取り巻く環境は厳しく，国や地方自治体の補助は路線の維持に必要不可欠なもので，そのなかで航空会社も経営面・運航面においてある程度の効率性を発揮しながら運航を行なっている。

　今後，離島航空輸送の確保に向けて重要な視点は，「リージョナル・ミニマム」の立場に立った保障で，この視点から航空会社には引き続きコスト削減のインセンティブを与え，地域には最小限の費用負担で最大の効用を得られるような支援の方向性を組み立てることが必要である。そのためには，予算面や意思決定面，ならびに航空会社選定の方法に至るまで様々な制度の改革が求められる。

〈参考文献〉
・Barros, P.C. & N., Peypoth (2009), "An evaluation of European airlines' operational

performance" *International Production of Economics*, 122, 525-533.
- Barros, P. C., Liang, Q. B. & N., Peyboch (2013), "The technical efficiency of U.S. Airlines", *Transportation Research Part A*, 50, pp.139-148.
- Barros, P. C. & Couto, E. (2013), "Productivity analysis of European Airlines", *Journal of Air Transport Management*, 31, 11-13.
- Caves, D. W., Christensen, L. R. & M. W., Tretheway (1984), "Economies of Density versus Economies of Scale: Why Trunk and Local Service Airline Costs Differ", *The RAND Journal of Economics*, Vol.15, No.4, pp.471-489.
- Charnes, A., Cooper, W. W. and E., Rhodes, (1984), "Measuring the Efficiency of Decision Making Units," *European Journal of Operational Research*, 2, 429-444.
- Coelli, T., Perelman, S. & E., Romano (1999), "Accounting for Environmental Influences in Stochastic Frontier Models: With Application to International Airlines", *Journal of Productivity Analysis*, 11, 251-273.
- Gillen, D. W., Oum, T. H. & M. W., Tretheway (1990), "Airline Cost Structure and Policy Implications: A Multi-Product Approach for Canadian Airlines, *Journal of Transport Economics and Policy*, Vol.24, No.1, pp.9-34.
- Grubesic, T. H. & F., Wei (2012), "Evaluating the efficiency of the Essential Air Service program in the United States," *Transportation Research Part A: Policy and proctice*, Vol.46 Issue 10, pp.1562-1573.
- Iglada, V., Ray, B., Alvarez, A. R. & P. C., Millan (2006), "Liberalisation and efficiency in international air transport", *Transportation Research Part A*, Vol.40, Issue2, pp.95-105.
- Lee, B. L. & A. C., Worthington (2013), "Technical efficiency of mainstream airlines and low-cost carriers: New evidence using bootstrap data envelopment analysis truncated regression", *Journal of Air Transport Management*, 38, 15-20.
- Merkert, R. & G., Williams (2013), "Determinants of European PSO Airline Efficiency-Evidence from a Semi-Parametric Approach", *Journal of Air Transport Management*, 29, 11-16.
- Sickles, R. C. (1985), "A nonlinear multivariate error-components analysis of technology and specific factor productivity growth with an application to the U.S. airlines", *Journal of Econometrics*, 27, 61-78.
- Sickles, R. C., Good, D. & R. L., Johnson (1986), "Allocative Distractions and the Regulatory Transition of the U.S. Airline Industry", *Journal of Econometrics*, 33, 143-163.
- 遠藤伸明 (2001)「わが国航空会社の供給・費用構造の一考察」『交通学研究』, 日本交通学会, 2000年度研究年報, 83-92ページ。
- 尾笠純哉 (2008)「Malumquist 指数を用いた地方空港の生産性変化の計測」『日本経済研究』, 日本経済研究センター, No.59, 22-41ページ。
- 神田佑亮, 森地茂, 日比野直彦 (2006)「我が国における航空規制緩和政策の影響分析」『土木計画学研究論文集』, Vol.23 No.2, 771-777ページ。
- 衣笠達夫 (1995)「トランス・ログ型関数による航空輸送産業の費用構造分析」『地域学研究』, 日本地域学会, Vol.25, No.1, 147-159ページ。
- 中条潮 (1995)『規制破壊』, 中央経済社。
- 坂本英夫 (1986)「地域航空の可能性と課題」『奈良大学紀要』, 奈良大学, 第15号, 105-125ページ。
- 松本勇 (2007)「離島航空路線維持に関する諸問題～長崎県上五島・小値賀空港廃港問題を中心

として〜」『長崎県立大学論集』, 長崎県立大学経済学部学術研究会, 第 41 巻第 3 号, 111-186 ページ.
- 真子和也 (2014)「地方空港及び離島航空路線の現状〜長崎県を事例に〜」『レファレンス』, 2014 年 8 月号, 国立国会図書館調査及び立法考査局, 65-79 ページ.
- 水谷淳 (2011)「航空輸送産業における費用構造分析〜国内線・国際線兼営効果の検証〜」『商経学叢』, 近畿大学商経学会, 第 57 巻第 3 号, 709-720 ページ.
- 宮内威 (2001)「コミューター航空の現状と課題」『運輸と経済』, 財団法人運輸調査局, 第 61 巻第 4 号, 22-30 ページ.
- 村上英樹・加藤一誠・高橋望・榊原胖夫 (2006)『航空の経済学』, ミネルヴァ書房 2006 年 3 月.
- 福田晴仁 (2010)「離島航空事業の経営課題」『運輸と経済』, 財団法人運輸調査局, 第 70 巻第 7 号, 46-58 ページ.
- 横見宗樹 (2003)「民営化空港の技術的効率性の評価〜BAAplc を事例として〜」『運輸政策研究』, 財団法人運輸政策研究機構, Vol.6, No.3, 2-8 ページ.

第 9 章
本書のまとめと分析課題

1. 本書のまとめ

　本書では国際航空輸送をめぐる制度の内容と変遷について整理し，各国・地域における航空自由化の成果と市場構造の変化，およびそれに対する制度的対応について考察した。分析にあたっては，① 航空自由化に伴う規制レジームの変容，② 国・地域別の成果の違い，③ 航空自由化による競争ルールの整備状況と市場に与えた影響，④ 航空自由化のセーフティネットとしての国内ローカル・離島路線の維持をめぐる制度の検討の4点を問題意識として取り上げ，国際航空輸送をめぐる規制レジームの成立から米国型の二国間主義および欧州型の多国間主義による航空自由化に至るまで変容の経過と各々の特質をまとめ，米国，欧州，アジアにおける航空自由化の成果と競争システムの整備，および国内・離島ローカル線のサービス保障制度等様々な政策面の対応について検証した。

　以下では各章のまとめとそこで得られた知見を整理する。

　第1章では，本書の総論として国際航空輸送をめぐる制度の変容についてシカゴ・バミューダ体制の成立から米国型の二国間主義と欧州型の多国間主義という2つのタイプの航空自由化に至るまでの経過と内容について整理した。シカゴ・バミューダ体制は戦後，2国間の権益を互恵的に交換する原則のもとで成立し，以後，約30年近くもの間国際航空輸送を支える制度的枠組みとして機能してきた。しかし，1978年の米国における航空規制緩和法の施行以降，国際航空輸送についても自由化を求める動きが高まり，その形は米国型の二国間主義と欧州型の多国間主義という2つのタイプとなってあらわれた。前者は従来の二国間協定の枠組みのもとで航空自由化を目指すもので，そこでは囲い

込み戦略や反トラスト法の適用除外等様々な誘導的戦略を兼ね合わせることで目的が達成される。一方，後者は多国間協定システムの枠組みのなかで，2国間のみでは解決できない様々な不均衡や制約の問題を地域全体のパッケージとしてまとめ，段階的な変革を試みながら自由化を行うものである。

各国は周囲を取り巻く社会経済の環境や航空産業の成熟度などを念頭に両者のアプローチの棲み分けを行っており，政策上そのいずれが望ましいのかについて評価を下すことはできない。ただ，システム的な問題として，前者はあくまで二国間の枠組みのなかでの自由化を推進するため，権益の不平等が生まれやすく，他方で，後者は，国家間の政治体制の違いや航空産業の成熟度の違いに影響を受け，かえって国家間の離散をまねきやすいというリスクがある。この場合，たとえ，航空自由化が実現したとしても，以後の共通ルールの整備が競争，対外交渉権，環境政策など多岐にわたるのであれば，既存国内法との整合性をめぐってミスマッチが生じやすい。このことは，欧州のケースからも明らかである。

第2章では，米国を対象に，国際航空輸送の自由化をはじめ一連の規制緩和施策が航空市場に与えた影響と競争システム上の対応について検討した。はじめにSouthwestに代表されるLCCのビジネスモデルの成立からLCC躍進の経過，および近年にみるLCCビジネスモデルの深化，LCCに対する大手航空会社の対応などを検討し，次いで，米国航空市場全体の動向を振り返りながら，航空自由化・規制緩和下における航空会社の戦略や競争システム上の対応について，とくに連邦破産法の適用や合併に焦点を絞り，その制度的特質や内容について整理した。

米国では，1978年の航空規制緩和法の成立後，新規航空会社と大手航空会社の競合がすすみ，いくつかの深化と淘汰を繰り返すなか，Southwestは市場環境の変化をいち早く把握し，卓越したマーケティングのもと自社のビジネスモデルを確立した。Southwestモデルはいまや欧州やアジアにも拡大し，今日におけるLCCのビジネスモデルの原型として広まっている。

これに対して，大手航空会社はコストの低下と機材利用率の向上を目的にハブ&スポークの強化やCRSを介した旅行代理店の囲い込み，フィーダー路線の外注化，大手LCCの創設といった対策を講じ，収益の改善と効率化をはか

り，LCCとのコスト格差を縮小させている。とりわけChapter11はそうしたリストラクチャリングを優位に展開するための手段として頻繁に用いられており，1982年のBraniff International Airlines以降144社が申請している。Chapter11申請会社は，最終的にその多くが競合他社と合併しているが，合併に対する審査は，2001年のAmerican AirlinesとTrans World Airlinesの合併承認以降，ネットワーク効果の存在を考慮する傾向があり，大手航空会社間の大型合併であってもその効果が立証されれば，合併を容認する方向がとられている。その結果，Chapter11は合併に至るまでの1つのプロセスとしての役割の方が強くなりつつあり，企業再生という本来の目的は失われつつある。しかし，Chapter11にしても，その後の合併にしても，それらが大手メジャー航空会社によって行使される場合には，例えば，同じグローバルアライアンスに属する航空会社の経営やアライアンス内部における市場支配力，およびパワーバランスに少なからず影響を及ぼすので，二国間交渉のあり方や既存の競争システムについて何らかの見直しが必要である。

第3章は，欧州の航空自由化パッケージ発効後における市場構造の変化について，LCCの展開に着目し，その構造および運航・費用特性などを考察した。そして，LCCの市場参入に関する仕組みとLCCの空港選択の方法について整理し，そのなかで形成されるLCCと空港の長期契約に関し，シャルルロワ空港のケースに対する競争システム上の対応を検討した。続いて，パッケージ発効後における競争システム上の対策としてもう1つの焦点に取り上げられたツアー・オペレーターとチャーター航空会社の垂直的統合と合併の経過について，それらの動向に関する検証と競争システム上の影響を解明し，これらをふまえ，Air Tours判決に代表される規制主体の対応と対応の妥当性に関して分析した。最後に，LCCの近年の動向を辿り，今後，規制主体がとるべき競争政策上の枠組みにかかる課題を指摘した。

欧州のLCCは1993年のパッケージⅢの発効に伴い急速に発展し，深化と淘汰を繰り返しながら現在もなお成長が続いている。その一方で，大手航空会社も米国と同じようにハブ&スポークの強化や従業員のリストラクチャリング，サービスの外注化，LCCの創設，リージョナル航空会社へのフランチャイジングに取り組み，経営効率性の改善や労働生産性の向上を目指している。

LCC のコスト優位性は必ずしも高くなく，そのなかには競争に耐え切れず，市場から撤退する企業もあらわれている。

　そうしたなか，Ryanair などのメガ LCC は加盟国内全体を網羅した広範囲な事業展開や長距離国際線への進出，大手の合併や空港の拡張によって発生した余剰枠を狙ったハブ空港への就航，二次的空港や地方空港との長期契約を通した空港使用料の軽減と需要喚起策をはじめ様々な工夫や対策を試み，大手にまさる勢いで成長を遂げている。一方，パッケージⅢの発効以後包括的パッケージ型旅行に支えられてきたチャーター輸送の定期化とこの上流に位置するツアー・オペレータの垂直的統合がすすみ，大手と LCC の競合の狭間で積極的な事業を展開している。それは欧州域内ばかりではなく，米国，アジアまで勢力を拡大しており，地域や国境を超えた企業統合が進行している。ただ，これらの戦略は常に市場環境の微妙な変化や地域ごとの経営条件の違いにあわせたフレキシブル，かつ，革新的なものであるがゆえに，ルールの整備が追いつかず，しばしばいくつかのミスマッチを引き起こし，最終的には司法的手続きによって解決するという結果をまねいている。経営環境の変化と契約等の詳細を的確に把握し，慎重な評価と対応が必要である。

　第 4 章は，ASEAN における航空自由化と市場統合の経過を整理し，これらの制度的変遷の過程において Air Asia をはじめとする LCC の躍進や市場全体の動きに関して検討した。その後，LCC の合弁会社による海外事業展開の特質や，それに対する大手航空会社の対応，および航空市場全体をめぐる構造変化に関して分析を行った。

　ASEAN の航空自由化は 1995 年の「ASEAN 交通・コミュニケーションアクションプラン」を契機に進展し，2004 年の「ASEAN 交通アクションプラン」をもって 2015 年を目途とした ASEAN 単一航空市場の完成が目標に定められた。ここでは欧州型の多国間主義に基づくアプローチが取られ，折からの経済成長やそれによる人的・物的交流の活性化とも相俟って，様々な便益の生産が期待されている。しかし，実際のところは，加盟国間の航空需要の違いやインフラの整備状況，および航空行政に対する政策指針の相違により，欧州のようなカボタージュの開放を含めた完全な航空自由化には程遠く，国際空港における「第 5 の自由」の承認までに止まる予定である。このような制約がある

1. 本書のまとめ　197

なか，Air Asia や Jet Star などの LCC は先行的に締結されていた複数国間合意の枠組みを利用し，加盟各国に合弁会社を立ち上げて，三国間輸送やカボタージュを実現している。

その一方で，大手航空会社も政府の保護政策を背景に LCC への対抗措置として様々なコストダウン戦略を展開し，市場支配力の向上に取り組んでいる。その結果，市場全体の動向としては独占あるいは寡占化がすすみ，航空自由化の段階的な推進による企業間競争の拡大や利用者の選択肢の創出という当初の目標は現在のところ達成されていない状況にある。

第 5 章は，航空自由化後における国内ローカル線・離島路線のセーフティネットの整備に関する考察として米国の EAS を取り上げ，その内容と運用の経過について検討した。米国の EAS はもともと恒久的な措置ではなく一連の航空自由化・規制緩和に伴う経過措置として制度の導入が開始され，1998 年からは無期限の延長が決定した。EAS は従来航空自由化・規制緩和に伴うセーフティネットを目的に整備された制度というよりもむしろ，これらに反対する地域を対象とした政治的パフォーマンスの意味合いが強く，適用基準も度々変更されてきた。

また，EAS の無期限延長と同時に新たに整備されたパイロットプログラムは対象地域が限定的で，制度そのものの意義も不明確である。とは言え，EAS やパイロットプログラムが存在しなければ，航空会社に事業活動の財務的保証を与えることはできなかったし，「フライ・ローカル」「バイ・ローカル」プログラムや「トラベル・プログラム」のように地域の実情に従い地域が工夫を凝らした運航プログラムの開拓はなかったであろう。この意味で，これらのプログラムが国内ローカル線・離島路線の維持や地域におけるコミュニティビジネスの創出に与えた意義は大きく，一定の評価を下すべきである。

第 6 章は，欧州の PSO に関する制度的特質と実績および運用上の問題点を地域航空会社の構造変化を交えて検討した。そして PSO が空港や空港を取り巻く地域に与える効果や航空自由化以後における空港と航空会社の関係変化および PSO をめぐる今後の課題について考察した。PSO は営利上の観点からみれば不採算ではあるが，生活必需品輸送や患者輸送など地域の社会経済上必要不可欠な路線，もしくは，インバウンド・ツーリズムの誘致による地域経済の

活性化や発展に貢献すると判断される路線に対して適用される制度で，航空会社に補助金と独占的運航権を与える代わりに，航空会社にサービス供給義務を賦課し，高収益路線の集中による輸送力の削減やサービスからの撤退を回避するものである。

現在のところ 13 カ国 259 路線で制度の導入が始まっており，加盟国別の基準に従って航空会社と運航契約が結ばれている。PSO の目的は離島・遠隔地域に対するセーフティネットの提供はもちろん，大手航空会社・大手系列航空会社の内部相互補助の防止と地域航空会社の育成にも主眼が置かれており，運航担当航空会社の契約は主に Local Carrier を中心に結ばれている。その一方で，Local Carrier の多くは大手航空会社とフランチャイズ・包括的コードシェアリング契約を締結しており，大手の資産，ブランド，販売力，ネットワークを活用した運航体制が敷かれている。その結果，市場全体としては大手による集約化がすすみ，内部相互補助の防止や地域航空会社の育成という目的からは若干かけ離れている傾向にある。

その一方で，空港や空港周辺地域は航空便の就航による直接的・間接的な効果の生起を目的に PSO とは別に航空会社の就航に向けた優遇措置を付与し，それによって発生した損失については非航空系収入で補うという戦略を展開している。これによって，空港の統治システムは独立採算を目指す志向に変化し，航空会社との関係もこれまでの Primary Customer としての関係から Client としての関係に変容しつつある。Highland & Islands Enterprise のケースはまさにその典型例である。

第 7 章は，わが国の航空自由化においてボトルネックとなってきた首都圏空港の容量制約の問題についてその内容と要因に関して整理を行い，将来の航空需要に対応したさらなる容量拡大の必要性を述べ，発着枠運用方式の改善や首都圏第三空港の整備に至るまで各種政策選択肢の可能性と課題について指摘した。首都圏空港の発着枠は 2015 年 4 月の成田国際空港北側延伸事業の完了をもって 74.7 万回に到達し，これによって従来は地方空港のみに限定されてきた航空自由化が首都圏空港を含む本格的な航空自由化にまで発展し，世界の様々な国・地域との自由化交渉が進展している。

もともと首都圏空港の整備は 1967 年からの第 1 次空港整備計画の開始以降，

継続的にすすめられてきたが，建設候補地の選定や用地買収をめぐって調整がつかず，工事が先延ばしのまま今日まで至ってきた．今回の増枠によって，航空自由化がさらに進捗し，国際間のヒト・モノの移動や交流が活発になるばかりでなく，国家全般における経済活性化やあらゆる産業の国際競争力強化が期待されている．

しかし，首都圏空港の発着枠はアジア周辺諸国を中心とした航空需要の高まりを受け，少なくとも2020年代後半までには再度容量超過をきたし，再び容量拡張の問題が発生する可能性が高い．そのため，今から発着枠運用方式の改革はもちろん，東京国際空港の再々拡張や首都圏第三空港の再検討をはじめ様々な政策選択肢の検証を重ねていく必要がある．ただ，横田基地の軍民共用化を含め首都圏空港の再々拡張には極めて複雑な課題の解決が求められるため，調整は難航をきたすことが予想される．その他余剰施設の活用も視野にいれ，運用に向けたルールの整備と対策を早急にすすめることが重要である．

第8章は，わが国における今後の航空自由化の推進に向けた国内ローカル線・離島に対するセーフティネットの整備状況を検証するため，1999年より導入が開始されてきた離島航空路線維持対策事業を対象に，制度の内容とネットワークの整備状況を考察し，それによって航空会社の運営面での効率性，ならびに運航面での効率性がどのように変化したのかについて評価を試みた．そして，将来にわたる航空輸送の維持と制度改革に向けた政策的課題について分析した．

わが国の離島航空輸送はコミューター航空の発展の枠組みのなかで，離島における社会経済生活基盤を維持するために必要不可欠な手段として運航が継続されてきた．その路線数は現在52路線に上り，離島が広範囲に点在する鹿児島県，沖縄県を中心に展開している．

国は離島航空路線を維持するため，1972年から航空機購入費補助を導入し，航空法改正前年の1999年には運航費補助とMSAS補助が追加された．しかし，離島航空輸送をめぐる経営環境は厳しく，もともとの路線特性や運航特性に加え代替交通機関との競合の進展によって，常に撤退や減便のリスクに晒されている．そのようななか，航空会社は運航面と運営面双方において幾分かの効率性を確保し運航に従事している．

これから航空自由化や規制緩和が一層すすみ，離島航空輸送をめぐる環境はさらに厳しさを増すことが予想される。そのようななかで，引き続きサービスを維持するためには「リージョナル・ミニマム」の立場に立った保障で，航空会社に引き続きコスト削減のインセンティブを与えつつ，地域には最小限の費用負担で最大の効用を得られるような支援の方向性を組み立てることが必要である。予算面や意思決定面，ならびに航空会社選定の方法に至るまで様々な制度の施行と改革が求められる。

2. わが国における航空自由化の進展に向けた検討と示唆

　以上の整理をふまえ，本書を結ぶにあたり今後，わが国において航空自由化を進展させるにあたっての示唆と政策的課題について整理しておきたい。
　まずは，首都圏空港の再々拡張である。首都圏空港は国内線・国際線双方のゲートウェイである首都圏空港の再度の容量制約は周辺諸国との空港間競争やわが国における経済活動の全般の発展にマイナスの影響を及ぼすばかりでなく，交渉の展開や市場における企業の活動にも影響をもたらす。周知のように，わが国の航空自由化における交渉のスタンスは米国型の二国間主義の立場を踏襲し，二国間の権益を互恵的に交換する原則のもとで成立している。今回の発着枠増枠に伴い合計 27 カ国との間で第 5 の自由を含む航空自由化が実現し，Air Asia や Jet Star をはじめとする LCC や中東諸国，欧州，アジアからの新規参入が相次いでいる。ただ，最も需要が集中する首都圏空港に対しては依然として制約が残っている関係から，それらの航空会社は実質上第 3 の自由と第 4 の自由しか行使できない状況にある。わが国の航空会社についても，このような制約の存在から，首都圏で十分な旅客の確保が見込めず，相手国で第 5 の自由を利用するケースはほとんどない。
　第 2 に，競争システムの整備である。米国では二国間交渉の枠組みを活用し，囲い込み戦略や反トラスト法の適用除外等様々な誘導的戦略を展開している。わが国でも国土交通省が 2008 年の「国際航空に関する独占禁止法適用除外制度のあり方に関する懇談会」において，航空法 110 条の改正に向けた取り

組みを開始し，2010年からは①IATA連絡運賃協定，②IATAサービス会議規則協定，③共同運送協定，④FFP協定（マイレージ協定），⑤戦略的提携による周遊運賃協定，⑥キャリア協定（指定航空企業間で，個別の運賃またはその具体的水準を合意していないものに限る）を対象とした独占禁止法の適用除外を認める通達を出している。他方，垂直的統合や合併に関わるルールは整備の見直しがなく，他の産業と同一の規制が適用されている。欧州のケースでも述べたように，今後わが国で航空自由化が深化するなかで航空会社間の統合が進展することが予想されるが，統合のなかには必ずしも企業の市場支配力の強化に結びつかず，むしろ，企業間競争への対策であり，それは市場での生き残りにおいて不可避な統合のケースも含まれるので，企業の行動とルールのミスマッチが生じることがないように検証を重ねていくべきである。

　第3に，ローカル路線や離島に対するセーフティネットをめぐる制度の改革である。わが国の離島航空路線維持対策事業は，離島航空輸送のみを対象とし，国主導の画一的な支援体系のもと補助が交付され，地域は国の補助では賄いきれなかった補助を補填するのみに止まっていた。そのため，地域主導のもと地域の特性を勘案した補助体系は整備されておらず，欧州のPSOのような複数の路線を含めたパッケージ入札や米国のパイロットプログラムのようなコミュニティビジネスと一体化した支援も検討されてこなかった。2011年の「地域公共交通確保維持改善事業～生活交通サバイバル戦略～」以降は，地域の裁量の余地が広がり，これによって船舶と航空を組み合わせた支援やローカル線全体をパッケージとしてまとめた支援をはじめ様々な工夫が期待される。ただ，計画の実施の決定権は国に残されたままであるため，それらと財源等必要となる権限を含めて地方に移譲していくことが望ましい。

　最後に，本書で残された課題について言及し結びとする。1つに本書では国際航空輸送を対象としながらも，グローバルアライアンスや国際間での企業合併をはじめとした航空会社の戦略的展開について十分に考察できなかった。2つ目に，戦略的提携や統合に関わる競争システム上の対応については，各国の制度の内容や対応の経過を辿っただけの説明に終始してしまい，それらの対策が航空会社や航空市場全般に具体的にどのような影響を与えたのかについて具体的な分析が行えなかった。3つ目にLCCの競争や合併・垂直的統合などの

戦略的措置に対しては従来の研究成果をベースとした整理のみに止まり，それらが他の航空会社の行動に及ぼした効果や競争全体にもたらした効果などを実証的に把握することはできなかった。これらについては今後の分析課題としたい。

あとがき

　本書は，筆者らがこれまで報告・公刊してきた論稿を1冊の本としてまとめたものである。本書を加筆修正している間にも航空輸送をめぐる環境は目まぐるしく変化し，それは止まるところを知らない。

　航空産業の需要特性として，瞬間財によるストックの制約と派生需要による影響をうけ，貨物などは，とくに景気変動に敏感で，国際市場では高いボラタニティーと疫病などのリスクによる需要減退の影響にさらされ，中・短期的に需要が変動的であるのが象徴的である。供給特性としては，ネットワーク産業の固有の性格があり，ネットワーク競争による一定の固定費の負担を強いられる。規制緩和による競争圧力により，近年，一般的に，収益性が変動的で低い。費用面では，労働力の特殊技能性もあり，中位の資本集約と労務集約の性格を併せ持っている。

　しかし，長期的には，アジア・太平洋，中東を中心に需要が右肩上がりで成長続けている。このように，長期的に需要面で成長を続けている産業は少ない。産業関連でも，国際観光の振興にとって，航空輸送は不可欠のものであり，国際貿易において国際航空貨物は高付加価値とスピードを要求するグローバルロジステックスやサプライ・チェーン活動に必要な手段となっている。近年の安倍政権では，LCCが成長戦略の手段として位置付けられている。

　今日の国際航空輸送の仕組みを知らずして，モノ，ヒト，情報の流れを大きく左右するグローバル活動の詳細を理解できない。国際航空輸送の動向を揺るがしているのは，米国の規制緩和から波及した国際航空の自由化である。

　本書で示しているように，米国国内で徹底的な規制緩和が敢行されたのが1978年である。その後，この規制緩和はグローバルに拡大し，国際航空市場に多大な影響を与えた。二国間主義を基調としてきた国際航空の伝統的フレームワークは，1980年代末以降大きく揺らいでいる。伝統的二国間主義に割り込む相互平等の枠を超えた自由権益の取引，多国間交渉に踏み込み，カボター

ジュ，外資制限，国籍条項を覆す市場統合の動き，IATAの運賃統制も独占禁止法の適用除外の見直しの動きから，伝統的な決定ができにくくなっている。グローバルアライアンスの運賃決定の方向も従来の枠組みと異なる。

　航空自由化とともに，企業の戦略的対応の意義が高まり，自由化の進展に伴い，新規企業のLCCモデルとグローバル・アライアンスのモデルが台頭している。LCCの躍進は目覚ましく，グローバル規模で拡大している。政策も公正競争を願う競争政策の比重が増しているといえる。こういう意味で，競争政策を重視する政策の変化もアライアンスやLCCも航空自由化の産物といえる。これらも本書では，時系列でみてとらえている。

　短い時間でのとりまとめとなったため，本書にはいくつもの改善すべき点が残されているが，その点についてはぜひともご意見をお寄せ頂ければ幸いである。本書を機に様々な議論や対話の場が生まれることを願ってやまない。

2016年2月16日

塩見英治・小熊　仁

索　引

欧文

AEA　179
AEC　75
　——ブループリント　74, 78
Air Asia　82, 83
Air Tours　65, 66
　——判決　195
APEC　8, 16
ASEAN　2, 8, 16, 74, 75, 76, 78, 79, 134, 196
　——経済共同体　74
　——経済首脳会談　76
　——交通アクションプラン　76, 78, 196
　——交通・コミュニケーションアクションプラン　76, 196
　——交通首脳会談　76
　——統合イニシアティブ　81
Basic EAS　96
BIMP-EAGA　78
Chapter7　18, 34
Chapter11　18, 29, 34, 36, 38, 39, 40, 41, 92, 195
CLMV　78
CRS　13, 34, 194
　——モデル　181, 182
DEA　180, 181
DMU　180
EAS　93, 94, 95, 96, 97, 100, 101, 105, 197
EC閣僚理事会　6
EEA (European Economic Area)　107
ELFAA　43, 46
EU-ETS　12
Falling doctrine　35
FFP　9, 22, 23, 25, 34, 36, 85, 201
FTA　74
F検定　87
GAO　100, 101
GDS　22, 23, 27, 34
Herfindahl-Hirschman Index　64

Highland & Islands Enterprise　123, 124, 126, 127, 129, 130, 198
IATA　3, 5, 201
ICAO　16
IMF　74
IMT-GT　78
Laker Airways　20
LCC　2, 12, 18, 23, 26, 27, 30, 31, 33, 40, 41, 43, 44, 46, 49, 50, 52, 53, 55, 58, 59, 65, 66, 67, 68, 70, 71, 74, 75, 79, 92, 103, 121, 194, 201
　——ターミナル　25, 135, 153
　——子会社　111
Malumquist指標　181, 184, 186
MULPAS　78
Multiple Linkage　45
NAFTA　8, 16, 74
Once-off Payment　117
Open Access路線　109, 110
Panzer-Rose H統計量　87, 89
People Express　19, 20, 21
Point-to-Point　19, 47, 58, 67, 79
Provision I規制　45
PSO　7, 104, 106, 107, 108, 109, 110, 111, 116, 118, 121, 122, 125, 130, 180, 197, 201
Route Development Fund　57
Ryanair　47, 48, 49, 51, 55, 56, 57, 58, 59, 68, 196
　——効果　67
Safeguard条項　7
Southwest　18, 21, 22, 23, 25, 26, 27, 40, 41, 47, 67, 79, 194
　——効果　67
Tendered路線　109, 114, 115
U.S. Code Section　9
VRSモデル　181
Wilcoxonの順位和検定　186

和文

【ア行】

アクセスの非差別　97
アジア・ゲートウェイ構想　146
アジア太平洋経済協力体　76
アンバンドル　26, 67
以遠権　3, 6, 7, 44, 86
1便ルール　143
一般財源　97
イノベーションのジレンマ　22
支配力基準　10, 11
イールド　29, 164, 174, 175, 176
イールドマネジメント　34
インセンティブ支援　122, 126, 130
インバウンド・ツーリズム　104, 105, 109, 118, 122, 130, 197
ウェットリース　15, 27, 28, 112, 113, 114
運航権　3, 75
運航効率性　184, 186
運航費補助　94
運航路線　43
運輸権　ii, 3, 13, 43, 75, 76
運輸省　9
運輸多目的衛星用衛星航法補強システム購入費　168
英国公正取引庁勧告　65
オイルショック　140
欧州　2
　――委員会　57, 58, 65, 66, 69, 105, 107, 108, 111
　――共通免許　7
　――裁判所　13, 58
　――司法裁判所　6, 59, 65, 66, 69
　――地域発展基金　124
　――理事会　12
大手LCC　18, 27, 28, 29, 41, 47
大手航空会社　68
沖合移転　138, 139, 140, 141
オートマティック・スティ　35
オープンスカイ・イニシャティブ　5

【カ行】

外資規制　90
会社管理空港　171
開設枠　144
価格圧搾　63
適格性審査　107
確率的フロンティアモデル　179, 180
囲い込み戦略　4, 193, 200
カーフュー時間帯　135, 146
カボタージュ　2, 7, 10, 16, 44, 45, 59, 78, 80, 81, 82, 84, 88, 111, 114, 135, 196, 197
カルテル　3
関西国際空港及び大阪国際空港の一体的かつ効率的な設置及び管理に関する基本方針　167
管財人　35
間接効果　119, 120, 121
完全競争　87
完全自由化　76
企業所有空港　158
技術的効率性　63, 186
既存LCC　28
機体購入費補助金　128
北側延伸事業　134, 139, 141, 150, 153, 162, 198
規模の経済　127
　――性　63, 181, 182
競争システム　18, 43, 44, 59, 68, 194, 195, 201
競争入札　93, 99
協調補助　168
共通ルール　10
京都議定書　12
共用空港　171
拠点性　147, 148, 150, 159
空港ガバナンス　129
空港間競争　58, 119, 162
空港・航空路安全・施設拡大法　95
空港使用料　116, 122, 127, 168, 196
空港整備勘定　137, 170
空港整備5カ年計画　137, 139, 140, 141
空港整備特別会計　137
空港整備法　137
空港法　137
国管理空港　171

グラウンドハンドリング　70
　　——・ケータリング　119
グラビティモデル　147
クレイトン法　37
グローバルアライアンス　201
軍民共用化　157,158,159,160,161,163,199
軍用空港　158
経営効率性　111,121,184,185,186
ゲージ権　7,13,15,44,135
ゲートウェイ　134,156
権益外時間帯　143
公益企業　1
公共サービス輸送義務　103
航空機購入費補助　168,169
航空規制緩和法　1,4,92,93,105,194
航空機燃料税　97,168,169
航空系活動　119
航空自由化　4,16,19,43,59,68,74,76,78,88,
　　92,103,104,134,146,164,193,197
　　——化協定　134
　　——化交渉　161
航空ネットワーク　93
航空法　128,164,165,180,199
航空輸送統合へ向けたロードマップ　76
航行援助施設使用料　169
公衆の利益　9,10
公平性　105,168
合弁会社　75,82,88,135,197
　　——LCCモデル　75,88
公民パートナーシップ　99
効率性　128
　　——基準回収法　143
国際航空運送競争法　1,4
国際航空交渉実施のための政策　1,4
国際航空輸送　75,76
国際線枠　145,146
国際民間航空条約　2,44
国籍ルール　7,8,13,44
国土交通省成長戦略会議　146
コストリーダーシップ戦略　21
国家助成ルール　11,12
コードシェアリング　9,13,37,40,45,112,113,
　　114,121,126,198
コミッション　27

コミューター空港　167
コミューター航空　167,182,199
コミュニティビジネス　197,201
コラボレーション　70
混雑空港　142,167
コンソーシアム　98,99

【サ行】

最小二乗法　148
財政投融資資金　141
最低サービス水準　121,127
差別化戦略　22
三大プロジェクト　141
3便ルール　143
シカゴ条約　2,105
シカゴ・バミューダ体制　ii,3,105,193
市場経済投資家原則　56,57,58,59
市場支配力　10,26,59,63,64,65,69,71,111,
　　119,195
持続的イノベーション　22
実質的所有・実効的支配の原則　8
支配的地位の濫用　10
司法省　37,39
社会資本整備重点計画　137,139,141,142
社会的排除　121
社内カンパニー　28
シャーマン法　37
シャルルロワ空港　55,56,57,58,59,70
自由枠　143
需給調整規制　128,164,167
出力指向型モデル　181
首都圏空港　76,81,82,88,134,135,138,139,
　　140,141,142,150,152,153,156,162,164,
　　198,200
首都圏第三空港　134,136,139,141,156,157,
　　158,159,160,161,162,163,198,199
　　——検討会　157
　　——調査検討会　141
商業的モデル　124,125
小地域　92,93,94,98,100,101,104
消費者余剰　164
触媒効果　119,120
新規優遇枠　143,144
新国際航空運送政策　5

垂直的統合　55, 59, 61, 63, 65, 66, 68, 69, 70, 71, 195, 201
スイッチング・コスト　40
水平的合意　15
スカイチーム　9, 86
スターアライアンス　9, 85
ストップオーバー　94, 96
政策コンテスト枠　144
政策枠　143, 144
生産性　119
　　──効果　120
政府補助　55
セーフティネット　94, 95, 99, 101, 165, 197, 198, 199
セミオープンパラレル方式　162
戦略的提携　9, 16, 37, 39, 92, 103, 111, 113
総括予算調整法　96
相互取引慣行　63

【タ行】

第1の自由　2
第2の自由　3
第3の自由　3, 76, 78, 81, 88, 106, 134
第4の自由　3, 76, 78, 81, 88, 106, 134
第5の自由　5, 76, 81, 88, 134, 196
第7の自由　5
第8の自由　5
第9の自由　5
対外交渉権　12
ダイバード　177
ダウンサイジング　146
多国間協定システム　8, 16
多国間主義　15, 16, 193, 196
ダブルトラック　6, 49, 78
ターンアラウンド　53
　　──タイム　53, 67, 79
単一欧州議定書　6
単一航空市場　10, 44, 196
地域協議会　168, 170
地域共同体　134
地域経済圏　75
地域公共交通確保維持改善事業〜生活交通サバイバル戦略〜　168, 189, 201
地域公共交通活性化・再生法　168

地域航空会社　103, 106, 110, 111, 112, 114, 117, 125
地域航空輸送問題小委員会　166, 167
チケット税　97
地方空港　138, 139, 196
地方路線枠　144
着陸料　169
チャーター系LCC　47, 50, 51
チャーター航空会社　45, 46, 51, 59, 60, 61, 63, 66, 70, 195
チャーター輸送　4, 5, 45, 59, 61, 76, 196
中央集権型統治システム　123, 129, 130
直接効果　119, 120, 121
ツアー・オペレーター　43, 46, 47, 51, 59, 60, 61, 62, 64, 65, 66, 195
デュアル・ハブ　45
テンミリオン計画　164
東京愛らんどシャトル運航事業助成金　185
東京オリンピック　137
東京国際空港騒音対策協議会　140
搭乗率保証制度　101
島民割引　108
独占的競争　87
特定地方管理空港　171
特定路線枠　144
特別地方交付税　128
特別目的会社　142
独立系LCC　47
独立採算型統治システム　123
独立的ツアー・オペレーター　61, 65, 66
トービット回帰　179
トラベル・バンク・プログラム　101
トリプルトラック　6, 49

【ナ行】

内際乗継枠　144
内部相互補助　97, 103, 106, 110
ナショナル・フラッグキャリア　45, 125
二国間協定　1, 2, 13, 44, 84
二国間交渉　13, 16, 40, 43, 75, 195
二国間主義　iii, 8, 15, 16, 75, 193
二次的空港　12, 21, 23, 25, 45, 47, 51, 52, 53, 67, 68, 71, 79, 82, 90, 196
二重承認制　44

二地点間輸送　167
日本再興戦略　152, 156
入力指向型モデル　181
ヌーベル・フロンティエールケース　6
ネットワーク効果　11
ノンパラメトリック　180
ノン・フリルサービス　19, 21, 67

【ハ行】

バイ・ローカル　100, 197
パイロットプログラム　98, 99, 100, 101, 197, 201
破壊的イノベーション　22, 23
派生需要　147
パッケージⅠ　1, 6, 7, 43, 103, 106
パッケージⅡ　6, 7, 106
パッケージⅢ　1, 2, 7, 11, 44, 45, 52, 71, 103, 106, 111, 121, 125, 126, 130, 195, 196
パッケージ契約　127, 128
パッケージツアー　51
発地国主義　4
発着枠　16, 116, 134, 135, 136, 141, 150, 162
幅運賃制度　164
ハブ&スポーク　13, 27, 52, 92
―――ネットワーク　85
ハブ空港　25, 26, 27, 34, 39, 41, 45, 52, 58, 94, 96, 97, 103, 106, 111
バミューダⅠ　3, 44
バミューダⅡ　5
範囲の経済　127
反トラスト法　3, 9, 37, 40, 194, 200
ハンドリングコスト　127
販売チャネル　61, 71
非航空系活動　119, 122
評価枠　144
フィーダー輸送　39
―――路線　27
不可欠航空サービス　92
複数空港一括運営　126, 127, 129, 130
複数社運航化基準の緩和　164
附帯サービス　119
附帯収入　26
不定期輸送　167
フライ・ローカル　197

―――・プログラム　100
フランチャイズ　112, 113, 114, 121, 126, 198
プロペラ機枠　167
米国会計検査院　100
米国連邦航空局　100
ペリメータールール　146
包括的パッケージ型旅行市場　65, 66, 68
ボトルネック　162, 198

【マ行】

マイレージ　201
マスツーリズム　59
マルチタスク制　19, 50, 80
密度の経済性　21, 182
民間航空委員会　5
メガLCC　68
モラルハザード　128, 165, 188

【ヤ行】

有視界飛行方式　176
有償旅客キロ　153
誘発効果　119, 120, 121
輸送力　13, 43, 75, 105, 106
ユニットコスト　29, 31, 49, 50, 80, 174, 175
ユニバーサルサービス　97, 98
容量制約　134, 135, 136, 140, 150, 156, 162, 164, 198, 200
横田基地　157, 158, 159, 160, 161, 163, 199
横田レーダーアプローチコントロール　161
45・47体制　164, 167

【ラ行】

リージョナルLCC　114
リージョナル航空会社　45, 47, 52
リージョナル・ミニマム　187, 188, 190, 200
リストラクチャリング　111, 195
離島航空輸送　128, 164, 165, 166, 167, 171, 176, 180, 187, 188, 189, 199, 200
離島航空路確保維持計画　170
離島航空路線維持対策事業　128, 165, 168, 180, 199
離島振興法　171
リーマンショック　30
略奪的価格　105

――設定　20, 34, 70
利用可能性　97
リレー枠　145, 146
リンケージ　111, 112, 113
ルーラル航空サービスサバイバル法　96, 98
レベニューマネジメント　114
連邦航空再授権法　96
連邦取引委員会　9
連邦破産法　18, 19, 40

ローエンド層　22, 26
路線開拓基金　53, 122, 124
ロードファクター　29, 94
ローマ条約　6

【ワ行】

ワロン広域圏　55, 56, 57, 58, 59
ワンワールド　9, 15, 86

著者略歴

塩見英治（しおみ　えいじ）

1947 年　福岡県に生まれる
1982 年　九州大学大学院経済学研究科博士課程退学（商学博士）
中央大学経済学部助手・専任講師・助教授・経済研究所長・ブリティッシュ・コロンビア大学客員研究員を経て，現在，中央大学経済学部教授，前日本交通学会会長。
（主な研究業績）
・共編著『現代物流システム論』中央経済社，1998 年。
・単著『米国航空政策の研究―規制政策と規制緩和の研究』文眞堂，2006 年（日本交通学会賞他受賞）。
・編著『現代公益事業―ネットワーク産業の新展開』有斐閣ブックス，2011 年。

小熊　仁（おぐま　ひとし）

1978 年　福島県に生まれる
2009 年　中央大学大学院経済学研究科博士課程修了（博士（経済学））
財団法人運輸調査局研究員・副主任研究員，相模女子大学・短期大学非常勤講師，中央大学経済学部兼任講師などを経て，現在，金沢大学人間社会研究域助教。
（主な研究業績）
・「資金調達」（一財）関西空港調査会監修　加藤一誠・引頭雄一・山内芳樹編著『空港経営と地域～航空・空港政策のフロンティア～』成山堂書店，2014 年，150-161 ページ（分担執筆）。
・「欧州におけるツアー・オペレーター・航空会社間の関係変化と競争システムの検討」『交通学研究』2013 年度研究年報，2014 年，129-136 ページ。
・「EU の航空輸送における公共サービス輸送義務（Public Service Obligation）の展開と課題」『国際公共経済研究』第 23 号，2012 年，133-153 ページ。

国際航空自由化の制度的展開

2016 年 5 月 25 日　第 1 版第 1 刷発行　　　　　　　　　　　検印省略

著　者　　塩　見　英　治
　　　　　小　熊　　　仁

発行者　　前　野　　　隆

発行所　　株式会社　文　眞　堂
東京都新宿区早稲田鶴巻町 533
電話 03（3202）8480
FAX 03（3203）2638
http://www.bunshin-do.co.jp
郵便番号（162-0041）振替00120-2-96437

印刷・モリモト印刷株式会社／製本・有限会社イマキ製本所
Ⓒ 2016
定価はカバー裏に表示してあります
ISBN978-4-8309-4902-9　C3033